CONTEÚDO DIGITAL PARA ALUNOS

Cadastre-se e transforme seus estudos em uma experiência única de aprendizado:

1 Escaneie o QR Code para acessar a página de cadastro.

2 Complete-a com seus dados pessoais e as informações de sua escola.

3 Adicione ao cadastro o código do aluno, que garante a exclusividade de acesso.

1102455A2391091

Agora, acesse:
www.editoradobrasil.com.br/leb
e aprenda de forma inovadora e diferente! :D

Lembre-se de que esse código, pessoal e intransferível, é válido por um ano. Guarde-o com cuidado, pois é necessário para que você utilizar os conteúdos da plataforma.

TeMPo De GEOGRAFIA

AXÉ SILVA
- Professor de Geografia de Ensino Fundamental e Médio
- Bacharel em Geografia pela Universidade de São Paulo (USP)
- Articulista e coordenador de publicações especializadas em Geografia e Ensino
- Criador e apresentador de canal de vídeo em plataforma digital sobre Geografia e Atualidades

JURANDYR ROSS
- Livre-Docente em Geografia pela Universidade de São Paulo (USP)
- Doutor em Geografia pela Universidade de São Paulo (USP)
- Professor titular na Universidade de São Paulo (USP)
- Consultor do Ministério do Meio Ambiente (1992-2002)
- Vencedor do Prêmio Jabuti pela Associação Brasileira do Livro (1997)
- Autor da Classificação do Relevo Brasileiro (1985)

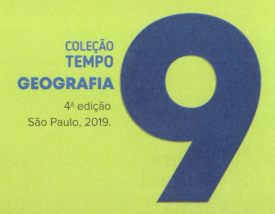

COLEÇÃO
TEMPO
GEOGRAFIA
9
4ª edição
São Paulo, 2019.

Dados Internacionais de Catalogação na Publicação (CIP)
(Câmara Brasileira do Livro, SP, Brasil)

Silva, Axé
    Tempo de geografia: 9º ano / Axé Silva, Jurandyr Ross. –
4. ed. – São Paulo : Editora do Brasil, 2019. – (Coleção tempo)

    ISBN 978-85-10-07397-4 (aluno)
    ISBN 978-85-10-07398-1 (professor)

    1. Geografia (Ensino fundamental) I. Ross, Jurandyr. II. Título. III. Série.

19-25940   CDD-372.891

Índices para catálogo sistemático:
1. Geografia: Ensino fundamental 372.891
Maria Alice Ferreira – Bibliotecária – CRB-8/7964

© Editora do Brasil S.A., 2019
Todos os direitos reservados

Direção-geral: Vicente Tortamano Avanso

Direção editorial: Felipe Ramos Poletti
Gerência editorial: Erika Caldin
Supervisão de arte e editoração: Cida Alves
Supervisão de revisão: Dora Helena Feres
Supervisão de iconografia: Léo Burgos
Supervisão de digital: Ethel Shuña Queiroz
Supervisão de controle de processos editoriais: Roseli Said
Supervisão de direitos autorais: Marilisa Bertolone Mendes

Supervisão editorial: Júlio Fonseca
Edição: Gabriela Hengles e Guilherme Fioravante
Assistência editorial: Manoel Leal de Oliveira
Auxílio editorial: Douglas Bandeira
Apoio editorial: Janaina Tiosse de O. Corrêa
Copidesque: Gisélia Costa, Ricardo Liberal e Sylmara Beletti
Revisão: Alexandra Resende, Andréia Andrade e Elaine Silva
Pesquisa iconográfica: Isabela Meneses, Marcia Sato e Tatiana Lubarino
Assistência de arte: Letícia Santos e Samira de Souza
Design gráfico: Andrea Melo
Capa: Megalo Design
Imagens de capa: HOANG DINH NAM/AFP, Ikpro/Shutterstock.com, MarinaDa/Shutterstock.com e Paolo Bona/Shutterstock.com
Ilustrações: Cristiane Viana, Fabio Abreu, Luis Moura, Paula Haydee Radi, Paulo César Pereira e William Mur
Produção cartográfica: DAE (Departamento de Arte e Editoração), Sonia Vaz, Alessandro Passos da Costa, Débora Ferreira, Jairo Souza, Mario Yoshida, Onia Vaz, Studio Caparroz e Tarcísio Garbellini
Coordenação de editoração eletrônica: Abdonildo José de Lima Santos
Editoração eletrônica: MRS Editorial
Licenciamentos de textos: Cinthya Utiyama, Jennifer Xavier, Paula Harue Tozaki e Renata Garbellini
Controle de processos editoriais: Bruna Alves, Carlos Nunes, Rafael Machado e Stephanie Paparella

4ª edição / 2ª impressão, 2020
Impresso na Serzegraf Ind. Editora Gráfica Ltda.

Rua Conselheiro Nébias, 887
São Paulo, SP – CEP 01203-001
Fone: +55 11 3226-0211
www.editoradobrasil.com.br

Prezado aluno, prezada aluna

A Geografia é uma ciência que faz parte de sua vida. Ela possibilita o aperfeiçoamento da visão crítica sobre as situações que acontecem a nosso redor.

Pensando nisso, esta obra foi desenvolvida com o objetivo de proporcionar uma reflexão sobre a realidade e contribuir para a consciência dos direitos e deveres de cada um na sociedade. Com essa proposta, buscamos incentivar o respeito às diferenças e o combate às injustiças sociais.

Desejamos que, ao percorrer esta coleção, você entenda a importância do espaço geográfico e amplie a compreensão de si mesmo, percebendo que você é parte de tudo o que existe a sua volta.

Bom ano para você!

Os autores

SUMÁRIO

TEMA 1
Globalização 8

CAPÍTULO 1 Globalização e mundialização 10
O mundo multipolar.. 10
Globalização econômica................................. 11
A mundialização do capitalismo e a expansão das multinacionais................. 11
CARTOGRAFIA.. 13
Globalização e desigualdades....................... 14
DIÁLOGO 15
ATIVIDADES 16

CAPÍTULO 2 Multiplicidade cultural 17
Um mundo, muitas culturas............................. 17
Diversidade cultural: patrimônio da humanidade......................... 18
Minorias 18
Globalização e diversidade cultural................ 20
Etnocídio 21
ATIVIDADES 22

CAPÍTULO 3 Blocos econômicos 23
Menos tarifas, mais competitividade 23
Modalidades de blocos econômicos............... 24
Blocos econômicos: um breve panorama.. 25
Consumo, mobilidade e intercâmbio............ 26
ATIVIDADES 27

CAPÍTULO 4 Organizações internacionais...................................... 28
A criação das organizações internacionais ... 28
A ONU e a cultura de desenvolvimento....... 29
Organização Mundial do Comércio (OMC).. 30
Os desafios das organizações internacionais 31
ATIVIDADES 33
FIQUE POR DENTRO
Grupos Globais... 34
PANORAMA... 36

TEMA 2
Produção, tecnologia e meio ambiente.................. 38

CAPÍTULO 1 Urbanização 40
Urbano e rural... 40
Urbanização 40
DIÁLOGO 42
Industrialização e evolução agrícola 43
Urbanização e desemprego............................ 44
ATIVIDADES... 45

CAPÍTULO 2 Desigualdade social e a fome 46
A importância da produção agropecuária 46
Fome e desnutrição 47
Fome e distribuição de renda........................ 49
CARTOGRAFIA.. 49
As políticas de combate à fome...................... 50
ATIVIDADES... 51

CAPÍTULO 3 Industrialização e trabalho... 52
Transformações no trabalho 52
Evolução tecnológica e trabalho 53
Potências industriais 55
Desigualdades estruturais............................... 56
DIÁLOGO 57
ATIVIDADES... 58

CAPÍTULO 4 Recursos naturais e fontes de energia............................... 59
Cadeia produtiva 59
Matriz energética mundial............................... 60
Combustíveis fósseis 60
Fontes renováveis e alternativas................... 62
ATIVIDADES... 65
FIQUE POR DENTRO
A energia que vem do deserto 66
PANORAMA... 68

TEMA 3

Europa: colonização e influência mundial 70

CAPÍTULO 1 Regionalização mundial: Ocidente e Oriente 72

Duas metades do mundo 72

A cultura greco-romana 73

As Grandes Navegações 74

O imperialismo europeu e o Oriente............ 74

DIÁLOGO 76

ATIVIDADES 77

CAPÍTULO 2 Hegemonia europeia 78

A geopolítica e a influência europeia............. 78

Colonialismo, neocolonialismo e poder.......... 79

A Europa e os conflitos atuais 79

DIÁLOGO 80

ATIVIDADES 82

CAPÍTULO 3 Transformações no território europeu 83

Primeira Guerra Mundial 83

Segunda Guerra Mundial e Guerra Fria.......... 84

Leste Europeu: do Pós-Guerra à atualidade 86

CARTOGRAFIA 87

ATIVIDADES 88

CAPÍTULO 4 Fim da URSS 89

A queda do socialismo 89

Conflitos no Cáucaso........................... 90

Conflitos na Crimeia 91

Iugoslávia... 93

ATIVIDADES 95

FIQUE POR DENTRO

O valor da Ucrânia............................... 96

PANORAMA..................................... 98

TEMA 4

Europa: aspectos físicos... 100

CAPÍTULO 1 Eurásia e regionalizações 102

Grande massa de terra........................ 102

Europa e Ásia: uma relação histórica 103

Regionalizações da Europa...............................104

ATIVIDADES 106

CAPÍTULO 2 Relevo 107

Estrutura e formas do relevo 107

DIÁLOGO 109

O relevo e as formas de uso da terra 110

CARTOGRAFIA.................................... 111

ATIVIDADES 112

CAPÍTULO 3 Hidrografia 113

Rios principais...113

Outros rios e lagos do continente.................116

Os rios e o transporte 116

ATIVIDADES 118

CAPÍTULO 4 Clima e vegetação 119

Fatores climáticos...119

Tipos climáticos e tipos de vegetação............121

Desmatamento e preservação......................124

CARTOGRAFIA.................................... 124

ATIVIDADES 125

FIQUE POR DENTRO

Questões ambientais na Europa......................126

PANORAMA... 128

TEMA 5

Europa: sociedade e economia 130

CAPÍTULO 1 População e sociedade.. 132

Multiculturalismo 132

Distribuição, estrutura e dinâmica populacional....................................133

Minorias étnicas 135

A imigração no continente 136

Refugiados, uma questão atual 137

DIÁLOGO **137**

ATIVIDADES **138**

CAPÍTULO 2 Conflitos e movimentos separatistas 139

O que motiva os movimentos separatistas?...139

Separatismo na Espanha 140

País Basco 140

Catalunha..141

Reino Unido: a questão irlandesa e a Escócia 142

ATIVIDADES **144**

CAPÍTULO 3 Economia.................... 145

O espaço econômico europeu.........................145

Indústria...146

Agropecuária e mineração 148

Impactos ambientais 150

CARTOGRAFIA...**150**

ATIVIDADES **151**

SOCIEDADE E CIÊNCIA

Europa de pedal...152

CAPÍTULO 4 Blocos econômicos europeus 154

União Europeia e Comunidade dos Estados Independentes..154

Formação da União Europeia 154

A economia da União Europeia 156

A União Europeia no século XXI....................157

Formação da Comunidade de Estados Independentes 158

ATIVIDADES **159**

FIQUE POR DENTRO

Euro 160

PANORAMA..**162**

TEMA 6

Ásia: aspectos físicos 164

CAPÍTULO 1 Localização e regionalizações 166

Localização e países componentes................166

Limites geográficos e caracterização geral ..167

Regionalização...167

ATIVIDADES **171**

CAPÍTULO 2 Relevo 172

Formas do relevo..172

Cadeias montanhosas.................................172

CARTOGRAFIA...**174**

DIÁLOGO **175**

Planícies 176

Planaltos...176

ATIVIDADES **178**

CAPÍTULO 3 Hidrografia 179

Recursos hídricos...179

Rios...180

Mares e lagos...183

CARTOGRAFIA...**184**

ATIVIDADES **185**

CAPÍTULO 4 Clima e vegetação 186

Diversidade de climas e vegetação...............186

Clima e formações vegetais 186

Questões ambientais.....................................189

ATIVIDADES **191**

FIQUE POR DENTRO

Terremotos...192

PANORAMA..**194**

TEMA 7

Ásia: sociedade e economia 196

CAPÍTULO 1 População e sociedade.................... 198

Ocupação humana 198

China: população, cultura e sociedade 199

Índia: população, cultura e sociedade 201

Japão: população, cultura e sociedade 203

DIÁLOGO **204**

ATIVIDADES..**205**

CAPÍTULO 2 Conflitos e movimentos separatistas 206

Conflitos na Ásia 206

Tibete 206

Taiwan 207

Caxemira 208

ATIVIDADES **209**

CAPÍTULO 3 Economia.................... 210

China 210

CARTOGRAFIA.......................................**211**

Índia...212

Japão 213

Tigres Asiáticos 214

ATIVIDADES **215**

SOCIEDADE E CIÊNCIA

Tecnologia e desenvolvimento controverso: a Índia na onda da globalização 216

CAPÍTULO 4 Oriente Médio............ 218

Entre a Europa e o Oriente............................218

Economia 219

Petróleo e água 219

Guerras e conflitos regionais....................... 220

ATIVIDADES **225**

FIQUE POR DENTRO

Imigrantes ✕ Emigrantes 226

PANORAMA...**228**

TEMA 8

Oceania............................. 230

CAPÍTULO 1 Localização e ocupação 232

Características gerais 232

A dominação europeia 234

ATIVIDADES..**235**

CAPÍTULO 2 Aspectos físicos.........236

Relevo 236

Clima e vegetação.......................................239

CARTOGRAFIA.......................................**241**

ATIVIDADES..**242**

CAPÍTULO 3 Sociedade...................243

Aspectos gerais...243

Austrália..244

Sociedade 244

Ocupação do território................................244

DIÁLOGO **245**

Nova Zelândia..246

ATIVIDADES..**247**

CAPÍTULO 4 Economia...................248

Austrália..248

Nova Zelândia e Ilhas do Pacífico 249

ATIVIDADES **251**

FIQUE POR DENTRO

Fuso horário 252

PANORAMA...**254**

REFERÊNCIAS..**256**

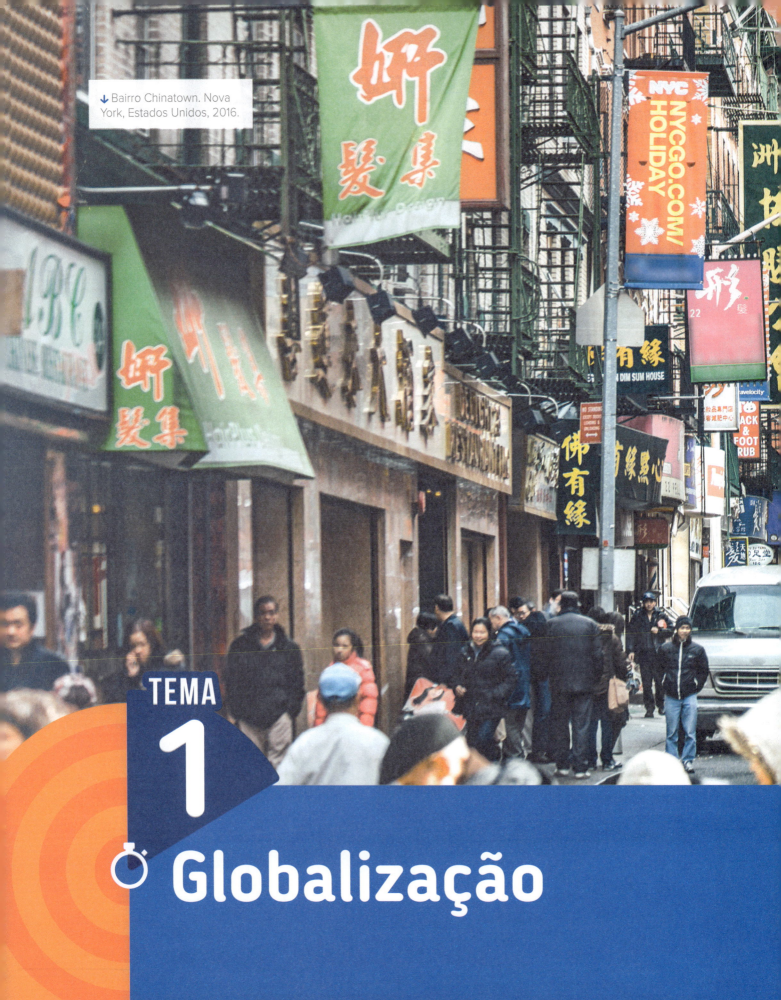

Bairro Chinatown. Nova York, Estados Unidos, 2016.

TEMA 1
Globalização

NESTE TEMA
VOCÊ VAI ESTUDAR:

- globalização econômica e suas desigualdades;
- mundialização do capitalismo e expansão das multinacionais;
- importância da identidade cultural e da diversidade cultural;
- panorama sobre blocos econômicos;
- importância e desafios das organizações internacionais.

Quando observamos esta fotografia, supomos que ela retrata uma cidade chinesa ou algum outro país asiático. No entanto, trata-se de Chinatown, um bairro localizado em Nova York que abriga um dos maiores grupos de chineses no hemisfério ocidental.

1. Na cidade onde você mora, é possível ver marcas da globalização na paisagem, como acontece em Chinatown?
2. De que outras formas podemos observar a globalização em nosso cotidiano?

CAPÍTULO 1
Globalização e mundialização

Neste capítulo, você vai estudar a mundialização do capitalismo, o processo de globalização e suas consequências.

O mundo multipolar

Novas relações políticas e econômicas passaram a organizar o espaço mundial a partir da década de 1990. Como vimos no 8º ano, após o declínio do socialismo e o fim da Guerra Fria, instaurou-se uma nova ordem mundial, denominada **ordem multipolar**. Potências e lideranças mundiais, como Estados Unidos, Japão e países da Europa ocidental, passaram a impor-se pelo poderio econômico-financeiro, e não mais pela força militar.

A configuração geopolítica iniciada nesse período, e que se estende até hoje, tem sido caracterizada pela **globalização** e afeta sobretudo a economia. No cenário global, houve expansão do mercado capitalista mundial, com amplo processo de abertura das economias, superação de fronteiras nacionais e desenvolvimento do **comércio multilateral**, além da constituição de alianças econômicas regionais por meio dos blocos econômicos. Novas nações também despontaram no panorama econômico mundial, como China, Brasil, Índia, entre outras.

> **GLOSSÁRIO**
>
> **Comércio multilateral:** relação comercial entre mais de dois países; o comércio entre dois países denomina-se bilateral.

Esse processo foi marcado por avanços tecnológicos, alto nível de produtividade, disponibilidade de capital, aumento da competitividade e qualificação da mão de obra.

Embora o termo "globalização" seja usado, em geral, para se referir à interligação de atividades produtivas e à circulação e consumo de mercadorias, ele abrange também o fluxo de pessoas, capitais, ideias, informações, cultura etc., que ocorre em todo o planeta. A globalização, portanto, é um processo mundial em que há uma interdependência de ordem econômica, política e cultural que se acentuou na segunda metade do século XX em razão dos avanços nas áreas de telecomunicações, transportes e nas tecnologias digitais de informação.

↓ A globalização caracteriza-se, entre outras coisas, pelo comércio de mercadorias entre países. Os portos são locais propícios à saída e à chegada de produtos. Oakland, Estados Unidos, 2016.

Globalização econômica

Com o desenvolvimento do capitalismo industrial e financeiro, houve necessidade de nova circulação de matérias-primas e mercadorias, de especialização da mão de obra e ampliação do mercado consumidor. O crescimento das grandes empresas levou à formação de gigantescos complexos industriais – as **multinacionais** e **transnacionais** –, que passaram a se espalhar pelo mundo.

A globalização econômica, caracterizada pela crescente abertura econômica e comercial entre os países e pela adoção do chamado Estado mínimo (menor participação do Estado na economia), está atrelada às ideias **neoliberais** implementadas entre o fim da década de 1970 e o início dos anos 1980 na Inglaterra e nos Estados Unidos.

Todos esses fatores, acrescidos das atribuições promovidas pela **Revolução Técnico-Científica-Informacional** – que você já estudou no 7º ano –, alteraram de forma mais intensa e com grande rapidez o panorama produtivo mundial.

↑ O uso de computadores e o surgimento da internet proporcionaram um grande salto na produtividade e no desenvolvimento de novas tecnologias. São Paulo (SP), 2018.

Com a modernização dos meios de comunicação e dos sistemas de transporte, houve também aumento crescente do comércio internacional, com o incremento de importações e exportações de produtos e mercadorias.

As últimas décadas do século XX caracterizaram-se pela expansão capitalista no mundo e pela aceleração do processo de globalização da economia, o que intensificou o fluxo internacional de comércio e de capitais que se mantém até hoje.

↑ A evolução dos meios de transporte contribui no fluxo internacional do comércio. Londres, Reino Unido, 2018.

A mundialização do capitalismo e a expansão das multinacionais

A mundialização do capitalismo e a economia globalizada levaram a uma nova distribuição espacial das indústrias e provocaram grandes mudanças na organização produtiva dos países. Isso foi possível por causa da expansão das multinacionais, empresas que têm matriz em um país e que desenvolvem atividades em diversas outras nações por meio de filiais.

A partir de meados do século XX, a fabricação de mercadorias passou a ser feita em diferentes países, de acordo com as vantagens que cada um oferecia (mão de obra mais barata, isenções fiscais e disponibilidade de matéria-prima, por exemplo). Isso causou uma significativa expansão de capitais, provenientes das nações mais ricas e industrializadas (como Estados Unidos, Japão e países da Europa ocidental), para as mais pobres, que ofereciam vantagens lucrativas, como mão de obra barata, oferta de matérias-primas e recursos naturais, menor **carga tributária** etc.

> **GLOSSÁRIO**
>
> **Carga tributária:** cobrança de impostos feita pelo Estado.
>
> **Neoliberal:** conjunto de ideias associadas ao liberalismo econômico, que defende a livre concorrência, a pouca participação do Estado na economia, a iniciativa privada, entre outros fatores.

A interferência das grandes corporações na economia dos países também contribuiu para mudanças nos padrões de consumo e em outros hábitos da população.

Atualmente, as multinacionais são responsáveis pelo vertiginoso crescimento do comércio em âmbito mundial. Algumas dessas empresas chegam a ter um faturamento maior do que o Produto Interno Bruto (PIB) de um único país. Observe o quadro a seguir.

As maiores empresas e seus valores de mercado – 2018		
Posição da empresa no *ranking*	Origem	Valor de mercado (em bilhões de dólares)
1ª	Estados Unidos	500,3
2ª	China	348,9
3ª	China	326,9
4ª	China	326
5ª	Reino Unido-Holanda	311,8
6ª	Japão	265,1
7ª	Alemanha	260
8ª	Reino Unido	244,5
9ª	Estados Unidos	244,3
10ª	Estados Unidos	242,1

↑ A tabela mostra *ranking* das maiores empresas multinacionais de acordo com o valor de mercado em 2018.

Fonte: Karin Salomão. As 25 maiores empresas do mundo, segundo a Fortune. *Exame*, jul. 2018. Disponível em: <https://exame.abril.com.br/negocios/as-20-maiores-empresas-do-mundo-segundo-a-fortune/>. Acesso em: out. 2018.

Um produto deixou de ter suas várias partes produzidas e montadas em um só país. Um computador, por exemplo, pode ter seu disco rígido produzido na China, o processador fabricado em Taiwan, os cabos elétricos e as baterias feitos na Rússia, a carcaça produzida no México e todo o equipamento montado e embalado na Zona Franca de Manaus, no Brasil.

A globalização econômica foi decisiva para o surgimento da **Nova Divisão Internacional do Trabalho (NDIT)**, na qual países que produziam exclusivamente gêneros primários (*commodities*) passaram a receber indústrias, a produzir em larga escala e a exportar bens manufaturados.

A partir de 1960, a NDIT possibilitou o aparecimento de uma nova categoria de países, os **Novos Países Industrializados**, que receberam investimentos estrangeiros para promover a industrialização. Brasil, México, Coreia do Sul e Cingapura são alguns desses países.

→ Trabalhadores em linha de produção de televisores. Guangzhou, China, 2016.

Novas potências econômicas e industriais emergiram no século XXI, e suas economias têm se desenvolvido em um ritmo acelerado e constante, como resultado da internacionalização de suas empresas e do aporte de capital. A China, por exemplo, abriu sua economia para os moldes capitalistas; outros países emergentes, como a Índia, o Brasil e a África do Sul, também se destacam nesse cenário.

A China é considerada o "dragão industrial" da atualidade; o país vem investindo massivamente em países da África. Além de aplicar recursos no setor de infraestrutura, os chineses dedicam-se à extração de minérios e buscam fontes que satisfaçam sua demanda por petróleo. Há empresas chinesas instaladas na Ásia e na Europa; as indianas se fixaram na Europa e nos Estados Unidos; e as brasileiras têm expandido seus negócios pela América Latina e pela África.

CARTOGRAFIA

Observe o mapa a seguir e responda às questões.

China: fluxo de comércio global – 2014

Fluxo de comércio da China (bilhões US$)
Exportações da China | Importações da China
- 0,25 a 10
- 10 a 50
- 50 a 100
- 100 a 275

Fonte: Olly Phillipson. *Atlas geográfico mundial*. 2. ed. São Paulo: Fundamento Educacional, 2014. p. 100.

1. É possível afirmar que a China está conectada com a economia internacional no mundo globalizado? Explique.

2. Com quais continentes ou países a China mantém os mais representativos fluxos comerciais?

Globalização e desigualdades

Embora caminhe paralelamente à expansão do mercado mundial, a globalização afeta o mundo de modo desigual. Algumas regiões estão muito mais integradas do que outras a esse processo, o que acentua as diferenças entre as economias dos países. Com isso, intensificaram-se as tensões entre os interesses dos países desenvolvidos e os chamados "emergentes".

Muitos países de economia primária que se industrializaram nas últimas décadas ainda possuem diferenças que os separam das nações mais ricas. Nos países menos desenvolvidos, com a escala globalizada de produção, apenas uma minoria da população é privilegiada, enquanto a maior parte não usufrui dos bens e riquezas produzidos.

↑ Pessoas se alimentam em restaurante de luxo. São Paulo (SP), 2018.

↑ Pessoas buscam alimentos descartados em caçamba no Centro Estadual de Abastecimento (Ceasa). São Paulo (SP), 2017.

 AQUI TEM MAIS

Leia o texto e responda às perguntas a seguir.

[...]
Mas como foi que chegamos a este estágio? Afinal, globalização (essa palavra horrível) costuma ser usada para se referir a empresas ou produtos. Pois Friedman decretou que essa globalização caducou. A coisa funciona assim: em 1492, Colombo pegou seu barco e mostrou que o mundo ia bem além da Europa. Começava a globalização 1.0, com as nações percebendo que poderiam fazer negócios no mundo todo. O marco seguinte veio por volta de 1800, com a Revolução Industrial, que forçou as empresas a se multinacionalizar em busca de novos mercados para vender seus produtos – e mão de obra barata para fabricá-los. Era a globalização 2.0. A era que estamos vivendo, a globalização 3.0, "é sobre indivíduos se globalizando". As raízes desse fenômeno estão fincadas em uma variedade de tecnologias que, por volta do ano 2000, começaram a ficar disponíveis ao grande público (o preço ficou acessível, para ser mais claro). Vamos a elas: conexões à internet estão cada vez mais velozes. Os computadores, baratos. [...] Por fim o número de usuários da internet teve um crescimento exponencial.
[...]

Simon Kuper. A globalização: você 3.0. *Superinteressante*, 31 out. 2016. Disponível em: <https://super.abril.com.br/historia/a-globalizacao-voce-3-0/>. Acesso em: out. 2018.

1. Relacione a globalização 1.0 com o processo de colonização dos séculos XV e XVI.

2. Em qual globalização você colocaria o Brasil atual?

Embora a globalização tenha integrado o mundo e encurtado distâncias, criando a denominada "aldeia global", de maneira a fazer as pessoas se aproximarem cada vez mais, os benefícios não chegam a todos os indivíduos. Apenas uma pequena parte da população tem acesso a tudo o que a internet oferece.

Para muitos estudiosos, a globalização e o desenvolvimento tecnológico não estão atendendo às aspirações das pessoas por uma vida melhor, sobretudo no campo profissional. Atribui-se à **automação** nas empresas a causa desse cenário, cujos efeitos já estão se fazendo sentir em muitas áreas industriais e de serviços nas quais as máquinas já substituem o trabalho humano.

> **GLOSSÁRIO**
>
> **Automação:** sistema pelo qual os mecanismos tecnológicos controlam seu próprio funcionamento, com cada vez menos interferência humana.

DIÁLOGO

Gilberto Gil, cantor e compositor baiano, compôs uma música com o objetivo de que ela fosse a primeira transmitida em tempo real pela internet no Brasil. A canção *Pela internet* foi lançada via *streaming* em 1996.

Em 2018, mais de 20 anos depois, Gil lançou *Pela internet 2*, enfatizando as mudanças tecnológicas ocorridas desde o lançamento da primeira canção. Veja um trecho desta música a seguir:

Pela internet 2

Que o desejo agora é garimpar
Nas terras das serras peladas virtuais
As criptomoedas,
bitcoins e tais

Não faz economias, novos capitais
Se é música o desejo a se considerar
É só clicar que a loja digital já tem
[...]

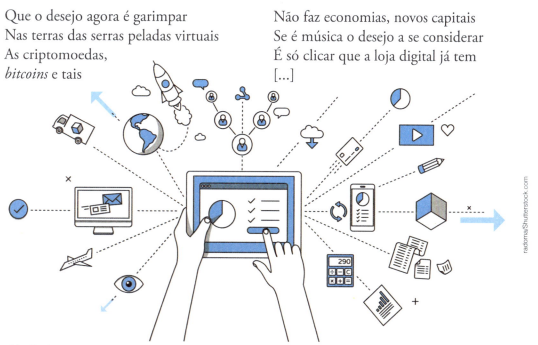

Gilberto Gil. *OK OK OK*, 2018. Disponível em: <www.vagalume.com.br/gilberto-gil/pela-internet-2.html>. Acesso em: nov. 2018.

1. Identifique na letra da música elementos característicos da Revolução Técnico-Científica-Informacional. Aponte algumas consequências dessa revolução na vida das pessoas e na relação delas com o conhecimento, o tempo e o espaço.

ATIVIDADES

SISTEMATIZAR

1. Descreva aspectos do seu cotidiano em que você pode perceber a globalização.

2. Cite fatores que contribuíram para o desenvolvimento do processo contemporâneo de globalização econômica.

3. Leia a frase a seguir e dê exemplos da expressão em destaque.

> A década de 1990 foi marcada pela aceleração do processo de globalização da economia, o que intensificou o fluxo internacional de comércio e de capitais, facilitado pelas **inovações tecnológicas**.

4. Que alterações as empresas multinacionais promovem no espaço geográfico e na economia dos países?

5. Com base na imagem ao lado, responda às questões.

    a) Qual é a importante característica da globalização representada na imagem? Justifique.

    b) Na globalização, para intensificar o fluxo de mercadorias e de negócios, os Estados nacionais também passam por mudanças. Cite uma delas.

↑ Santos (SP), 2018.

6. A partir da metade do século XX ocorreram mudanças na distribuição da produção mundial. Muitos países que, até então, só exportavam produtos primários passaram também a exportar produtos industrializados e bens de consumo. Qual é o nome dessa reorganização econômica mundial?

REFLETIR

1. A globalização trouxe benefícios à economia de muitos países, mas também gerou desigualdades mundiais em vários setores e modificações na estrutura produtiva.

    • Observe a charge e discuta com os colegas a que consequência da globalização ela faz referência e os motivos que a causaram.

CAPÍTULO 2

Multiplicidade cultural

No capítulo anterior, você estudou a mundialização do capitalismo, o processo de globalização e suas consequências. Neste capítulo, você vai estudar a multiplicidade cultural e sua importância no mundo contemporâneo.

Um mundo, muitas culturas

A **multiplicidade cultural** ou **multiculturalismo** implica a diversidade de manifestações, pensamentos, costumes, organizações familiares, linguagens, rituais, tradições, etnias, entre outros aspectos que caracterizam grupos que habitam um mesmo território.

A **cultura**, por sua vez, refere-se ao conjunto de símbolos, hábitos e capacidades espirituais, materiais, não materiais, intelectuais e afetivas adquiridos pelos membros de uma sociedade e que são passados de geração a geração. Envolve conhecimento, moral, crenças, leis, modos de vida, visões de mundo, entre outros elementos. Ela é uma criação humana, pois é próprio do ser humano atribuir sentidos a suas ações, sejam elas concretas ou simbólicas.

Cada cultura possui características que as diferem de outras. Esse conjunto de características, conhecido como **identidade cultural**, confere a cada indivíduo o sentimento de pertencimento a um grupo, que se expressa por um conjunto de modos de agir, pensar, se vestir, se alimentar, lidar com o poder, com o sagrado, entre outras coisas. Porém, com a globalização, são raras as culturas que conseguem se manter totalmente isoladas.

↑ O festival de Parintins representa a disputa entre os bois Caprichoso e Garantido. Nesse evento, destacam-se a cultura indígena e os costumes regionais. Parintins (AM), 2016.

→ O Diwali celebra a destruição de Narakasura por Sri Krishna, entidades da tradição religiosa hindu. O festival simboliza a vitória do bem sobre o mal em cada ser humano. Mumbai, Índia, 2017.

17

Um bom exemplo vem da gastronomia. Em toda grande cidade são encontrados restaurantes com pratos das mais variadas nacionalidades: japoneses, italianos, mexicanos, portugueses, ou com sabores e tradições comuns a mais de uma cultura. As culturas acabam influenciando umas às outras. Muitas vezes é difícil saber a origem de um prato típico, bem como de um costume, um idioma ou um vestuário. Isso se deve, atualmente, à influência cada vez mais presente das facilidades dos deslocamentos e do acesso à informação propiciados pela evolução dos meios de transporte e comunicação.

Diversidade cultural: patrimônio da humanidade

A cultura e sua diversidade são tão importantes para as comunidades humanas que, em 2001, a Organização das Nações Unidas para a Educação, Ciência e Cultura (Unesco) elaborou a Declaração Universal sobre a Diversidade Cultural, com o objetivo de reafirmar a preocupação dos países-membros com a preservação e o respeito universal à diversidade cultural dos povos e nações.

> **GLOSSÁRIO**
>
> **Pluralidade:** a própria multiplicidade de culturas, que implica a convivência baseada no respeito e na tolerância entre várias formas de pensar e de se expressar.

Essa declaração estabelece que a diversidade cultural é um patrimônio da humanidade, manifestando-se na originalidade e na **pluralidade** de identidades características de grupos e sociedades.

Com a diversificação cada vez maior da sociedade, é indispensável que se garanta uma interação harmoniosa com as pessoas, os grupos e suas identidades culturais, pois ela é uma das fontes do desenvolvimento humano, um meio para uma existência afetiva, moral, intelectual e espiritual satisfatória.

Respeitar a diversidade cultural, portanto, é parte indissociável dos direitos humanos e deve garantir a livre expressão, o pluralismo de ideias, a igualdade de participação política e de acesso ao conhecimento científico, tecnológico e artístico.

Minorias

Quando falamos de grupos sociais, "minoria" não significa quantidade menor. Muitas vezes é de uma maioria que estamos falando. Os afrodescendentes, por exemplo, são considerados uma minoria, embora sejam mais da metade da população brasileira.

Quando falamos de um grupo minoritário, nos referimos aos direitos que lhes são negligenciados, tornando-os, por questões históricas, uma parcela mais vulnerável da sociedade. Esses grupos costumam ser discriminados pelo grupo dominante pela cor da pele, gênero, religião, origem geográfica, orientação sexual, etnia ou situação econômica – e em alguns casos, por mais de um desses fatores.

Outro exemplo de minoria no Brasil são os povos indígenas. A maioria das etnias indígenas foi removida de suas terras originárias, nas quais habitaram por milhares de anos, sendo deslocados para reservas que, muitas vezes, desvirtuam seu modo de vida.

→ O Parque Indígena do Xingu é a maior reserva indígena brasileira. Criado em 1961 com o intuito de garantir melhores condições e a posse da terra às populações indígenas locais, atualmente o Parque conta com aproximadamente 14 etnias diferentes. Parque Indígena do Xingu (MT), 2012.

Os quilombolas formam outra minoria. São grupos étnicos originados dos negros trazidos à força da África e escravizados no Brasil e que ocupam determinada porção de terra. Essa terra pode ter sido comprada pelos próprios indivíduos, doada a eles, obtida como troca por prestação de serviços ou ter sido ocupadas como forma de resistência à escravidão.

Existem comunidades remanescentes de quilombos em pelo menos dezenove estados brasileiros. As maiores concentrações estão no Maranhão, Bahia, Pará, Minas Gerais e Pernambuco. De acordo com o Instituto Nacional de Colonização e Reforma Agrária (Incra), existem hoje cerca de 3 mil comunidades remanescentes de quilombos em todo o Brasil. No entanto, somente 193 possuem o título de posse das terras que ocupam. O primeiro título foi concedido somente em 1995, sete anos após a promulgação da Constituição Federal de 1988, que assegura, no artigo 68, o direito dos quilombolas à terra.

↑ Congada do Quilombo Sapé de Minas Gerais. Vicência (PE), 2015.

Os costumes e os modos de vida nas comunidades remanescentes de quilombos foram fortemente influenciados pela cultura negra, indígena e cristã, com festividades, cantos e evocações próprias.

Existem minorias que são definidas pela religião que seguem. É o caso da comunidade *amish*, um grupo cristão derivado do protestantismo alemão e suíço que vive no Canadá e nos Estados Unidos. São conhecidos por seus costumes conservadores e por manter distância da sociedade moderna, não fazendo uso de energia elétrica, aparelhos eletrônicos ou automóveis. Segundo eles, o uso dessas modernidades os afastaria do verdadeiro propósito cristão de retidão e de humildade.

↑ Comunidade *amish* em campo de colheita de feno. New Holland, Estados Unidos, 2017.

CURIOSO É...

Você sabia que existem pessoas sem nacionalidade? São os **apátridas**.

Um novo relatório lançado pela Agência da ONU para Refugiados (Acnur) [...] alerta que a discriminação, a exclusão social e a perseguição fazem parte da realidade de muitas das minorias apátridas pelo mundo, e pede uma ação imediata para assegurar a igualdade do direito à nacionalidade de todas as pessoas.

Mais de 75% das populações conhecidas de apátridas pertencem a grupos minoritários, diz o relatório. Ao serem deixados de lado, sua marginalização prolongada pode gerar ressentimento, aumentar o medo e, em casos mais extremos, levar à instabilidade, insegurança e deslocamento. [...]

↑ Crianças rohingya, a mais expressiva minoria apátrida do mundo. Cox's Bazar, Bangladesh, 2018.

"Pessoas apátridas estão apenas buscando os mesmos direitos básicos de que todos os cidadãos desfrutam. Mas as minorias apátridas, como a rohingya, muitas vezes sofrem de discriminação arraigada e rejeição sistemática de seus direitos", disse o alto-comissário da ONU para refugiados, Filippo Grandi. [...]

Relatório de agência da ONU expõe discriminação contra minorias apátridas pelo mundo. *ONU-BR*, Rio de Janeiro, 3 nov. 2017. Disponível em: <https://nacoesunidas.org/relatorio-de-agencia-da-onu-expoe-discriminacao-contra-minorias-apatridas-pelo-mundo/>. Acesso em: out. 2018.

Globalização e diversidade cultural

Apesar de não ter surgido com a globalização, o multiculturalismo e a diversidade cultural se acentuaram com ela. As migrações em busca de oportunidades levaram para outros países culturas diferentes, que lá foram absorvidas total ou parcialmente.

Dois exemplos de busca por oportunidades em outro país são o dos haitianos e dos venezuelanos, que, fugindo da crise política e econômica em seu país, optaram por entrar em territórios estrangeiros, incluindo o Brasil, em busca de oportunidades.

Para alguns, no entanto, a globalização moderna põe em risco a preservação de sua identidade e da diversidade cultural. Atrelada ao capitalismo, que visa principalmente o lucro, essa diversidade vem sendo alvo, muitas vezes, de **apropriação cultural**, que desvirtua o sentido original da cultura local, podendo levar ao seu desaparecimento e até à completa assimilação por outra sociedade.

GLOSSÁRIO

Apropriação cultural: adoção de elementos específicos de uma cultura por outra, em geral dominante.

A história registra vários casos de nações que invadiram territórios e continentes e impuseram a eles seus costumes e modos de vida, muitas vezes mediante violência, como no caso da colonização de alguns países da América Latina pelos conquistadores espanhóis, que resultou no quase desaparecimento das culturas inca, maia e asteca.

Etnocídio

Quando uma cultura é destruída por outra, ocorre o que se denomina **etnocídio**. Os membros da cultura dominada são forçados a deixar suas tradições e aceitar a dos invasores. Muitas vezes seus costumes e modos de vida são vistos como inferiores pelos dominadores, e assim sua prática aos poucos é desestimulada.

Em geral, o idioma é o primeiro a ser anulado, principalmente quando o povo dominado faz uso de transmissão oral, ou seja, não possui um sistema organizado de escrita. A perda do idioma de um povo significa o esquecimento gradativo de sua história.

↑ Autor desconhecido. *Cena de batalha*. Óleo sobre tela, s/ data. Esta obra mostra o embate entre os colonizadores espanhóis e o Império Inca no século XVI.

Você sabe o que é o Kwanzaa?

Diante de um contexto de opressão e violência à população negra nos Estados Unidos na década de 1960, o então presidente de um centro de estudos negros na Universidade Estadual da Califórnia e ativista dos direitos civis, Dr. Maulana Karenga, criou uma celebração que visava unir os afro-americanos com base em costumes do continente africano. O Kwanzaa dura sete dias, iniciando no dia 26 de dezembro e encerrando no dia 1º de janeiro. Seu nome deriva de "*matunda ya kwanza*", que significa "primeiros frutos" em suaíli (língua de origem queniana).

↑ Crianças celebram o Kwanzaa. Markham, Canadá, 2013.

Cada família celebra à sua maneira, mas em geral incluem canções, danças típicas, tambores africanos, leituras de histórias e poemas e uma refeição tradicional. Em cada uma das sete noites, a família se reúne ao redor das luzes no castiçal típico da celebração, o Kinara, onde cada vela tem uma cor diferente e onde se discutem os princípios do Kwanzaa, que visam reforçar a união e o compromisso da comunidade afrodescendente. A grande festa é a de 1º de janeiro, com muita comida e celebração.

1. Qual é o principal objetivo do Kwanzaa?

2. Você realiza em seu círculo familiar alguma celebração semelhante ao Kwanzaa?

ATIVIDADES

SISTEMATIZAR

1. O que é multiplicidade cultural? É possível afirmar que o Brasil é um país multicultural? Justifique.

2. Quais são as causas da grande diversidade cultural da maioria dos países atualmente?

3. A respeito da Declaração Universal sobre a Diversidade Cultural, responda:
   a) O que ela estabelece?
   b) Relacione a diversificação da sociedade com o desenvolvimento humano.
   c) Por que é tão importante respeitar a diversidade cultural dos povos?

4. Defina o termo "minoria". A que ele se refere?

5. Como a globalização intensificou a diversidade cultural dos países?

6. Que riscos a globalização traz para a diversidade cultural?

7. Defina o que é etnocídio e por que ele significa a aniquilação de toda uma cultura.

REFLETIR

1. No dia 20 de novembro é celebrado, no Brasil, o Dia da Consciência Negra. O objetivo é fazer uma reflexão sobre a importância do povo e da cultura africana, assim como o impacto que tiveram no desenvolvimento da identidade da cultura brasileira. Observe a charge a seguir e responda: Qual é a crítica que ela retrata?

CAPÍTULO 3
Blocos econômicos

> No capítulo anterior, você estudou a multiplicidade cultural e sua importância no mundo contemporâneo, o conceito de minorias e a relação entre a globalização e a diversidade cultural. Neste capítulo, você vai estudar os blocos econômicos, suas principais características e sua atuação na vida da população.

Menos tarifas, mais competitividade

Provavelmente você já ouviu falar de importantes grupos de países, como o Mercado Comum do Sul (Mercosul), do qual o Brasil faz parte, ou a União Europeia (UE). Essa organização dos países em blocos econômicos é uma das características da Nova Ordem Mundial e do processo de globalização.

Bloco econômico é uma associação de países que têm por objetivo estabelecer relações comerciais privilegiadas de exportações e importações entre eles, integrando suas economias. Um bloco possui um acordo intergovernamental, pelo qual barreiras ao comércio são reduzidas ou eliminadas entre os Estados participantes.

Muitas vezes o bloco se torna uma organização intergovernamental para melhor articular as ações entre os países signatários. Os blocos surgem ou se consolidam em busca de uma inserção mais competitiva na arena comercial global. Em grande parte, acabam definidos por uma tendência regional, podendo ser classificados segundo seu nível de integração econômica.

↑ Cúpula com líderes dos países associados ao Mercosul em Luque, Paraguai, 2018.

↑ Cúpula da União Europeia em Bruxelas, Bélgica, 2018.

A partir da última década do século XX, multiplicaram-se os acordos e os blocos regionais. De início, a integração de países em blocos econômicos tinha como objetivo facilitar a economia dessas nações no cenário global estimulando as trocas e a produção, o que acabou levando à ampliação das relações entre os países-membros do bloco e deles com outros povos do mundo. Com a redução ou até eliminação das **taxas alfandegárias** nas trocas comerciais entre os países, a circulação de mercadorias foi facilitada e se tornou mais rápida e eficiente.

GLOSSÁRIO

Taxa alfandegária: tributo cobrado pelo governo aos países sobre produtos importados e exportados.

O surgimento de um bloco é reflexo da competição econômica entre os países e seus mercados, que estão em constante busca de crescimento. Com a possibilidade de expansão e interesses mútuos, cada vez mais os blocos estão surgindo e se estabelecendo. Observe no mapa a seguir a fragmentação atual do espaço geográfico mundial em grandes blocos regionais.

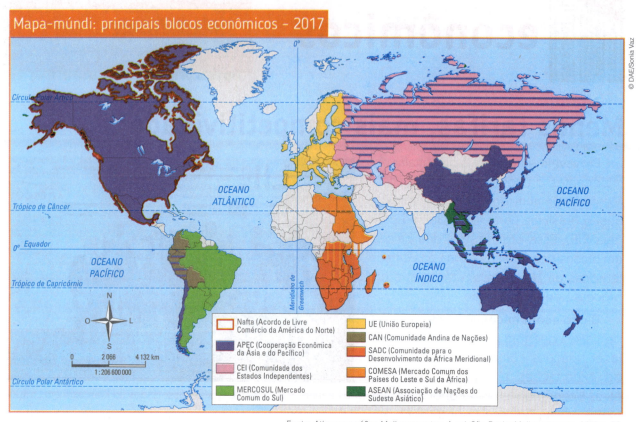

Fonte: *Atlas geográfico Melhoramentos*. 4. ed. São Paulo: Melhoramentos, 2017. p. 36.

Um bloco econômico pode apresentar vantagens e desvantagens. Entre as vantagens estão produtos mais baratos para os mercados consumidores dos países do bloco, redução e até eliminação de tarifas de importação, maior mobilidade dos cidadãos entre um país e outro, redução das taxas alfandegárias e uma redução de custos na produção.

Já as desvantagens envolvem uma menor renda para o produtor nacional, que fica desvalorizado diante dos produtos importados. Querendo ou não, um bloco acaba favorecendo um país com economia dominante e pode também fomentar relativa perda de soberania, como no caso da União Europeia, que surgiu como bloco econômico e se transformou em uma organização política que lida com questões que vão além de acordos e tratados.

Modalidades de blocos econômicos

Os blocos econômicos apresentam modelos diferentes de organização, de acordo com o nível de integração, os objetivos e os interesses.

- **Zona de preferência tarifária:** é o primeiro nível de integração econômica na formação de um bloco; consiste no estabelecimento de níveis tarifários preferenciais para um conjunto de países, que se beneficiam de melhores tarifas em suas transações comerciais.
- **Zona de livre-comércio:** é o segundo nível de integração, pelo qual se desenvolve um modelo simplificado com o objetivo de reduzir ou eliminar tarifas de importação e exportação para facili-

tar a circulação de mercadorias entre os países-membros. Exemplo: Tratado Norte-Americano de Livre-Comércio (Nafta).
- **União aduaneira:** seu objetivo é eliminar as restrições alfandegárias e fixar uma Tarifa Externa Comum (TEC), que é um imposto de importação cobrado sobre produtos oriundos de países que não pertencem ao bloco. Os países-membros não podem participar de outros tratados econômicos. Exemplo: Mercado Comum do Sul (Mercosul).
- **Mercado comum:** esse tipo de tratado visa criar um mercado regional forte para que as empresas dos países-membros possam concorrer globalmente. Além de reduzir ou eliminar as taxas de importação e exportação, estabelece a livre circulação de mercadorias, capitais, serviços e pessoas entre as fronteiras políticas dos países-membros. Exemplo: União Europeia (UE).
- **União econômica e monetária:** é um mercado comum acrescido de uma moeda única. Exemplo: a zona do euro, em que 19 países da União Europeia extinguiram as moedas nacionais e adotaram o euro, com um Banco Central supranacional que controla o sistema financeiro dos países-membros.

Blocos econômicos: um breve panorama

União Europeia (UE)

Desde o fim da Segunda Guerra Mundial, países da Europa ocidental uniram-se com objetivos econômicos. A União Europeia (nome oficializado em 1992) foi o primeiro bloco econômico a se formar e alcançar maior grau de integração econômica entre os países-membros. A União Europeia é um mercado comum, com livre circulação de mercadorias, capitais, serviços e pessoas entre as fronteiras políticas dos países-membros. Atualmente é formada por 28 países, sendo 19 deles pertencentes à zona do euro.

↑Bandeira da União Europeia.

Mercado Comum do Sul (Mercosul)

O Mercosul foi criado em 1991 por Brasil, Argentina, Paraguai e Uruguai. Atualmente, a Venezuela, que também faz parte do Bloco, está suspensa; e a Bolívia está em processo de adesão. Em 1995, o bloco adotou a Tarifa Externa Comum, passando de zona de livre-comércio para união aduaneira, com capacidade para regulamentar o comércio do bloco com países de fora.

↑Bandeira do Mercosul.

Tratado Norte-Americano de Livre Comércio (Nafta)

Os países participantes desse acordo são Estados Unidos, Canadá e México. Uma grande quantidade de produtos circula livremente entre esses países, sem cobrança de impostos. No Nafta não é permitida a **livre circulação** de pessoas.

Cooperação Econômica da Ásia e do Pacífico (Apec)

Bloco econômico com países de três continentes: América, Ásia e Oceania. Esse bloco tem grande força econômica mundial pela pujança dos países que o compõem: Estados Unidos, Canadá, Japão, China, Rússia, Austrália, entre outros.

Comunidade para o Desenvolvimento da África Austral (SADC)

Zona de livre-comércio criada em 1992, esse bloco é formado por países africanos e visa, entre outros objetivos, fortalecer as economias, diminuir a pobreza da população e melhorar as condições de vida em todos os países-membros.

Comunidade dos Estados Independentes (CEI)

Criado em 1991 por algumas repúblicas que formavam a antiga União das Repúblicas Socialistas Soviéticas (URSS), tem o objetivo de fortalecer a economia e as relações comerciais entre os países-membros. É uma organização econômica e política, sem governo central.

Consumo, mobilidade e intercâmbio

Um dos aspectos mais notáveis relacionados aos blocos econômicos é a capacidade de integração entre seus membros. O maior exemplo disso é a União Europeia, que passou de bloco econômico para unidade política e administrativa do bloco europeu, para o qual os países do continente precisaram ajustar suas políticas internas para que pudessem ingressar nele.

Com as reduções de taxas e a maior integração econômica, o incremento na produção e o barateamento dos produtos e bens, o mercado europeu viu crescer o consumo interno. Com o aumento do consumo, aumentou a demanda por novos produtos, fazendo crescer a oferta de empregos e a circulação de pessoas qualificadas para as vagas.

A mobilidade é facilitada pelo passaporte europeu, que eliminou a burocracia entre um país e outro. Assim as pessoas podem entrar e sair de países sem documentação obrigatória.

No entanto, uma integração maior de um bloco nem sempre é bem-vista. A perda da pluralidade e da diversidade cultural, por exemplo, é temida por alguns setores das sociedades. Pequenos produtores locais de certas regiões podem precisar de proteção contra a chegada de produtos importados mais baratos e produzidos em massa, favorecidos pelas políticas de integração do bloco.

O caso do **Brexit** é o mais recente. O apelido foi cunhado para designar a saída do Reino Unido da União Europeia, votada em um apertado **referendo** interno em 2017, que decidiu pela retirada total do Reino Unido do bloco europeu.

Na América do Sul, o Mercosul promove, desde 2012, um programa de mobilidade entre seus países-membros para garantir que estudantes tenham maior facilidade para conseguir bolsas de estudo. A intenção é incentivar o intercâmbio de estudantes e profissionais entre os países e fomentar o ensino e a pesquisa, além dos estudos do português e do espanhol.

Cidadãos dos países-membros do Mercosul já podem circular livremente entre as fronteiras sem uso de passaporte ou visto, segundo uma das diretrizes do acordo. Não somente pessoas, mas mercadorias e capitais podem circular livremente entre as nações que compõem o conselho do Mercosul.

> **GLOSSÁRIO**
>
> **Referendo:** votação do eleitorado para aprovação ou rejeição de medidas propostas ou aprovadas por um órgão legislativo.

Nos últimos anos, a presença de estudantes brasileiros de diferentes regiões passou a ser cada vez mais frequente em países do Mercosul. Buenos Aires, Argentina, 2018.

ATIVIDADES

SISTEMATIZAR

1. Defina o que é bloco econômico.

2. No contexto da globalização, uma tendência crescente é a formação de blocos econômicos que apresentam diferentes níveis de integração. Um desses níveis é a zona de livre-comércio. Caracterize-a.

3. Que vantagens e desvantagens podem ser citadas em relação aos blocos econômicos?

4. Quais são as principais modalidades de blocos econômicos?

5. Atualmente, por quais países o Mercosul é formado? Que benefícios propiciam aos cidadãos desses países?

6. Em 1º de janeiro de 1994 criou-se uma das maiores zonas de livre-comércio do mundo entre Estados Unidos, Canadá e México, que agora reúne mais de 450 milhões de pessoas produzindo cerca de 17 trilhões de dólares em bens e serviços. O comércio entre os países desse bloco vem aumentando desde que o acordo entrou em vigor. A que bloco esse trecho se refere?

7. Dos blocos econômicos estudados, qual tem maior poder econômico mundial e maior grau de integração econômica entre os países-membros? Justifique sua resposta.

REFLETIR

1. Analise a charge a seguir. A qual movimento recente de um bloco econômico ela se refere? Qual é a crítica feita na charge? Discuta com os colegas.

CAPÍTULO 4
Organizações internacionais

No capítulo anterior, você estudou os blocos econômicos, suas características e algumas formas da atuação desses blocos na vida da população. Neste capítulo, você vai estudar o contexto histórico da criação das organizações internacionais, seus principais objetivos e desafios.

A criação das organizações internacionais

A partir de meados do século XX, as relações econômicas entre os países se intensificaram, em grande parte por causa da influência e da consolidação da globalização moderna. Ao analisarmos o contexto humanístico, cultural, geopolítico e econômico do planeta, percebemos que várias organizações internacionais passaram a se destacar desde então.

A maioria dessas organizações surgiu no contexto em que o mundo se recuperava dos danos e traumas causados pela Segunda Guerra Mundial. Foi o momento em que a Guerra Fria se acirrou e a globalização moderna começou a se estruturar, ainda de forma incipiente.

Essas organizações tornaram-se importantes e muitas vezes decisivas no cenário internacional, uma vez que ordenaram e estabeleceram as relações e a influência política e econômica entre os países, criando regulações, normas e acordos entre blocos e países, na tentativa de atender a objetivos diversos.

Em um mundo no qual a democracia ainda era embrionária em muitos países, sobretudo naqueles que estavam se desvencilhando de seus colonizadores, era fundamental que organismos internacionais começassem a despontar, buscando mediar o jogo político, econômico e cultural e reafirmando os direitos humanos em um contexto dominado pelo poderio bélico, pela busca incessante do lucro e pela guerra ideológica.

Foi nesse panorama que surgiu a Organização das Nações Unidas (ONU), em 1945, uma segunda tentativa de organizar um foro de diálogo permanente e universal para todas as nações depois do fracasso da Liga das Nações, criada em 1919, ao fim da Primeira Guerra, cujo objetivo tinha sido evitar novas guerras e promover a paz.

→ Líderes dos Estados em reunião para criação da Organização das Nações Unidas (ONU). São Francisco, Estados Unidos, 1945.

A ONU e a cultura de desenvolvimento

Uma das principais missões da ONU é garantir o fomento e a diversidade cultural, já que viver em determinada cultura e celebrá-la é um dos direitos mais básicos de uma pessoa.

Entretanto, a polarização vista nos últimos anos representa um obstáculo contra as previsões iniciais de que o século XXI pudesse assistir a uma maior integração entre países e nações e ao respeito às diferenças. Há também uma tendência à uniformidade, ao aniquilamento de culturas, o que significa, em última instância, apagar a memória de muitos povos, empobrecendo assim o repertório da história humana.

Na contramão desse contexto, a ONU busca fomentar o que se denomina **cultura de desenvolvimento**, ressaltando os valores da educação, da comunicação social e das identidades culturais por meio da cidadania democrática, do desenvolvimento humano, da recuperação e do desenvolvimento das identidades nacionais diante do movimento de uniformidade cultural. Acima de tudo, investe no aprendizado da cultura da paz, que preconiza a convivência pacífica entre diferentes culturas.

Para atuar nas diversas frentes a que se propõe, a ONU dispõe de diversos organismos especializados.

↑ Pessoas recebem medicamentos de equipes das Nações Unidas em campo de refugiados. Beca, Líbano, 2017.

 **AQUI TEM MAIS**

ECO-92

Em 1992, a ONU realizou, na cidade do Rio de Janeiro, a Conferência das Nações Unidas sobre o Meio Ambiente e Desenvolvimento. Foi nessa conferência, conhecida como ECO-92, que a comunidade internacional discutiu o desenvolvimento sustentável. Um dos principais temas debatidos foi o das questões climáticas, com ênfase para a emissão de poluentes e a qualidade do ar, o que deu base para a criação do **Protocolo de Kyoto**, em 1997. Outros temas abordados foram: a necessidade de preservação da água, o incentivo ao uso de transportes menos poluentes e o estímulo de práticas que evitem desperdício de alimentos, água e energia. O resultado da reunião foi a elaboração de um documento, chamado de **Agenda 21**, acordado e assinado pelos 179 países participantes, que propunha metas para a melhoria das condições ambientais do planeta para o século XXI. Em 2002, em Johanesburgo e em 2012, no Rio de Janeiro, ocorreram, respectivamente, a **Rio+10** e a **Rio+20**, conferências que também debateram os temas relacionados ao desenvolvimento sustentável e às questões ambientais.

↑ Líderes reunidos durante a ECO-92. Rio de Janeiro (RJ), 1992.

1. Em sua opinião, a ONU deve atuar ante questões ambientais do planeta? Explique.

Organização Mundial do Comércio (OMC)

O comércio é uma prática que remonta à Antiguidade. Depois de um grande impulso nos séculos XV e XVI, época das grandes navegações, o capital acumulado tornou possível a consolidação dos primeiros Estados modernos. Foi somente após o século XIX, contudo, com o desenvolvimento das revoluções industriais, que a produção de mercadorias aumentou significativamente, fomentando o comércio internacional.

A velocidade com que as nações passaram a importar e exportar produtos e mercadorias, ao longo do século XX, criou a necessidade de um organismo regulador do comércio internacional.

Assim, em 1947, na cidade de Genebra, Suíça, foi criado o Acordo Geral sobre Tarifas Aduaneiras e Comércio (em inglês, *General Agreement on Tariffs and Trade* – Gatt). Em 1995, esse órgão passou a se chamar Organização Mundial do Comércio (OMC) e atualmente é um dos mais importantes órgãos mundiais.

Uma das principais ações da OMC é promover reuniões entre os países para estabelecer acordos comerciais no âmbito mundial. Essas reuniões são chamadas de "rodadas", com destaque para a Rodada de Doha (Catar), que se iniciou em 2001 e continua até hoje.

A que visam as "rodadas"

Geralmente, o principal assunto de uma "rodada" é a questão das barreiras comerciais ou **protecionismo**, prática adotada por muitos países e que prejudica principalmente a economia dos países pouco desenvolvidos e emergentes. O protecionismo diz respeito a um conjunto de medidas que protegem a indústria ou o comércio interno, dificultando as importações e a concorrência externa.

Essas barreiras ficam evidentes nos subsídios concedidos pelos governos, principalmente para o setor agrícola. Esses subsídios beneficiam seus agricultores, que passam a produzir por um preço baixo e podem lançar no mercado produtos mais em conta. Como resultado, a maioria dos outros países que exportam bens primários, em especial produtos agrícolas, não consegue vendê-los para nações desenvolvidas, o que constitui uma concorrência desleal.

Reunião de cúpula do G-20. São Petersburgo, Rússia, 2013.

O governo brasileiro acionou a OMC diversas vezes, em especial para reclamar dos subsídios concedidos pelos Estados Unidos aos produtores locais de algodão e também dos subsídios concedidos pela União Europeia aos países-membros do bloco para a produção de açúcar. Em ambas as ações, a Organização deu ganho de causa ao Brasil, por entender que esses subsídios, exagerados, violavam as regras internacionais de comércio e, nesse caso, prejudicavam o Brasil.

Além da OMC, outras organizações internacionais e instituições financeiras foram criadas, todas muito importantes para a regularização econômica e comercial entre os países.

Os desafios das organizações internacionais

Apesar de ter sido criada com o objetivo de facilitar o comércio mundial, a OMC é contestada por diversos líderes e organizações por não garantir essa atividade de maneira igualitária entre os países. Muitos criticam o fato de que algumas práticas da OMC favorecem os países desenvolvidos, coibindo de maneira desigual as ações protecionistas de outros países, legitimando barreiras alfandegárias e taxando nações em desenvolvimento que tentem fazer o mesmo.

A consequência disso é que apenas alguns setores da sociedade conseguem se beneficiar dos acordos comerciais, contribuindo para a estagnação econômica dos países envolvidos.

Muitos estudiosos defendem que as relações comerciais e econômicas fomentadas pela OMC devam favorecer a melhoria dos padrões de vida, o crescimento estável e amplo da renda, assegurando emprego às pessoas e expandindo a produção e o comércio de bens e serviços.

Desenvolvimento e crescimento econômico, por sua vez, não são sinônimos. Para que as condições de vida de uma população melhorem, a economia não deve apenas crescer, mas desenvolver o bem-estar social e garantir que os cidadãos tenham condições não apenas de consumo, mas também de viver bem, com acesso a trabalho, moradia, saúde, educação e alimentação balanceada. Numa visão mais ampla, esse é um desafio para qualquer organização internacional.

↑ Conferência da Organização Mundial do Comércio. Buenos Aires, Argentina, 2017.

FORMAÇÃO CIDADÃ

Em todo o mundo, diversas organizações humanitárias e não governamentais (ONGs), também chamadas de Terceiro Setor, atuam de forma bastante significativa e positiva nos mais variados setores da sociedade, como na preservação do meio ambiente e na manutenção da saúde.

1. Reúna-se com alguns colegas, e pesquisem exemplos, objetivos e atuações das ONGs presentes na sua cidade ou região. Em seguida, discutam a importância dessas organizações na construção de um mundo melhor, mais justo e saudável. Apresentem os resultados da discussão para os demais colegas.

Atualmente, o desenvolvimento tecnológico, encabeçado pelas potências mundiais, traz à tona a questão da inteligência artificial, que com o passar do tempo é incorporada no mercado de trabalho, algumas vezes substituindo a mão de obra humana. Diante disso, o mundo do trabalho parece ser uma área que precisará de atenção das organizações internacionais nos próximos anos. Membros da Organização Internacional do Trabalho (OIT) e de ONGs que atuam em questões relacionadas ao assunto já se preocupam com o que vem sendo chamado de **desemprego tecnológico** ou **darwinismo tecnológico**, ou seja, a exclusão dos trabalhadores que, por diversas razões, não conseguem se adaptar às novas exigências do mercado de trabalho.

Se lançarmos um olhar para a História, veremos que o mundo do século XVIII, que passou da produção manual para a mecanizada, teve ganhos e perdas. No início do século XX, assistimos às transformações no mundo do trabalho favorecidas pela microeletrônica. No fim desse mesmo século, a internet revolucionou o modo analógico da eletrônica criando a época digital.

Ainda que, indubitavelmente, as diversas formas de inteligência artificial sejam parceiras dos seres humanos, a ameaça à desqualificação do trabalho humano e do crescimento do desemprego existe. Cabe às organizações internacionais colaborar com mecanismos que possibilitem ao ser humano continuar como protagonista da história.

← Técnico controla equipamento robótico para solda. Colúmbia Britânica, Canadá, 2018.

CURIOSO É...

Os fóruns mundiais: econômico e social

O Fórum Econômico Mundial (FEM), realizado desde 1971, é uma reunião mundial que organiza encontros anuais entre chefes de Estado, líderes da economia mundial, empresários, ministros da Economia, além de diretores do Fundo Monetário Internacional (FMI), do Banco Mundial e de vários outros organismos internacionais. Os fóruns acontecem, na maioria das vezes, na cidade de Davos, na Suíça, e os participantes debatem assuntos como a crise econômica internacional, o impacto da globalização em mercados emergentes e a regulamentação de mercados financeiros. Temas como pobreza, educação, meio ambiente e saúde no mundo também são discutidos.

Paralelamente ao Fórum Econômico Mundial, ocorre, em alguma cidade do mundo, o Fórum Social Mundial (FSM), que se diferencia do FEM por ser não governamental, apartidário, formado por pessoas da sociedade civil e organizado por movimentos sociais internacionais. Nele se discutem e se elaboram alternativas para um mundo melhor. São comuns, nas reuniões do FSM, críticas à globalização, ao neoliberalismo e ao próprio FEM.

→ Fórum Social Mundial em Salvador (BA), 2018.

ATIVIDADES

SISTEMATIZAR

1. Em que contexto surgiram as organizações internacionais?

2. Em relação à ONU, o que é a cultura de desenvolvimento?

3. Cite algumas das principais funções da Organização Mundial do Comércio (OMC).

4. Explique como o protecionismo prejudica a economia de alguns países.

5. De que maneira a ONU tenta estimular o desenvolvimento humano no mundo?

6. Explique o que é o desemprego tecnológico, qual é sua causa e como as organizações internacionais podem interferir nessa questão.

REFLETIR

1. Ao assinarem o Protocolo de Kyoto em 1997, vários países se comprometeram a reduzir a emissão de gases de efeito estufa, principalmente o CO_2. Com base na observação do mapa a seguir e, se necessário, com a realização de uma pesquisa, responda às questões.

Fonte: *Global Carbon Atlas*. Disponível em: <www.globalcarbonatlas.org/?q=en/emissions>. Acesso em: out. 2018.

a) Que problemas ambientais o excesso de CO_2 causa ao planeta?

b) O que provoca a emissão excessiva de CO_2 na atmosfera?

c) Quais regiões são as maiores emissoras de CO_2 no mundo?

d) Qual é a posição dos Estados Unidos em relação ao Protocolo de Kyoto?

e) Relacione o desenvolvimento dos países do Hemisfério Norte com o setor industrial e a emissão de CO_2 na atmosfera.

GRUPOS GLOBAIS

Não é de hoje que os diferentes países se relacionam econômica e politicamente. Pelo menos desde o século XIII, na Europa, as sociedades vêm estabelecendo relações de dependência mútua. No entanto, foi no século XX, após as duas grandes guerras mundiais, com a expansão do comércio, das tecnologias e da circulação financeira, que se pôde falar em "globalização". Nesse processo, alguns agrupamentos de países se formaram. Vamos conhecer melhor dois deles.

OS MAIS RICOS DO MUNDO

Os sete países mais industrializados do mundo formam o Grupo dos 7, ou G-7: Estados Unidos, Canadá, Alemanha, Reino Unido, França, Itália e Japão. O primeiro encontro entre eles ocorreu em 1975, na França, em meio à crise mundial do petróleo. Desde então, os chefes de Estado desses países se encontram anualmente. Na pauta das reuniões não são discutidas apenas questões econômicas, mas questões estratégicas de cunho social, político e até mesmo ambiental. A China fica de fora do grupo por não ser considerada um país democrático.

O grupo é informal, não é uma organização internacional que tenha base num tratado, como os blocos econômicos (União Europeia, Mercosul) ou a ONU. Por isso, não há garantias de que suas decisões serão cumpridas.

Líderes do G-7 participam de cerimônia de plantio de árvores em Ise, Japão, 2016.

Mapa-múndi: países do G-7 e países emergentes – 2017

Worldatlas. Disponível em: <www.worldatlas.com/articles/group-of-seven-g7-countries.html>. Acesso em: set. 2018.

Juntos, esses países constituem um verdadeiro gigante mundial:

somam aproximadamente

60%

da população mundial;

são responsáveis por mais de

26%

das exportações de produtos agrícolas;

70%

da população rural do mundo está neles.

OS PAÍSES EMERGENTES

Outro fórum informal para a reunião de chefes de Estado foi composto em 2003: o G-20, sob influência do Brasil. A principal preocupação desse grupo é discutir as diferenças persistentes entre os países ricos e pobres. Eles criticam, sobretudo, o fato de os países mais desenvolvidos protegerem seus mercados por meio de "subsídios", impedindo que os países exportadores de produtos agrícolas consigam competir no mercado mundial. O G-20 é formado por 24 países, chamados "emergentes", cujo principal objetivo é discutir a situação do comércio de produtos agrícolas.

A formação do G-20 impactou diretamente na vida dos brasileiros. O crescimento econômico dos últimos anos teve como um dos pilares fundamentais a exportação de produtos agrícolas e a estratégia de firmar parcerias com países de fora do eixo Estados Unidos – Europa – os países emergentes do Hemisfério Sul, por exemplo.

34

NO TOP 20 DA ECONOMIA MUNDIAL

Há outro grupo de 20 países um pouco diferente do G-20 dos países em desenvolvimento. Conhecido como "G-20 Financeiro", foi criado em 1999 para tentar reverter as sucessivas crises financeiras. O G-20 reúne os chefes de Estado, ministros de finanças e presidentes de bancos centrais de 19 países industrializados e emergentes, mais um representante geral da União Europeia. A principal meta do G-20 é garantir a estabilidade da economia mundial.

G2-20. Disponível em: <https://g20.org/es/g20/quienes-integran>. Acesso em: set. 2018

Mapa-múndi: países do G-20 – 2018

Arindam Shivaani/NurPhoto/Getty Images

Além de muito ricos, esses países são muito influentes nas determinações do Banco Mundial e do Fundo Monetário Internacional. O G-7 recebe muitas críticas, principalmente pelo poder de influenciar as economias do mundo todo, incentivar medidas neoliberais e não tomar atitudes concretas contra a desigualdade social.

Manifestantes protestam durante evento que reuniu o G-7, em Quebec, Canadá, 2018.

Em 2017, a Alemanha sediou o encontro dos países do G-20.

Logotipo do G-20 em 2017.

BRICS, PAÍSES PROMISSORES

A sigla Bric foi criada em 2001 para se referir aos países que apresentavam características econômicas promissoras à época: Brasil, Rússia, China e Índia. Com o crescimento econômico da África do Sul, a sigla mudou para Brics. Além de ter importância econômica, esses países também são considerados potências políticas em suas regiões. Um dos objetivos do bloco era tornar-se um contrapeso ao poder dos Estados Unidos e da Europa nas definições econômicas mundiais – força que é discutida até hoje.

Brics – 2016

País	População total (em milhões de pessoas)	PIB (em bilhões de dólares)
Brasil	204,4	1 772,5
Rússia	143,4	1 326,0
Índia	1 311,0	2 116,2
China	1 376,0	11 158,4
África do Sul	54,5	314,5

Fontes: IBGE. Disponível em: <https://paises.ibge.gov.br/#/pt>. Acesso em: mar. 2019. G7 poderá se tornar um G6 no futuro. Jornal da USP, 13. jun. 2018. Disponível em: <https://jornal.usp.br/atualidades/g7-podera-se-tornar-um-g6-no-futuro/>. Acesso em: fev. 2019. O Brasil no G20. Ministério das relações exteriores. Disponível em: <www.itamaraty.gov.br/pt-BR/politica-externa/diplomacia-economica-comercial-e-financeira/15586-brasil-g20> Acesso em: fev. 2019.

1. Dos grupos apresentados, em quais o Brasil está presente? Em sua opinião, qual é o papel do Brasil nesses grupos?

2. Que características dos países emergentes lhes atribuem grande importância nas decisões internacionais?

PANORAMA

FAÇA AS ATIVIDADES A SEGUIR E REVEJA O QUE VOCÊ APRENDEU.

1. Apresente os fatores que impulsionaram a globalização a partir da década de 1990.

2. Qual foi o papel das empresas multinacionais na expansão do capitalismo mundial e na Divisão Internacional do Trabalho?

3. Observe o mapa a seguir e identifique os blocos econômicos destacados.

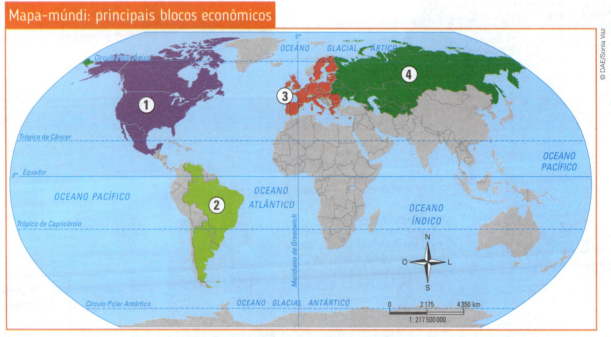

Mapa-múndi: principais blocos econômicos

Fonte: *Atlas geográfico escolar: Ensino Fundamental do 6º ao 9º ano*. Rio de Janeiro: IBGE, 2015. p. 119.

4. Qual é o principal assunto tratado nas "rodadas" promovidas pela OMC?

5. Com base no que você estudou e em outras fontes de pesquisa, elabore um quadro que mostre os pontos positivos e negativos da globalização.

6. Leia o texto a seguir e responda às questões.

A China, superpotência em ascensão, [...] é cautelosa na liberalização de sua política doméstica, mas adotou uma abordagem muito mais liberal em relação ao resto do mundo. Quando se trata de livre-mercado e cooperação internacional, Xi Jinping parece ser o verdadeiro sucessor de Obama. Tendo posto o marxismo-leninismo em segundo plano, a China parece estar bem feliz com a ordem liberal internacional.

A emergente Rússia considera-se uma rival muito mais poderosa da ordem liberal global, embora tenha reconstituído seu poderio militar, está ideologicamente falida. Vladimir Putin certamente é popular na Rússia e entre movimentos de direita por todo o mundo, mas ainda não tem uma visão global que possa atrair espanhóis desempregados, brasileiros insatisfeitos ou estudantes idealistas em Cambridge.

Yuval Noah Harari. *21 Lições para o século 21*. Tradução Paulo Geiger. São Paulo: Companhia das Letras, 2018. p. 31-32.

a) O que o texto afirma sobre a China? E sobre a Rússia?

b) Que referências indiretas são feitas à antiga ordem da Guerra Fria?

c) Que comparações podem ser feitas, com base no texto, entre a postura da China e da Rússia na atual ordem multipolar do mundo globalizado?

d) Que aparentes contradições o texto deixa entrever?

36

7. Leia o texto a seguir:

A tentativa de manter uma fila organizada não dá certo: depois de dias, às vezes semanas, sem acesso a um prato de comida quente, centenas de pessoas se aglomeram, entre empurrões, em um dos pontos de distribuição de mantimentos do Programa Mundial de Alimentos (PMA) em Cox's Bazar (Bangladesh). Yusuf, de 38 anos, mostra o cupom que lhe dá direito a 25 quilos de arroz, o primeiro saco que recebe em oito dias. "Estamos famintos, mas não é só isso", afirma. É uma das tantas necessidades urgentes dos mais de 400.000 rohingyas de Myanmar (antiga Birmânia) que se refugiam em Bangladesh fugindo das matanças contra essa minoria étnica em seu país. [...]

As ONGs e agências da ONU, onipresentes na região, admitem não ter capacidade suficiente ante o êxodo sem precedentes provocado pela violência em Myanmar, onde o Exército reprime duramente a população civil depois que o Exército de Salvação Rohingya de Arakan (ARSA, pela sigla em inglês) atacou [...] vários quartéis das forças de segurança do Estado ocidental de Rajine (conhecido como Arakan). [...]

<small>Famintos e amontoados: crise dos refugiados de Myanmar supera capacidade de ajuda humanitária. *El País*, 18 set. 2017. Disponível em <https://brasil.elpais.com/brasil/2017/09/17/internacional/1505660801_923922.html>. Acesso em: out. 2018.</small>

Faça uma pesquisa sobre os motivos, as implicações e as consequências da perseguição à etnia rohingya, em Mianmar, sobretudo desde 2017, quando a situação se agravou. Comente, em seu texto, sobre as questões de diversidade e multiplicidade cultural e etnocídio.

8. Em janeiro de 2016, o economista alemão Klaus Schwab, diretor executivo do Fórum Econômico Mundial de Davos, na Suíça, afirmou, a respeito das mudanças de paradigma que já estão em curso nas principais economias do mundo: "As mudanças são tão profundas, que, da perspectiva da história humana, nunca houve um tempo de maior promessa ou potencial perigo".

De acordo com o que você já estudou sobre as mudanças promovidas pela Revolução Técnico-Científica-Informacional – que alguns estudiosos estão chamando de Quarta Revolução Industrial –, do que você acha que Klaus Schwab está falando? Qual seria essa suposta promessa e qual seria o potencial perigo?

9. Nas fotografias, identifique exemplos dos fluxos de globalização e escreva, para cada uma, um pequeno texto referente aos fluxos globais.

↑ Bangcoc, Tailândia, 2017.

↑ Stonehenge, Reino Unido, 2017.

DICAS

▶ **ACESSE**

Ministério das Relações Exteriores: <www.mre.gov.br>. *Site* onde é possível obter informações sobre diversos acordos feitos pelo Brasil.

📖 **LEIA**

Integração Regional: uma introdução, de Paulo Roberto de Almeida (Saraiva). O livro aborda os processos que culminaram na formação de blocos econômicos e discute a importância do multilateralismo e o papel da OMC nesse contexto.

▶ **ASSISTA**

We Belong – Uma Celebração da Diversidade, Brasil, 2003. Direção: Sérgio Sá Leitão, 26 min. Esse curta metragem mostra a diversidade cultural de pessoas de lugares e trajetórias completamente diferentes, que acabam se encontrando num mesmo lugar, pela mesma razão: o desejo de construir um mundo mais justo e igualitário.

↓ Cubatão (SP), 2018.

TEMA 2

Produção, tecnologia e meio ambiente

NESTE TEMA
VOCÊ VAI ESTUDAR:

- industrialização e evolução agrícola;
- urbanização e desemprego;
- distribuição de renda e desigualdades estruturais;
- combate à fome;
- transformações no trabalho;
- evolução tecnológica e potências industriais;
- matriz energética mundial.

Uma das características da globalização é o deslocamento dos setores de produção para espaços geográficos mais convidativos a lucros. Aliados a esse processo estão as inovações tecnológicas, o desenvolvimento do transporte e das telecomunicações e a automatização.

1. No seu município existem empresas transnacionais? Se sim, qual é o país de origem delas? O que elas produzem?
2. Quais são os impactos ambientais que uma cadeia produtiva pode causar no ambiente?

39

CAPÍTULO 1
Urbanização

No capítulo anterior, você estudou o contexto histórico da criação das organizações internacionais e os principais desafios enfrentados por elas na atualidade. Neste capítulo, você vai estudar a relação entre a mecanização do campo, a urbanização, o aumento do desemprego e o crescimento dos bairros periféricos.

Urbano e rural

O termo **urbano**, do latim *urbanus*, remete ao conceito de **cidade**. Seu oposto, **rural**, remete a **campo**. As cidades têm características bem diferentes do campo: em geral, apresentam maior densidade populacional, e há maior oferta de serviços e infraestrutura mais desenvolvida, como hospitais, instituições de ensino, vias públicas, redes de transporte, opções de lazer, áreas industriais, comerciais e residenciais. Já o campo é predominantemente dominado por atividades agropecuárias, contendo, em certos espaços, áreas de preservação ambiental. Comparativamente aos espaços urbanos, os rurais registram baixa concentração de pessoas. Em algumas localidades camponesas, há menor oferta de serviços essenciais e infraestrutura com certa limitação. No entanto, isso não significa que a vida na cidade seja pautada por facilidades e isenta de problemas.

↑ Tóquio, Japão, 2018.

Urbanização

O processo de urbanização, ou seja, a transformação do espaço geográfico relacionada ao surgimento e crescimento das cidades e de suas estruturas e características típicas, ocorreu e continua ocorrendo de modo desigual. Há 2 500 anos, por exemplo, Roma já contava com 1 milhão de habitantes. Ainda na Europa, no século XIX, o processo de industrialização levou milhares de pessoas a sair das zonas rurais e ir para as cidades em busca de trabalho nas indústrias, o que acabou elevando consideravelmente o número de habitantes em centros urbanos como Londres e Berlim.

Embora tardio em relação às potências europeias, o processo de urbanização no Brasil foi significativamente acelerado e transformou completamente a configuração do país. Fatores como a proclamação da República, o fim da escravidão e o desenvolvimento industrial, impulsionado especialmente pelo café, pressionaram e aceleraram a urbanização de cidades brasileiras.

A partir dos anos 1970, com a modernização da agricultura e a expansão das atividades industriais no Brasil, a população das cidades superou a do campo e o país tornou-se, de fato, urbano. Observe no gráfico ao lado a evolução da população urbana brasileira entre os anos de 1960 e 2010.

Recife, São Paulo e Rio de Janeiro foram algumas das primeiras cidades a receber saneamento básico e aparelhos de infraestrutura urbana. A cidade de São Paulo, por exemplo, teve grande parte de seu antigo centro demolido, cujo projeto paisagístico lembrava o das ruas de Paris. Entre as décadas de 1950 e 1970, a cidade passou por uma reurbanização com a verticalização urbana e a abertura de grandes vias, como a Avenida Rio Branco e a Avenida São João.

Brasil: população urbana e rural – 1960-2010

↑ O gráfico mostra a evolução das populações urbana e rural no Brasil entre 1960 e 2010.

IBGE. Disponível em: <https://censo2010.ibge.gov.br/sinopse/index.php?dados=9&uf=00>. Acesso em: set. 2018.

O processo de urbanização no Brasil, principalmente a partir da década de 1950 (estendendo-se vigorosamente pelas décadas seguintes), está vinculado à expansão e à modernização das atividades industriais, sobretudo nas cidades das regiões Sudeste e Sul, e à modernização da agricultura. Essas modernizações e o crescimento econômico acentuado promoveram um vigoroso êxodo rural e a intensa migração interna entre regiões, destacando-se o fluxo da Região Nordeste para a Sudeste.

→ Viaduto do Chá. São Paulo (SP), 1957.

Movimentos como esses deslocaram forçadamente populações dos centros para as periferias e do espaço rural para o urbano, dificultando o acesso a melhores oportunidades e criando condições precárias de moradia em praticamente todas as grandes cidades brasileiras. Todo esse quadro contribuiu para o aumento da exclusão social urbana e da pobreza, ampliando a violência.

Mesmo que o Brasil hoje não seja totalmente urbano, a maior parte de sua população vive nas cidades. A urbanização acelerada também ocorreu em outros países da América, principalmente naqueles cujo processo de colonização foi semelhante ao do Brasil.

DIÁLOGO

Ocupação 'Hotel Cambridge' vira filme e moradores sonham com fim do preconceito e com casa própria

Construído no final da década de [19]50, o prédio hospedou artistas internacionais, [...]. Em 2004, após falir, acabou abandonado. Com dívidas de IPTU, e após uma batalha jurídica com os proprietários, foi desapropriado pela Prefeitura em 2010 para ser transformado em moradia popular.

"Quando entrei e vi isso aqui fiquei maravilhada. Era tudo limpinho, organizado", recorda a paraguaia [Sônia Bogato].

O deslumbramento é consequência não apenas do que coletivamente o movimento conseguiu fazer em um prédio com décadas de abandono e lixo. É também a espiral do problema habitacional no país.

A suíte inaugurou uma nova etapa na vida dos cinco imigrantes, três anos após a chegada no Brasil. Com residência fixa, o marido de Sônia conseguiu emprego de carteira assinada – trabalha em uma fábrica passando roupas. E as crianças, vaga em escolas públicas próximas ao bairro.

Sem os custos de um aluguel – os moradores pagam apenas uma taxa condominial de R$ 200 que garante limpeza, segurança, serviço de portaria – o salário rendeu a transformação do espaço em um lar. "A gente não tinha nada que tem aqui. Passou a sobrar para ter comodidade", explica a matriarca.

[...]

Desapropriado pela Prefeitura desde 2010, o movimento [Frente de Luta por Moradia – FLM] conseguiu, ao longo dos anos, evitar os pedidos de despejo na Justiça e investiu nas negociações para que o imóvel fosse transformado em moradia popular.

↑ Horta comunitária na cobertura do antigo Hotel Cambridge, transformado em moradia popular. São Paulo (SP), 2018.

Lívia Machado. *G1*, 7 abr. 2017. Disponível em: <https://g1.globo.com/sao-paulo/noticia/ocupacao-hotel-cambridge-vira-filme-e-moradores-sonham-com-fim-do-preconceito-e-casa-propria.ghtml>. Acesso em: out. 2018.

1. Em uma roda de conversa, discuta com os colegas o problema da moradia nos centros urbanos e possíveis soluções, como a transformação de um prédio vazio em moradia popular, ocorrida com o Hotel Cambridge. Conversem com o professor sobre a possibilidade de assistirem antes ao filme *Era o Hotel Cambrige* (direção de Eliane Caffé, 2016).

Industrialização e evolução agrícola

Assim como as cidades atraíam a população rural com novas oportunidades, o campo a expulsava. Isso se deve, principalmente, ao fato de que, a partir dos anos 1950, a agricultura passou por uma intensa modernização, acompanhando a industrialização e a urbanização do Brasil.

A industrialização contribuiu com a diversificação das atividades econômicas e o aumento do poder de compra nas cidades, o que fez crescer a demanda por bens de consumo em geral. Tais fatores favoreceram o desenvolvimento e a modernização da agricultura para acompanhar o crescimento dos centros urbanos. As culturas de soja, trigo, milho e algodão foram as que mais se destacaram no período.

Três fatores foram essenciais para a modernização do campo brasileiro:

- crédito subsidiado para compra de maquinário, fertilizantes e defensivos agrícolas;
- crescimento das terras cultivadas entre 1950 e 1990;
- investimento em pesquisa e inovação no campo com a criação da Empresa Brasileira de Pesquisa Agropecuária (Embrapa), em 1973.

Trator preparando a terra para o plantio de arroz. Joinville (SC), 1965.

No entanto, o desenvolvimento agrícola não foi uniforme nem beneficiou a todos que viviam da terra. O uso de tecnologias no campo requer trabalhadores capacitados e disponibilidade de recursos financeiros. Isso fez com que milhares de trabalhadores migrassem para as cidades em busca de outros tipos de emprego. Esse movimento é chamado de **êxodo rural**.

Muitos fatores favorecem o crescimento populacional das cidades e atraem as pessoas até elas: disponibilidade de serviços de saúde, mais ofertas de instituições de ensino e, principalmente, ofertas de emprego com melhor remuneração do que no campo.

Quando uma indústria se estabelece em determinada região, gera empregos diretos e indiretos. As empresas precisam de profissionais para atuar em seus diversos setores, criando oferta de empregos diretos. Com novos empregos, cresce a concentração de pessoas na cidade onde se instalam tais empresas, ampliando a necessidade de moradias, comércios, centros de saúde, escolas, transporte, iluminação pública, rede elétrica, saneamento, coleta de lixo – e assim surgem oportunidades para empregos indiretos.

Refinaria de petróleo. Fortaleza (CE), 2018.

43

Urbanização e desemprego

Apesar de os processos de urbanização apresentarem particularidades, de forma geral, pode-se afirmar que as cidades brasileiras crescem de maneira acelerada e tardia.

Principalmente a partir da década de 1970, algumas cidades brasileiras receberam grande número de pessoas oriundas do campo. Parte delas, ao não encontrar nas cidades habitação acessível e emprego imediato, passou a ocupar, principalmente, as áreas de domínio público, ou seja, aquelas que não estão sob o controle do mercado imobiliário, emergindo daí as ocupações irregulares e precárias, que no Brasil se denominam favelas, às vezes tratadas socialmente como comunidades.

A maioria dos centros urbanos não estava e ainda não está preparada para o aumento da população. As vagas oferecidas não conseguem acompanhar a demanda por emprego e, como resultado, há muitas pessoas sem trabalho e mal remuneradas, sem condições de arcar com os custos de vida nos bairros mais estruturados. Diante disso, elas acabam se fixando nas áreas mais afastadas dos centros, as chamadas regiões periféricas. Um dos resultados desse processo, conhecido como urbanização periférica, é a formação de bairros com habitações populares de construção precária e de favelas.

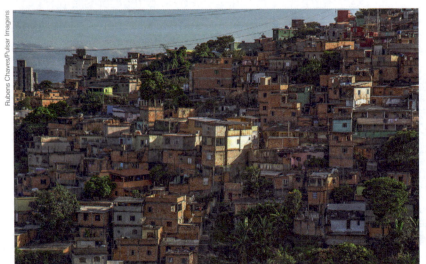

Favela do Morro do Papagaio. Belo Horizonte (MG), 2014.

CURIOSO É...

Os "nem-nem": jovens que nem estudam nem trabalham já são 11 milhões no Brasil

[...] Para essa geração de excluídos, a escola não oferece atrativos e, quanto ao trabalho, só os precários, quando aparecem. São os chamados "nem-nem", termo para os que não têm trabalho e nem estudam, e cujo conceito já é conhecido dos pesquisadores há mais de uma década. Para o Banco Mundial, em estudo recente apresentado em Brasília no início de março [2018], eles agora representam 11 milhões de pessoas na faixa dos 15 aos 29 anos – cerca de 20%.

[...] a transformação desse quadro passa por políticas públicas intersetoriais e contínuas que assegurem uma educação de qualidade para a vida pública e pessoal e que desenvolva as competências necessárias para atuar em um mercado cada vez mais competitivo.

Essas políticas precisam assegurar que os jovens ampliem seu repertório cultural e social, se apropriem de novas tecnologias, desenvolvam projetos de intervenção nas comunidades em que vivem, aprendam a circular pela cidade, ou seja, sejam protagonistas na construção de seus próprios currículos [...].

João Marcos Rainho. Revista *Educação*, 16 maio 2018. Disponível em: <www.revistaeducacao.com.br/nem-nem-jovens-nem-estudam-nem-trabalham-sao-11-milhoes-brasil/>. Acesso em: out. 2018.

ATIVIDADES

SISTEMATIZAR

1. Quais fatores impulsionaram a industrialização e a urbanização no Brasil?

2. Relacione o êxodo rural com a expansão das periferias nas grandes cidades.

3. Relacione a modernização do campo com o processo de urbanização.

4. A industrialização conseguiu absorver todos os trabalhadores em busca de emprego? Justifique.

REFLETIR

1. Leia o texto a seguir.

A população ocupada no país (91,2 milhões) aumentou 0,7% em 3 meses, um adicional de 657 mil pessoas em relação ao trimestre encerrado em março [de 2018]. Em 12 meses, houve aumento de 1,1%, ou mais 1 milhão de pessoas.

Por outro lado, o número de brasileiros fora da força de trabalho (que não trabalham nem procuram) atingiu 65,6 milhões, um aumento de 1,2% em 3 meses ou de 774 mil pessoas. Em 1 ano, houve alta de 1,9%, ou um aumento de 1,2 milhão de pessoas.

[...] o número de brasileiros que não trabalham nem procuram emprego é o maior da série histórica da pesquisa, iniciada em 2012.

Ou seja, muita gente tem optado por ficar de fora do mercado de trabalho, o que contribui para a queda do índice de desemprego e do número de desempregados. Esse universo de 65,6 milhões de brasileiros inclui idosos, jovens e estudantes que não trabalham e pessoas que deixaram de ter disponibilidade ou que desistiram de procurar emprego.

Darlan Alvarenga e Alba Valéria Mendonça. *G1*, 31 jul. 2018. Disponível em: <https://g1.globo.com/economia/concursos-e-emprego/noticia/2018/07/31/desemprego-fica-em-124-em-junho-e-atinge-13-milhoes-de-pessoas-diz-ibge.ghtml>. Acesso em: out. 2018.

- Em sua opinião, qual é o impacto para o país de um cenário como o descrito no trecho da reportagem?

2. Observe a tabela a seguir e registre suas conclusões sobre a produção agropecuária brasileira e as causas que podem ser atribuídas às projeções futuras.

\multicolumn{5}{c}{**Principais tendências da produção nos próximos dez anos**}
Grãos*	**Unidade**	**2017/18**	**Projeção – 2027/28**	**Variação – % 2017/18 a 2027/28**
Produção	Mil t	232 600	301 833	29,8
\multicolumn{5}{c}{Acréscimo de 56,1 milhões de toneladas de grãos e 10,5 milhões de hectares}
Produto	**Unidade**	**2017/18**	**Projeção – 2027/28**	**Variação – % 2017/18 a 2027/28**
Carne frango	Mil t	13 375	17 264	29,1
Carne bovina	Mil t	9 900	12 146	22,7
Carne suína	Mil t	3 675	4 750	29,3
Total	Mil t	26 950	34 160	26,8
\multicolumn{5}{c}{Acréscimo de 7,2 milhões de toneladas de carnes}

*Grãos: corresponde à relação das lavouras apontada pela Conab em seus levantamentos de safras (algodão caroço, amendoim total, arroz, aveia, canola, centeio, cevada, feijão total, girassol, mamona, milho total, soja, sorgo, trigo e triticale).
Fonte: Ministério da Agricultura, Pecuária e Abastecimento. *Projeções do agronegócio: Brasil 2017/18 a 2027/28*. p. 83.

CAPÍTULO 2
Desigualdade social e a fome

No capítulo anterior, você estudou a relação entre a urbanização e a expansão do desemprego. Neste capítulo, você vai estudar a importância da agropecuária e a relação entre a fome e a distribuição de renda.

A importância da produção agropecuária

As atividades relacionadas ao setor agropecuário são as responsáveis pelo abastecimento interno e pela exportação de produtos alimentícios e de matérias-primas. Portanto, além de gerar lucro e empregos, elas são as responsáveis por garantir a alimentação da população em larga escala. A produção agrícola de subsistência, geralmente realizada em pequenas porções de terra, com pouca mecanização, é destinada ao abastecimento familiar e da comunidade em que está inserida.

Como vimos no capítulo anterior, a urbanização contribuiu para impulsionar a modernização do campo e a expansão das terras cultivadas para suprir as populações dos novos centros urbanos. Tecnologias foram implantadas para criar cultivos, novos equipamentos foram empregados no plantio e na colheita, fertilizantes e pesticidas foram desenvolvidos para aumentar a produtividade agropecuária.

↑ Pesquisa de melhoria genética em laboratório de sementes de algodão. Bobo Diulasso, Burkina Faso, 2017.

De acordo com a Perspectiva Agrícola, elaborada pela Organização para Cooperação e Desenvolvimento Econômico (OCDE) e a Organização das Nações Unidas para Agricultura e Alimentação (FAO, na sigla em inglês) para os anos de 2018 a 2027, a produção agrícola cresce de forma constante e deve continuar crescendo nos próximos 10 anos.

Fome e desnutrição

Apesar de todo o desenvolvimento tecnológico e do crescimento da produção agrícola mundial, a **fome**, a **subnutrição** e a **desnutrição**, em declínio constante por mais de uma década, voltaram a crescer, de modo geral, em 2016, atingindo aproximadamente 11% da população mundial em 2017. Observe na tabela abaixo, a evolução da porcentagem da população que sofre com a desnutrição.

Prevalência de desnutrição (%) – 2005-2017						
	2005	**2010**	**2012**	**2014**	**2016**	**2017**
Mundo	14,5	11,8	11,3	10,7	10,8	10,9
África	21,2	19,1	18,6	18,3	19,7	20,4
Ásia	17,3	13,6	12,9	12,0	11,5	11,4
América Latina	9,1	6,8	6,4	6,2	6,1	6,1
Oceania	5,5	5,2	5,4	5,9	6,6	7,0
Europa e América do Norte	< 2,5	< 2,5	< 2,5	< 2,5	< 2,5	< 2,5

↑ A tabela mostra a prevalência de desnutrição, em porcentagem, no mundo e nos continentes entre 2005 e 2017.
Fonte: FAO. Disponível em: <www.fao.org/state-of-food-security-nutrition/en/>. Acesso em: set. 2018.

Note que algumas regiões, como a Ásia, a América Latina, a Europa e a América do Norte, apresentaram queda ou mantiveram índices iguais entre 2005 e 2017. Por outro lado, África e Oceania apresentaram maior variação.

A fome é uma questão que esteve bastante presente ao longo da história da humanidade. Não foram raras as vezes em que ondas de fome atingiram diversas populações espalhadas pelo globo.

A produção agrícola, principalmente a de subsistência, sempre esteve sujeita a eventos climáticos, como períodos de seca, de muita chuva, geadas, impactando diretamente as pessoas que dependiam de sua produção. O Reino Unido foi pioneiro na tentativa de combater a fome em seu território. A ideia surgiu em meio ao processo da industrialização britânica. Não por acaso, o pensamento era de que a fome impedia o desenvolvimento econômico do país.

No entanto, a concepção que caracterizou a fome como um problema econômico e social é bastante recente. Até aproximadamente 200 anos atrás, a morte pela fome era tratada como algo natural. Essa interpretação foi sendo superada ao longo dos últimos séculos.

Nos anos 1960, o crescimento populacional gerou preocupações a respeito da capacidade dos países de produzir alimentos para todos. Uma das alternativas encontradas para equacionar demanda e oferta foi o desenvolvimento de novas técnicas e métodos que aumentassem a produção.

GLOSSÁRIO

Desnutrição: condição de absorção deficiente de nutrientes gerada por repetidas doenças infecciosas.
Fome: o mesmo que subnutrição crônica, ou seja, quando o estado de subnutrição perdura por mais de um ano.
Subnutrição: estado de incapacidade de obter os alimentos que garantam os níveis mínimos de energia para a manutenção de uma vida saudável.

No começo dos anos 1980, o ganhador do Prêmio Nobel de Economia, Amartya Sen, chamou a atenção para o fato da existência de populações que sofrem com a fome em países que não convivem com problemas de abastecimento. Dessa forma, uma nova perspectiva foi colocada em questão – a relação entre a fome e as questões sociais, como a pobreza e a concentração de renda. Tirou-se, assim, o peso do foco sobre os aspectos técnicos, fazendo-se necessário o debate internacional sobre as políticas públicas a serem tomadas para a solução da questão.

Nas últimas décadas, duas metas com o objetivo de combater a fome foram traçadas. Em 1996, a *World Food Summit* estabeleceu o objetivo de reduzir o número de pessoas desnutridas pela metade até 2015. O outro objetivo, elaborado pela ONU, faz parte das chamadas Metas do Milênio, que propõem reduzir também pela metade o número de pessoas com fome no mundo. Com exceção de uma parte do continente asiático, as demais regiões conseguiram, em certa medida, reduzir a porcentagem da fome de suas populações desde que as Metas do Milênio foram criadas. No entanto, grandes contrastes ainda são observados.

Mais recentemente, a ONU lançou os Objetivos do Desenvolvimento Sustentável, incluindo a questão da fome. A ONU procura incentivar os países a, até o ano de 2030, acabar com a fome e garantir o acesso de todas as pessoas – em particular os indivíduos pobres e em situações vulneráveis, incluindo crianças – a alimentos seguros, nutritivos e suficientes durante todo o ano.

AQUI TEM MAIS

Revolução verde

Em meados do século XX, iniciou-se com mais intensidade e de modo mais abrangente o uso de fertilizantes, defensivos químicos, sementes geneticamente modificadas e maquinário na produção agrícola. Esse modelo de produção de alimentos em grande escala ficou conhecido como "revolução verde" e rendeu ao seu idealizador, o norte-americano Norman Ernest Borlaug, o Prêmio Nobel da Paz, em 1970.

A produção de alimentos, de fato, aumentou de maneira extraordinária. Os principais exemplos são as Filipinas, com a produção de arroz; o México, com a produção de trigo; o Brasil, os Estados Unidos e a Argentina, com a produção de soja e milho.

Apesar da melhora significativa na eficiência da produção agrícola, há divergências em relação ao quanto isso contribuiu, de fato, para a redução da fome no planeta, já que boa parte da produção, principalmente a dos países menos desenvolvidos, é destinada aos grandes centros consumidores.

Além disso, a implementação da tecnologia e da mecanização no campo gerou problemas ambientais, como o desmatamento e a contaminação do solo e da água, além de alterar, de certo modo, a estrutura agrária. Os pequenos produtores que encontraram dificuldade em se adaptar à nova realidade do campo não conseguiram competir no mercado com as grandes empresas agrícolas. Muitos se endividaram ou perderam suas propriedades, o que contribuiu para que parte deles realizasse o êxodo rural e, consequentemente, como já foi estudado, se inserissem no fenômeno da periferização urbana e marginalização socioeconômica.

← O uso de fertilizantes e defensivos químicos é típico do conjunto de práticas agrícolas que ficaram conhecidas como "revolução verde". Campo Mourão (PR), 2016.

1. Faça uma pesquisa sobre os problemas ambientais e sociais decorrentes da "revolução verde". Converse com os colegas sobre as informações pesquisadas.

Fome e distribuição de renda

Os problemas relacionados à fome, à desnutrição e à subnutrição atingem, de forma geral, as regiões menos desenvolvidas e, de modo mais específico, as populações mais pobres dos grandes centros, já que são questões relacionadas às desigualdades econômicas e sociais nas mais diferentes escalas – da global à regional.

De acordo com a Organização Mundial da Saúde (OMS), aproximadamente 11% das crianças com menos de 5 anos de todo o mundo encontram-se abaixo do peso ideal. Essa situação é reflexo, a princípio, do que ocorre com as mães. Ainda segundo a OMS, aproximadamente 60% da população mundial que sofre com a fome é mulher. Resulta desse quadro o fato de que, aproximadamente, metade das mulheres grávidas de países em desenvolvimento tem anemia.

De acordo com a ONU, o aumento recente da fome e da desnutrição associa-se, também, ao desperdício de alimentos, principalmente após o consumo e a perda de parte da produção, que ocorre durante o cultivo, o transporte, a distribuição e o armazenamento. Os conflitos, as guerras e as questões associadas à variabilidade climática, principalmente exemplificadas pelos fenômenos climáticos extremos, também justificariam o aumento recente dos índices de fome. Pode-se considerar que os problemas de fome crônica que persistem no mundo, sobretudo na Ásia e na África, não são decorrentes da falta de alimentos no planeta, mas da renda baixa, que impede ou dificulta a aquisição de alimentos pelas populações mais pobres, somada à má distribuição dos alimentos.

CARTOGRAFIA

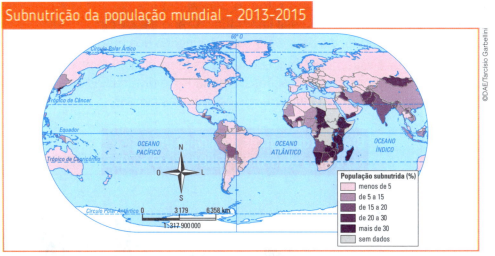

Fonte: *Atlas geográfico escolar*. 7. ed. Rio de Janeiro: IBGE, 2016. p. 74.

1. Observe o mapa acima e faça o que se pede.

   a) Quais regiões apresentam as maiores porcentagens de população subnutrida?

   b) Com o auxílio de um mapa-múndi político, cite alguns dos países que apresentam os maiores índices de subnutrição do mundo.

   c) Qual é a relação entre a subnutrição e as condições econômicas e sociais dos países?

As políticas de combate à fome

Até pouco tempo atrás, a maioria das políticas de combate à fome atuava em caráter emergencial e com o objetivo principal de incentivar o aumento da produção de alimentos. Acreditava-se na seguinte lógica: para acabar com a desnutrição é preciso produzir mais. Após as metas traçadas não terem sido satisfatoriamente alcançadas, chegou-se à conclusão de que era preciso criar ações permanentes e estruturais. Dois pontos foram eleitos como fundamentais no combate à fome.

O primeiro ponto é, sem dúvida alguma, a pobreza. Se as pessoas não têm condições de comprar ou de ter acesso às estruturas necessárias ao cultivo, a comida não tem como chegar até elas. Dessa forma, conclui-se que, tanto nos países ricos quanto nos pobres, os economicamente excluídos não têm acesso regular aos recursos alimentares e às matérias-primas.

O segundo ponto que deve ser levado em consideração são as particularidades de cada foco de atuação, ou seja, deve-se atentar para as diferentes territorialidades. As pessoas que vivem em cidades, por exemplo, não têm as mesmas demandas (necessárias ou não) que as pessoas que vivem no campo. No caso das pessoas que vivem nas cidades, o problema pode estar no preço dos produtos alimentares e na renda familiar. Para as populações rurais, outras dificuldades aparecem, por exemplo, o acesso mais dinâmico aos meios de transporte que levam os alimentos até os centros de comércio e as restrições de crédito. Como se vê, as ações encabeçadas pelas políticas responsáveis pelo combate à fome devem ser diferentes em cada situação de acordo com as realidades de cada país, região ou lugar.

↑ Cooperativa agrícola apoiada pela FAO. Andahive, Madagascar, 2017.

Segundo a FAO, entidade que lidera esforços para a erradicação da fome e o combate à pobreza, será necessária uma série de medidas integradas. O apoio e o comprometimento dos governos nacionais são de suma importância para o sucesso das ações dos programas.

A exemplo de outros países, o Brasil saiu do mapa da fome divulgado pela FAO em 2014. Segundo a ONU, o resultado foi alcançado com a ação coordenada de diversas esferas do âmbito social e de programas de combate à fome e de transferência de renda às famílias.

→ Gráfico mostra nível de segurança alimentar segundo a região brasileira. Quando há segurança alimentar, todos os moradores no domicílio têm acesso a alimentos suficientes e adequados.

Fonte: FAO Brasil. O Estado da Segurança Alimentar e Nutricional no Brasil, 2015. Disponível em: <repositorio.unb.br/bitstream/10482/21925/1/SOFI%20Brasil%202015.pdf>. Acesso em: out. 2018.

ATIVIDADES

SISTEMATIZAR

1. "O mundo produz comida suficiente para alimentar todas as pessoas, mas ainda assim 805 milhões de pessoas passam fome." Explique a afirmação e descreva algumas medidas que deveriam ser adotadas para diminuir a fome no mundo.

2. Muitos países da África são produtores de alimentos. Mesmo assim, a fome é um problema que afeta milhões de pessoas nesse continente. Por quê?

3. Qual foi a evolução do entendimento de que a fome era um problema econômico social?

4. Quais foram os dois esforços feitos nas últimas décadas para combater a fome?

5. Cite alguns países e regiões que sofrem com o problema da desnutrição.

6. De que forma o desperdício de alimentos se associa ao problema da fome?

7. De que forma o Brasil saiu do mapa da fome?

REFLETIR

1. Leia o texto.

O problema da fome não é de falta de comida. É de distribuição de riqueza

[...]

O mundo está acordando para o fato de que é necessário mais apoio para a produção agropecuária como instrumento de combate à fome. O que não significa apenas garantir mais produtividade através de tecnologia (que, se por um lado, gera mais alimentos, por outro cria uma dependência econômica onde antes não havia – como o caso dos transgênicos). Ou amenizar a guerra de subsídios. Mas também discutir que tipo de modelo será capaz de garantir a segurança alimentar para bilhões de pessoas no desenrolar deste século.

De acordo com a FAO, a agência das Nações Unidas para agricultura e alimentação, o aumento na produção de alimentos terá que ser da ordem de 70% para suprir uma população de 9 bilhões de pessoas em 2050. Quem vai produzir essa comida extra? Segundo as Nações Unidas, os pequenos produtores e suas famílias (que representam cerca de 2,5 bilhões de pessoas ao redor do mundo) têm um papel fundamental, atuando com menos impacto trabalhista, social e ambiental e sustentando eles próprios que são os primeiros a passarem fome. Há muita gente querendo plantar no Brasil e em outros países, principalmente na África, onde a questão da fome tem contornos dramáticos. Só lhes falta terra, recursos, escoamento, capacitação, tecnologia.

[...]

Blog do Sakamoto. *UOL*, 18 dez. 2014. Disponível em: <https://blogdosakamoto.blogosfera.uol.com.br/2014/12/18/o-problema-da-fome-nao-e-de-falta-de-comida-e-de-distribuicao-de-riqueza/>. Acesso em: set. 2018.

- Qual é a relação entre a falta de acesso à terra e a fome?

CAPÍTULO 3
Industrialização e trabalho

> No capítulo anterior, você estudou a importância da agropecuária e a relação entre a fome e a distribuição de renda. Neste capítulo, você vai estudar, de forma geral, a relação entre o processo de industrialização e as transformações no trabalho.

Transformações no trabalho

O processo conhecido como Revolução Industrial, que você já estudou nos anos anteriores, transformou o mundo e as relações de trabalho de forma permanente. A expansão da utilização das máquinas marcou uma nova fase para o sistema capitalista de produção – o capitalismo industrial. Após a consolidação da produção industrial, a lógica artesanal deu lugar à produção em série (linhas de produção), com etapas e divisão do trabalho (especialização) marcadas pela fragmentação e pelo ritmo acelerado.

Os responsáveis pelos meios de produção tornaram-se progressivamente empresários, passando a acumular capital com base nos lucros obtidos com os produtos gerados e com o trabalho de seus funcionários, pagos por jornada de serviço. A divisão do trabalho associada à mecanização industrial acelerou intensamente a economia, as dinâmicas e as relações sociais no contexto capital *versus* trabalho. A Revolução Industrial estruturou-se, portanto, na produção de bens de consumo (objetos e equipamentos) por meio da tecnologia (máquinas substituindo artesãos), da linha de produção denominada fordismo, da especialização do operário (operador das máquinas), do capital inicial investido e do lucro resultante deste processo.

Atualmente, o desenvolvimento tecnológico aplicado à produção industrial exige elevado nível de preparo e de especialização dos trabalhadores, que são cada vez menos operadores de máquinas e mais controladores das máquinas robotizadas, ao que se convencionou chamar de automação industrial.

↑ Gravura francesa do século XIX que mostra o trabalho manual de encadernação de livros.

↑ Thomas Allom. *Tecelagem*, 1834. Gravura.

↑ Funcionário opera robô remotamente em indústria de alimentos. Narashino, Japão, 2018.

Evolução tecnológica e trabalho

Em meados do século XVIII, com a utilização dos investimentos oriundos da etapa conhecida como capitalismo comercial, novas técnicas de produção foram criadas ou aprimoradas e pesquisas foram desenvolvidas para a obtenção de novas tecnologias e maquinários para aumentar e dinamizar a produção de objetos ou mercadorias.

O aumento da produtividade industrial não foi acompanhado de forma adequada pelos benefícios ou direitos aos trabalhadores e à população em geral. A substituição da manufatura pela **maquinofatura** possibilitou acelerado processo de desenvolvimento industrial e econômico, com enriquecimento dos donos dos meios de produção, transferindo para esse emergente grupo urbano o poder decisório, antes nas mãos dos grandes proprietários rurais. Esse processo também gerou grandes contrastes socioeconômicos entre as diferentes classes sociais. São decorrentes desse sistema a concentração da população em cidades, o forte êxodo rural, a precariedade da vida operária, a baixa remuneração por grande parte dos serviços prestados, o desemprego crônico, as moradias precárias, e muita dificuldade de acesso da população de menor renda aos serviços públicos, entre os quais educação, saúde, mobilidade, lazer e segurança.

> **GLOSSÁRIO**
>
> **Maquinofatura:** produção de mercadorias por meio de máquinas no contexto industrial.

Gravura de Cotton Mills que mostra o bairro operário de Manchester, Reino Unido, no século XIX.

Na fase inicial da Revolução Industrial, a situação nas fábricas era bastante insalubre para os trabalhadores. Muitas máquinas eram improvisadas ou experimentais, levando a constantes acidentes de trabalho. A falta de direitos trabalhistas fazia com que as pessoas acidentadas no trabalho não recebessem nenhum tipo de apoio assistencial, quer seja de tratamento de saúde e psicológico, quer seja financeiro. O emprego de crianças era comum nas linhas de produção, e tanto elas quanto os adultos estavam sujeitas a jornadas que podiam chegar a 16 horas por dia.

O desequilíbrio entre os interesses dos empresários capitalistas proprietários das fábricas e dos operários gerava constantes conflitos. A atuação dos movimentos trabalhistas e dos sindicatos contribuiu para que algumas reivindicações, como a diminuição do tempo da jornada de trabalho, melhores salários e condições de trabalho mais humanas, fossem incluídas nas leis trabalhistas.

O primeiro documento da história a prever a limitação da jornada de trabalho para oito horas diárias foi a Constituição do México, de 1917. Ela também regulamentava o trabalho feminino e de menores de idade, estabelecendo férias remuneradas a todos os trabalhadores, salário mínimo e proteção aos direitos de gestantes e mães. Posteriormente, vários países europeus seguiram o exemplo mexicano.

Na mais recente Terceira Revolução Industrial, ou Revolução Técnico-Científica, setores como a microeletrônica, a biotecnologia, as telecomunicações, a robótica e a informática ganharam destaque. A evolução dos meios de comunicação, o uso de computadores e, principalmente, da internet, propiciaram um grande salto na produção de mercadorias. A atividade industrial, em certos casos, substituiu o trabalho manual pelo mecânico e pela automação, exigindo trabalhadores cada vez mais qualificados e especializados.

Atualmente, continuamos a viver um momento de intensas mudanças na produção industrial e na sociedade. O avanço científico, tecnológico, nas telecomunicações e nos transportes contribuiu para a expansão das multinacionais, que têm um poder de alcance que ultrapassa os limites dos países e dos continentes.

↑ Maquinário robótico trabalha em inspeção de controle de qualidade de fábrica de desodorantes. Aguaí (SP), 2018.

CURIOSO É...

No Brasil, as conquistas trabalhistas são recentes, já que até o final do século XIX o regime escravista ainda perdurava. Anos após a Abolição da Escravidão (em 1888), normas que diziam respeito a férias e acidentes de trabalho foram estabelecidas.

A Constituição de 1934, elaborada no governo de Getúlio Vargas, previa o salário mínimo, a jornada de trabalho de 8 horas, o repouso semanal, as férias remuneradas e a assistência médica.

Em 1º de maio de 1943 foi promulgada a Consolidação das Leis do Trabalho (CLT). Getúlio, que acabara de instituir o Estado Novo, viu a necessidade de consolidar as leis trabalhistas, uma vez que o número de trabalhadores e reivindicações aumentava. Leis posteriores garantiriam o 13º salário e o repouso semanal remunerado.

↑ Multidão acompanha discurso do então presidente da República do Brasil, Getúlio Vargas, no dia do trabalhador. Rio de Janeiro (RJ), 1943.

Potências industriais

Atualmente, a **China** está à frente em termos de desenvolvimento do setor industrial. O país passou por reformas econômicas, como a abertura para o capital externo e algumas mudanças na forma de produção, e tem apresentado elevado crescimento econômico nos últimos anos.

Tendo que conviver com contrastes, como a pobreza extrema em regiões interioranas e o intenso desenvolvimento tecnológico de suas indústrias, a China é um exemplo de como o capitalismo se adapta aos mais diversos sistemas políticos. Hoje, o país tenta barrar o êxodo rural rumo a grandes cidades, como Beijing (Pequim) e Xangai, já superpopulosas e com excesso de mão de obra.

← Linha de produção em indústria de laticínios. Luannan, China, 2016.

O **Japão** é sinônimo de liderança tecnológica e industrial, destacando-se por suas fábricas robotizadas e pioneirismo no que se refere a avanços em telecomunicações. Derrotado na Segunda Guerra Mundial, o país reconstruiu-se com a ajuda dos Estados Unidos e com intenso investimento na educação pública, aliada à pesquisa científica.

No final dos anos 1970, o país reorganizou seus parques industriais. Muitas fábricas foram abertas na região do Sudeste Asiático, mesmo que suas sedes tenham permanecido no Japão. O país lidera as cadeias de tecnologia, e seus produtos são sinônimo de inovação e modernidade.

A maior potência mundial, os **Estados Unidos**, é responsável por grande parcela do fluxo produtivo global. Sendo hoje sede de algumas das maiores empresas do mundo, teve industrialização tardia, começando no período correspondente à Segunda Revolução Industrial.

Atualmente, as fábricas buscam regiões e até países que ofereçam benefícios para a implantação de parques industriais. Assim, algumas cidades enfrentaram desemprego em massa com a saída de diversas empresas relevantes para a economia local.

A região conhecida como Vale do Silício, localizada no sudoeste dos Estados Unidos, começou a receber muitas empresas e indústrias em busca de mão de obra mais barata e acesso facilitado a matérias-primas. Por conta da demanda por pessoal qualificado, motivada pela Revolução Técnico-Científica (Terceira Revolução Industrial), muitas universidades e institutos de pesquisa também surgiram na região, alguns trabalhando em conjunto com as empresas.

← Região do Vale do Silício. Califórnia, Estados Unidos, 2017.

Desigualdades estruturais

Apesar dos avanços e da modernização de indústrias de bens de consumo, é preciso ressaltar que as transformações ocorrem de formas e com velocidades diferentes pelo mundo. Não são todos os lugares que se beneficiam de parques industriais de alta tecnologia, pois lhes falta mão de obra qualificada, infraestrutura adequada e investimentos.

Tal diferença acentua desigualdades e relações de dependência econômica e política entre países e blocos econômicos. Enquanto temos polos de produção tecnológica intensa, há também países inteiros que sequer acompanharam a evolução de processos industriais, como é o caso de alguns países da África e da Ásia.

O continente africano ainda é a região menos industrializada do mundo. Segundo relatórios da União Africana (UA) e da Comissão Econômica da ONU para África (CEA), enquanto a região Norte da África viu um leve crescimento do produto interno bruto (PIB) nos últimos anos, os países que compõem a região conhecida como África Subsaariana viram um recuo recente de quase 4% no PIB.

↑ Linha de produção de indústria de *tablets*. Banha, Egito, 2013.

Ainda sofrendo com o legado da escravidão e do colonialismo, o continente depende de exportações de matéria-prima e bens primários para países desenvolvidos – e de importações de bens de consumo.

← A África do Sul é um dos poucos países africanos que se destacam na produção industrial. Westonaria, África do Sul, 2017.

Existem planos em andamento para fomentar a industrialização regional da África. Em agosto de 2018, o Banco Africano de Desenvolvimento (BAD) e a Organização das Nações Unidas para o Desenvolvimento Industrial (Unido, na sigla em inglês) firmaram um compromisso para aprofundar a colaboração entre os países africanos e acelerar sua industrialização.

A ideia é facilitar a cooperação entre as instituições e a atuação conjunta para desenvolver a agroindústria, a economia circular, parques industriais sustentáveis, empreendedorismo, investimentos em inovação e tecnologia, além de fomentar o comércio e mais linhas de financiamento.

Um dos desafios da industrialização africana é a mão de obra qualificada. Sendo um continente de população predominantemente jovem, com a maior parte formada por adolescentes e jovens adultos, é preciso formar técnicos capazes de trabalhar nas novas áreas trazidas pela Terceira Revolução Industrial e garantir que eles consigam trabalho em suas regiões.

DIÁLOGO

As relações de trabalho na 4ª Revolução Industrial

[...] Na virada do presente milênio, um conjunto extraordinário de inovações técnicas deu início ao que já se reconheceu como a 4ª Revolução Industrial (4RI). Muitas dessas inovações, na verdade, têm origem mais antiga, mas só no presente século atingiram níveis de avanço capazes de impactar significativamente a sociedade e as expectativas sobre o futuro.

As referidas tecnologias e os novos produtos são nanotecnologia, novos materiais, biotecnologia, veículos autônomos, robótica, inteligência artificial, computação quântica, impressão 3D e internet das coisas. [...]

Todas as importantes revoluções tecnológicas afetam os trabalhadores – em alguns casos, de forma dramática. Primeiro, porque a maioria delas substitui o trabalho humano pelo trabalho de máquinas. Algumas – as chamadas destruições criativas – destroem inteiramente certas formas estabelecidas de geração de produtos ou de realização de negócios, o que tira classes específicas de trabalhadores do mercado de trabalho. [...]

A automação massiva que tem ocorrido decorre do avanço da digitalização de quase tudo, requer pouco produto novo e reduz drasticamente a demanda por mão de obra no setor de serviços, o qual emprega mais gente na atualidade. [...]

As relações de trabalho tradicionais – de emprego de um trabalhador por uma empresa – estão ruindo. Cada vez mais, o trabalhador será um prestador autônomo de serviços a empresas ou pessoas. [...]

Enfim, o avanço tecnológico [...] corre o risco de resultar num mundo insuportavelmente iníquo e violento. [...] a evolução darwiniana mostrou-se capaz de gerar inteligência, mas não sabedoria, tampouco altruísmo, em relação a pessoas com quem não nos relacionamos.

Alaor Chaves. Artigo traz análise das relações de trabalho na 4ª Revolução Industrial. *CBPF*. Disponível em: <https://portal.cbpf.br/pt-br/ultimas-noticias/artigo-traz-analise-das-relacoes-de-trabalho-na-4-revolucao-industrial>. Acesso em: nov. 2018.

← Videoconferência em Ankara, Turquia, 2018.

1. No que consiste a Quarta Revolução Industrial?

2. Em sua opinião, a implementação da Quarta Revolução Industrial traria quais benefícios?

3. De acordo com o texto e com sua opinião, quais problemas a Quarta Revolução Industrial pode trazer?

ATIVIDADES

SISTEMATIZAR

1. De que maneira o processo de industrialização transformou o mundo e as relações de trabalho?

2. Justifique a afirmação: a Terceira Revolução Industrial (ou Revolução Técnico-Científica) mudou a forma como a produção é concebida.

3. Quais foram as principais mudanças trazidas pela Revolução Industrial?

4. Explique de que modo, com o advento da Revolução Industrial, o aumento da produtividade industrial não foi acompanhado pelos benefícios aos trabalhadores.

5. Caracterize a Terceira Revolução Industrial.

6. Caracterize as principais potências industriais da atualidade.

7. As transformações econômicas, industriais e tecnológicas avançam de forma igual no mundo? Explique sua resposta.

8. Qual é o continente menos industrializado do mundo? Explique esse fato.

9. De que forma a industrialização na África vem sendo fomentada nos últimos anos?

REFLETIR

1. Segundo alguns estudiosos, ainda não há consenso sobre o número de empregos que serão destruídos pela tecnologia. Alguns dimensionam em 5 milhões as substituições de seres humanos por máquinas nos próximos cinco anos, outros afirmam que 30% das vagas serão tomadas por robôs. O que você pensa a respeito desse fato? Já pensou que a profissão que irá seguir talvez nem exista ainda? Ou a que pensa em seguir talvez não exista mais quando você for fazer vestibular?

2. A imagem ao lado mostra a capa do livro da Constituição Mexicana, primeiro documento da história a estabelecer alguns direitos trabalhistas como limitação da jornada de trabalho, regulamentação do trabalho feminino e de menores de idade, férias remuneradas, salário mínimo e proteção aos direitos de gestantes e mães. Discuta com os colegas a importância desse tipo de legislação hoje em dia, especificamente no Brasil.

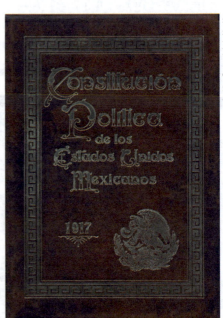

→ Constituição Mexicana de 1917.

DESAFIO

1. Faça uma pesquisa e descubra o que significa o termo **economia de aglomeração**. Atualmente, o mundo vive esse processo? Justifique a sua resposta. Divida sua opinião com os colegas e aproveite para saber o que eles pensaram sobre esse assunto.

CAPÍTULO 4
Recursos naturais e fontes de energia

No capítulo anterior, você estudou a relação entre o processo de industrialização e as transformações no trabalho. Neste capítulo, você vai estudar a importância das fontes energéticas e dos recursos naturais para as indústrias e a sustentabilidade do planeta.

Cadeia produtiva

Grande parte dos produtos que temos à disposição para consumo é produzida em cadeias industriais por meio da transformação dos recursos naturais. A forma pela qual usamos esses recursos e cuidamos deles é essencial para a continuidade da produção industrial e o acesso a tais bens.

As **cadeias industriais** – ou **cadeias produtivas** – resultam da divisão do trabalho e de acentuada interdependência entre agentes econômicos. São um complexo conjunto de etapas, nas quais as matérias-primas passam por transformações em diversos estágios técnicos integrados, realizados por diferentes unidades, até se tornarem produtos acabados, a serem distribuídos e vendidos para consumo.

Para que determinado produto esteja pronto para consumo, diversos recursos são usados. A cadeia começa com a exploração da matéria-prima em seu local de ocorrência. A matéria-prima pode ser de origem mineral, vegetal, agrícola ou de criação. Dependendo do produto, são necessários inúmeros tipos de material para produzi-lo, oriundos de diversas localidades.

Após processado industrialmente, o bem precisa ser distribuído por redes de transporte, com o auxílio da rede de logística, até chegar ao consumidor final. A cadeia produtiva termina quando o bem é consumido ou usado e descartado. Ao longo desse processo, na fabricação de um único produto pode haver a participação de dezenas de países e milhares de pessoas, no contexto da divisão internacional do trabalho e da economia global.

Para que uma cadeia produtiva funcione como vimos, a disponibilidade de recursos naturais é essencial, seja como matéria-prima para ser transformada, seja como fonte de energia.

Um dos desafios da atualidade é agir de forma sustentável, garantindo o consumo mais eficiente de energia e de recursos, assegurando o menor impacto possível ao meio ambiente e a oferta desses recursos para as gerações futuras.

↑ Exploração do minério de ferro. Poltava, Ucrânia, 2017.

↑ Fundição do minério de ferro em siderúrgica. Donetsk, Ucrânia, 2017.

↑ Panelas de aço sendo comercializadas.

Matriz energética mundial

Energia pode ser definida como a capacidade de produzir movimento. Ela pode ser transferida ou transformada, sendo um elemento fundamental não só para a vida como também para a produção industrial e o desenvolvimento da sociedade moderna.

Como você já estudou, a sociedade usa diversos recursos para obter energia. Atualmente, os combustíveis fósseis são a principal fonte energética utilizada no mundo. Juntos, petróleo, carvão mineral e gás natural respondem por aproximadamente 80% da matriz energética do planeta.

Combustíveis fósseis

O petróleo é responsável por cerca de um terço da energia que movimenta o mundo. Matéria-prima fundamental para a vida moderna e componente básico de milhares de produtos, ele fornece derivados como gasolina, querosene, óleo *diesel*, gás de cozinha, lubrificantes, parafinas, asfalto, ceras e plásticos.

Essa fonte energética impulsiona a economia mundial, mas é também responsável por problemas ambientais.

O primeiro deles é a possibilidade de contaminação de águas marítimas quando a exploração é feita no fundo oceânico ou nos portos, onde ocorrem os transbordos de navios petroleiros. O derramamento e/ou o vazamento de petróleo nas águas oceânicas destroem organismos aquáticos, e a morte de vegetais marinhos diminui a oferta de oxigênio na atmosfera, elemento fundamental para os seres humanos.

O segundo refere-se à poluição provocada pela queima de seus derivados, principalmente gasolina e óleo *diesel*. Ao entrarem em combustão, lançam na atmosfera gases de efeito estufa. Observe, no mapa a seguir, os principais países produtores de petróleo.

↑ Trabalho de contenção após derramamento de petróleo nas proximidades da costa da Ilha de Córsega, 2018.

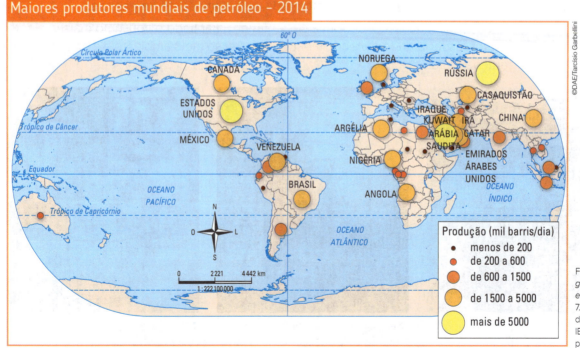

Fonte: *Atlas geográfico escolar*. 7. ed. Rio de Janeiro: IBGE, 2016. p. 68.

Outro combustível fóssil bastante utilizado é o carvão mineral, uma rocha sedimentar orgânica encontrada em bacias sedimentares. As maiores jazidas carboníferas estão situadas na zona temperada do planeta, principalmente no Hemisfério Norte.

O carvão mineral é muito utilizado para produzir eletricidade. As usinas produtoras, chamadas de termoelétricas, funcionam usando algum combustível fóssil, como petróleo, gás natural ou carvão mineral. Como este último recurso é mais barato e abundante, é a fonte que muitos países adotam para obter energia elétrica.

Esse recurso energético foi muito utilizado durante a Primeira Revolução Industrial para o aquecimento das caldeiras nas indústrias, entre elas as siderúrgicas, que produziam ligas metálicas, principalmente aço. Atualmente, os maiores produtores de carvão mineral são: China, Estados Unidos, Índia, Austrália, Rússia, Alemanha e África do Sul.

A queima de carvão em indústrias e termoelétricas causa graves impactos socioambientais, por causa da emissão de material particulado e de gases poluentes, dentre os quais se destacam o gás carbônico, o dióxido de enxofre e os óxidos de nitrogênio. Além de prejudiciais à saúde humana, esses gases são os principais responsáveis pela formação da chamada chuva ácida, que provoca a acidificação do solo e da água e, consequentemente, alterações na biodiversidade, entre outros impactos negativos, como a corrosão de estruturas metálicas.

↑ Mina de carvão mineral. Treviso (SC), 2016.

← Usina termoelétrica em Candiota (RS), 2014.

O gás natural, também classificado como combustível fóssil, é originado da decomposição de matéria orgânica fossilizada ao longo de milhões de anos. Em seu estado original, é composto principalmente de metano.

Devido à emissão de gases que intensificam os efeitos do aquecimento global, muitos países estão trocando o petróleo e o carvão mineral de suas termoelétricas pelo gás natural, que é menos poluente que os demais combustíveis fósseis. No entanto, seu aproveitamento energético também causa impactos indesejáveis no meio ambiente. O principal deles é o grande volume de água consumido para resfriar o sistema central de uma termelétrica.

Rússia, Irã, Estados Unidos, Arábia Saudita, Canadá e China são os principais produtores de gás natural.

Fontes renováveis e alternativas

Expandir as cadeias industriais e produtivas requer expansão da infraestrutura energética. No Brasil, por exemplo, grande parte da produção de energia é oriunda da força da água obtida nas hidrelétricas. Ainda assim, em razão da demanda, é preciso importar parte da energia.

A maior usina do país, situada na divisa de Brasil e Paraguai, é a Itaipu Binacional, e ambos os países compartilham sua produção energética. Mesmo tendo grande potencial hidráulico, o Brasil precisa ativar temporariamente usinas termoelétricas para suprir necessidades de energia.

A energia hidrelétrica é renovável, mas a construção desse tipo de usina gera alterações ambientais, como desvio do curso natural dos rios; inundação de extensas áreas de terras, matas ciliares, florestas; alterações no regime fluvial, além de causar impactos às populações próximas ao local de construção das barragens e usinas.

↑ Usina hidrelétrica de Três Gargantas. Hubei, China, 2018.

As usinas nucleares são muito comuns em países de baixo potencial hidráulico. Os países europeus utilizam-se bastante da fonte nuclear de energia, apesar do risco de acidente nuclear.

O material nuclear, em geral urânio enriquecido, é usado para esquentar a água de seus tanques, que gera vapor capaz de girar as turbinas da usina e criar energia. O principal problema das usinas nucleares é o risco de acidentes com material radiativo, como o da usina de Chernobyl, na Ucrânia, em 1986, e da usina de Fukushima, no Japão, depois do terremoto seguido de *tsunami*, em 2011.

O Brasil tem duas usinas nucleares em funcionamento – Angra 1 e 2 – e uma inacabada, cujas obras estão paralisadas há décadas, chamada Angra 3.

Com as demandas ambientais, nos acordos firmados entre países e blocos econômicos o objetivo é encontrar formas mais sustentáveis de produzir energia. Entre elas, destacam-se a energia solar e a eólica.

← Usina nuclear de Angra. Angra dos Reis (RJ), 2016.

A energia solar é virtualmente inesgotável, já que depende da luz do Sol. É captada por placas de absorção de luz solar, chamadas de células fotovoltaicas, capazes de convertê-la em energia elétrica. Esta é, então, armazenada em baterias ou transferida a sistemas ligados à rede elétrica de distribuição. Nesse caso, a luminosidade é convertida diretamente em energia. Nas usinas heliotérmicas, a energia solar movimenta turbinas, que geram energia.

↑ Usina heliotérmica. Huai'an, China, 2018.

Países como Espanha, França, Alemanha, Arábia Saudita, China, entre outros, estão investindo em fazendas solares, nas quais milhares de painéis são expostos para captar a energia solar, convertê-la em energia elétrica e lançá-la na rede de distribuição para que abasteça casas, indústrias e comércios. Fatores como o aprimoramento tecnológico, a queda no preço dos painéis solares, a demanda crescente por energias limpas – acompanhados de políticas governamentais para incentivar a expansão da captação de energia solar – estão levando ao aumento do número de fazendas solares. Alemanha, China, Dinamarca e Portugal têm relativo destaque na produção de energia solar.

O Brasil é o país com a maior taxa de irradiação solar do mundo, recebendo uma média de 3 mil horas de insolação por ano. Ainda assim, aproveita-se pouco desse imenso potencial energético. De toda a geração de energia do país, menos de 1% vem da energia solar.

Mesmo com a expansão do acesso à energia solar e de todos os seus benefícios, há alguns aspectos negativos em sua adoção. Por exemplo, ela exige a extração de muitos minérios, como zinco, para a construção das placas de captação de energia.

A fonte de energia mais limpa do planeta é a eólica, que também é virtualmente inesgotável e não emite poluentes. Ela transforma a energia do vento, captada por hélices ligadas a geradores, em energia elétrica. Para aproveitar toda a potência dos ventos, as hélices são aerodinâmicas.

Os principais consumidores de energia eólica são Alemanha, Dinamarca, Estados Unidos, Espanha e Índia. Mesmo não emitindo poluentes, as usinas eólicas não são totalmente isentas de causar impactos, e há o inconveniente da irregularidade na geração de energia em razão das calmarias e variação da velocidade dos ventos. O Brasil tem um grande potencial de energia eólica no litoral sul do Rio Grande do Sul e no litoral do Nordeste, com destaque para os estados do Ceará, Piauí, Rio Grande do Norte e Maranhão.

↑ O Parque Eólico de Osório é o maior fornecedor de energia eólica da América Latina. Osório (RS), 2017.

A energia maremotriz ou das marés tem ganhado recente destaque. Aproveita-se a variação das marés para a construção de barragens próximas ao mar com diques que captam a água durante a alta da maré. Essa água é armazenada e depois liberada na maré baixa, passando por uma turbina, que gera energia elétrica. Também já há tecnologia para gerar energia elétrica por meio da movimentação das ondas do mar.

← Sistema mecânico de geração de energia maremotriz, por meio da variação das marés e das ondas. São Gonçalo do Amarante (CE), 2012.

AQUI TEM MAIS

Brasil é o país em que energia eólica mais cresce no mundo

O Brasil já está na lista de maiores produtores de energia eólica do mundo. O levantamento "Energia eólica no Brasil e no mundo", do Ministério de Minas e Energia, aponta que o país foi o quarto colocado no *ranking* mundial de expansão de potência eólica em 2014.

As nações que realizaram um avanço superior ao Brasil em 2014 foram a China (23.149 megawatts), Alemanha (6.184 megawatts) e Estados Unidos (4.854 megawatts). No mesmo período, o Brasil teve uma expansão de potência instalada de 2.686 megawatts (MW).

[...]

A estimativa do governo, presente no Plano Decenal de Expansão de Energia (PDE 2024), é de que a capacidade instalada eólica do Brasil chegue a algo em torno de 24 mil MW. Desse total, 21 mil MW deverão ser gerados na Região Nordeste, o que vai representar 45% do total produzido na região.

Vantagens

Uma das grandes vantagens da matriz energética brasileira é a disponibilidade de várias fontes limpas e renováveis para geração de energia elétrica. Diversos outros países não possuem recursos naturais e precisam recorrer a termelétricas para garantir o suprimento. O avanço do setor eólico, segundo especialistas, vai representar uma energia complementar interessante para o Brasil, que hoje tem sua base de geração de energia no sistema hidráulico.

O presidente da Empresa de Pesquisa Energética (EPE) [...] afirma que há um casamento das condições eólicas e hidrelétricas no Brasil. O período de seca no Nordeste, onde se encontram aproximadamente 80% dos parques eólicos, coincide com o período chuvoso nas regiões Sul e Sudeste, onde estão os principais reservatórios de usinas hidrelétricas.

"Quando tem vento, você pode estocar água no reservatório. Quando tem menos vento, usa aquela água estocada para gerar energia elétrica. Nos países europeus, por exemplo, quando não tem vento, tem de ligar uma termelétrica. Aqui nós temos duas fontes limpas, e uma se complementa a outra. O Brasil realmente é um país afortunado, por ter fontes renováveis que se complementam entre si" [...].

O maior potencial de expansão atualmente se encontra no interior do Nordeste, especialmente no semiárido brasileiro. Mas o Brasil começa a sinalizar uma possível oportunidade também para a microgeração.

[...]

↑ Usina eólica nas dunas da Praia de Mundaú. Traíri (CE), 2017.

Governo do Brasil, 23 dez. 2017. Disponível em: <www.brasil.gov.br/noticias/infraestrutura/2016/01/brasil-e-um-dos-principais-geradores-de-energia-eolica-do-mundo>. Acesso em: set. 2018.

1. De acordo com o trecho acima e com o conhecimento adquirido sobre o assunto, responda por que a expansão da utilização da energia eólica no Brasil e das demais fontes de energia renováveis é importante?

ATIVIDADES

SISTEMATIZAR

1. Defina cadeias industriais ou produtivas.

2. No caderno, faça o esquema de uma cadeia industrial detalhando as etapas necessárias para a produção de determinado produto.

3. Justifique a afirmação: "Expandir as cadeias industriais e produtivas requer expansão da infraestrutura energética".

4. Analise o local em que você mora. Se fosse um gestor do município, que tipo de energia instalaria e por quê?

5. Explique o que é energia.

6. Caracterize as matrizes energéticas a seguir, destacando a importância de cada uma, atualmente para as sociedades modernas.
   a) petróleo
   b) carvão mineral
   c) gás natural
   d) energia hidrelétrica
   e) energia solar
   f) energia eólica

REFLETIR

1. Ao longo da História, a ampliação da capacidade produtiva das sociedades teve como contrapartida o aumento do consumo e a contínua incorporação de novas fontes de energia. Observe o gráfico ao lado e responda às questões.

   a) Qual é a fonte de energia mais utilizada no mundo atualmente?

   b) Das fontes de energia disponíveis para a produção mundial, qual é a quantidade de fontes de energia renováveis utilizada?

   c) Em sua opinião, o que precisa ser feito para reduzir a dependência do uso de fontes não renováveis de energia?

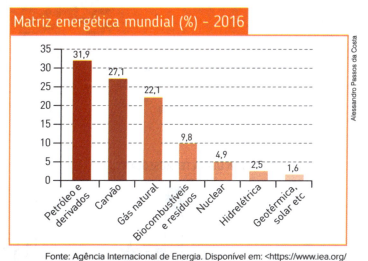

Fonte: Agência Internacional de Energia. Disponível em: <https://www.iea.org/statistics/?country=WORLD&year=2016&category=Key%20indicators&indicator=TPESbySource&mode=chart&categoryBrowse=false&dataTable=BALANCES&showDataTable=false>. Acesso em: out. 2018.

DESAFIO

1. Reúna-se com dois ou três colegas para, juntos, pesquisarem os perigos e os inconvenientes ambientais das usinas nucleares. Para que a pesquisa seja abrangente, considerem os dois acidentes mais conhecidos da história recente: o de Chernobyl, em 1986, e o de Fukushima, de 2012. Sigam a orientação do professor para que os dois temas sejam bem distribuídos entre os grupos. No final, apresentem a pesquisa aos demais grupos e elaborem um cartaz destacando algum aspecto que julgaram significativo.

65

FIQUE POR DENTRO

A ENERGIA QUE VEM DO DESERTO

Em 1986, o físico alemão Gerhard Knies calculou que os desertos da Terra recebem mais energia do Sol do que o total consumido pela humanidade em um ano. Nos últimos anos estão crescendo os investimentos em desenvolvimento tecnológico de geração de energia elétrica proveniente da captação da energia solar. Os desertos no norte da África são regiões privilegiadas para a instalação dessas usinas, porque são pouco habitados e neles há forte incidência de luz solar. Além, é claro, da proximidade com a Europa, que pretende beneficiar-se dessas fontes de energia e tem investido muito no desenvolvimento dessa tecnologia. Veja a seguir como funciona uma usina termossolar.

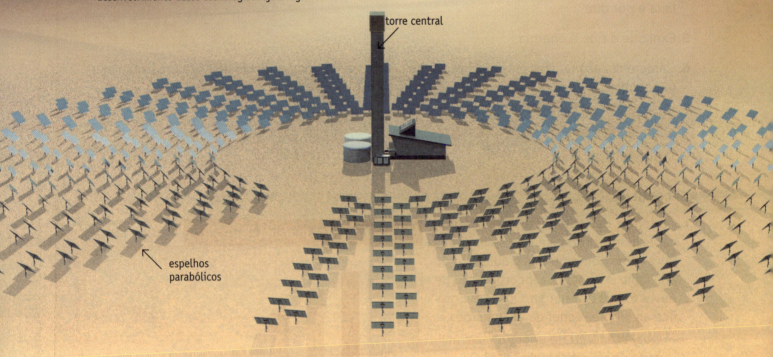

COMO FUNCIONA UMA USINA TERMOSSOLAR

A luz solar irradia em enormes espelhos parabólicos direcionados para uma torre central. Assim, a luz solar recebida pelos painéis é refletida para a torre.

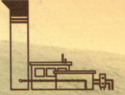

Os raios solares refletidos de diferentes painéis são concentrados na torre. Por isso, a energia que a torre recebe pode ser até mil vezes maior que a energia que recebemos na Terra.

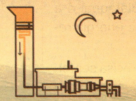

No interior da torre, a energia é armazenada em uma caldeira, na qual as temperaturas podem chegar a 500 °C. Por causa do armazenamento, a torre é capaz de gerar energia também no período noturno.

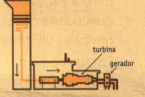

Através de condutores preparados, esse calor é transmitido até entrar em contato com reservatórios de água. Nesse contato, é produzido vapor, que movimenta turbinas conectadas a geradores de energia elétrica.

ENERGIA SOLAR PELO MUNDO

Já existem grandes usinas produzindo muita energia pelo mundo. Os projetos para captação de energia solar no norte da África estão em andamento.

Califórnia, EUA
É a maior usina solar do mundo, com mais de 9 milhões de painéis. A usina de Topaz custou mais de US$ 2 bi para ser construída.

Tubarão, Brasil
A maior usina de energia termossolar do Brasil é capaz de abastecer até 2,5 mil residências por ano. É a quarta usina solar instalada no país.

Andaluzia, Espanha
Primeira do mundo a conseguir armazenar energia, seu sistema consegue produzir energia mesmo à noite ou com baixa incidência solar.

Strasskirchen, Alemanha
A usina, que ocupa uma área de 270 campos de futebol, tem capacidade para suprir mais de 15 mil casas. A Alemanha é a maior produtora dessa energia.

A energia elétrica produzida da energia solar é, então, transmitida pelos cabos de eletricidade aos consumidores (residências, hospitais, indústrias, entre outros).

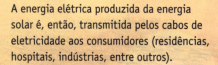

A torre é apenas uma das formas possíveis de usina para transformação da energia solar em energia elétrica. Há também soluções individuais, como os painéis fotovoltaicos instalados nos telhados das casas.

Fontes: Eduardo Araia. *A energia que vem do deserto: o Saara começou a gerar eletricidade*. Disponível em: <www.brasil247.com/pt/247/revista_oasis/134596/A-energia-que-vem-do-deserto-O-Saara-come%C3%A7ou-a-gerar-eletricidade.htm>; *Energia solar*. Faculdade de Engenharia Mecânica da Unicamp. Disponível em: <www.fem.unicamp.br/~em313/paginas/esolar/esolar.html>; *10 das maiores usinas de energia solar concentrada do mundo*. Disponível em: <https://exame.abril.com.br/tecnologia/10-das-maiores-usinas-de-energia-solar-concentrada-do-mundo/>. Acessos em: out. 2018.

1. Por que a energia elétrica obtida da luz solar é considerada limpa e renovável? Cite outras fontes de energia renováveis.

2. Por que a produção de energia elétrica em grande escala gerada pela luz solar é eficiente somente em algumas regiões do planeta?

Apesar do enorme potencial de algumas regiões da Terra, ainda há muito o que avançar no desenvolvimento desse tipo de tecnologia. Conheça um pouco melhor as vantagens e desvantagens desse sistema.

VANTAGENS

Renovável
Enquanto houver luz solar incidindo sobre a Terra, haverá essa fonte!

Energia limpa
A utilização de energia solar ajuda a substituir, aos poucos, outras fontes mais poluidoras, em especial as de combustível fóssil. Na Europa, algumas usinas já contribuíram para a redução de mais de 35 mil toneladas por ano da emissão de dióxido de carbono na atmosfera.

Produção residencial
Essa fonte de energia pode chegar a regiões que outras formas de geração de energia não conseguem, por exemplo, às zonas rurais.

DESVANTAGENS

Alto custo
O custo de desenvolvimento dessa tecnologia ainda é muito alto, tanto no Brasil quanto no mundo.

Insuficiência
Devido ao alto custo, a tecnologia avançou pouco, e os atuais equipamentos que podem ser instalados em residências não as tornam autossuficientes com relação ao consumo de energia.

Latitudes
Alguns lugares da Terra recebem menor incidência solar durante o período do inverno, como o sul da Argentina ou a Finlândia, mais próximos dos polos terrestres.

PANORAMA

FAÇA AS ATIVIDADES A SEGUIR E REVEJA O QUE VOCÊ APRENDEU.

1. Quais fatores contribuíram para o processo de urbanização do Brasil?

2. Explique a relação entre a industrialização e a modernização do campo.

3. Como a Revolução Técnico-Científica afetou a produção e o trabalho?

4. Os processos de inovação e modernização da produção industrial não ocorreram de maneira uniforme. Explique essa afirmação e dê exemplos.

5. Explique a relação entre a expansão das cadeias industriais e produtivas e a necessidade de se investir em novas fontes energéticas.

6. O que é matriz energética? Pesquise e descubra qual é a composição da matriz energética brasileira. Elabore uma análise comparativa entre a matriz energética brasileira e a matriz energética mundial.

7. Leia o texto a seguir.

> O número dos que passam fome no mundo aumentou pelo terceiro ano seguido e afeta 821 milhões de pessoas, de acordo com relatório divulgado por agências da ONU. Isso corresponde a uma a cada nove pessoas no mundo. No Brasil, os números apontam que mais de 5,2 milhões de pessoas passaram um dia ou mais sem consumir alimentos ao longo de 2017, o que corresponde a 2,5 % da população.
>
> As principais causas do aumento da fome no mundo são os conflitos e os fenômenos climáticos em constante alteração, indica o relatório. Os resultados apresentados na FAO, uma das agências envolvidas no levantamento, são considerados um retrocesso pelo diretor-geral da entidade, José Graziano da Silva. De acordo com os dados, os números atuais mostram indicadores semelhantes aos apresentados há uma década.
>
> Fome cresce no mundo; no Brasil, afeta 5 milhões, segundo relatório da ONU. *UOL*, 11 set. 2018. Disponível em: <https://noticias.uol.com.br/internacional/ultimas-noticias/2018/09/11/fome-cresce-no-mundo-e-no-brasil-afeta-5-da-populacao-segundo-relatorio-da-onu.htm>. Acesso em: out. 2018.

- Munido das informações do texto, reúna-se com um colega e, juntos, pesquisem como estão atualmente os planos de combate à fome mencionados no Capítulo 2. O que se tem feito para diminuir esse problema? Após a pesquisa, escrevam uma conclusão sugerindo uma solução para o problema, segundo a visão de vocês.

8. Leia a tirinha a seguir, dos personagens Calvin e Haroldo, do cartunista Bill Watterson.

As três primeiras falas do personagem Calvin representam o senso comum diante do problema da fome. Ao mesmo tempo, aborda uma forma de se conscientizar sobre o problema: informando-se sobre ele. Já a última fala representa um choque de realidade. De fato, somente quem vivencia o problema é que sabe o que significa passar fome.

- Com base na tirinha de Calvin e Haroldo, reúna-se com um ou dois colegas para pesquisar os programas de combate à fome no Brasil. Procurem levantar dados sobre o que se tem feito para amenizar esse grave problema que ainda persiste no mundo.

9. Explique por que o petróleo, o carvão mineral e a energia nuclear, apesar de sua importância para as sociedades contemporâneas, são uma fonte de problemas ambientais.

10. Com base na observação das paisagens das fotografias, faça o que se pede.

↑ Cachoeira Salto de Sete Quedas, localizada na divisa dos países Brasil e Paraguai, 1961.

↑ Usina Hidrelétrica Itaipu Binacional. Foz do Iguaçu (PR), 2015.

a) Diferencie as duas paisagens.
b) Que tipo de energia está sendo produzida na segunda paisagem?
c) Escreva um fator positivo e um negativo implícitos na transformação do espaço.

DICAS

📖 LEIA

Mundo produz comida suficiente, mas fome ainda é uma realidade, de Rafael Iandoli (Nexo). Reportagem mostra como a concentração da renda e da produção, a falta de vontade política e até mesmo a desinformação e a consolidação de uma cultura alimentar pouco nutritiva são fatores que compõem o cenário da fome e da desnutrição. Disponível em: <www.nexojornal.com.br/explicado/2016/09/02/Mundo-produz-comida-suficiente-mas-fome-ainda-%C3%A9-uma-realidade>. Acesso em: out. 2018.

🎧 OUÇA

Mamilos 146 – Crise habitacional. Esse *podcast* discute o problema da crise habitacional no Brasil após um incêndio causar o desabamento de um edifício no Largo do Paissandu, no centro de São Paulo, em 2018.

▶ ASSISTA

Futuro Energético. Produção: Discovery HD Showcase, 62 min. O documentário traça um panorama descritivo instigante da situação atual do planeta e explora as principais alternativas disponíveis: a energia dos ventos, a energia da água (dos rios e do mar), a energia geotérmica do centro do planeta e a energia-mãe – a energia do Sol.

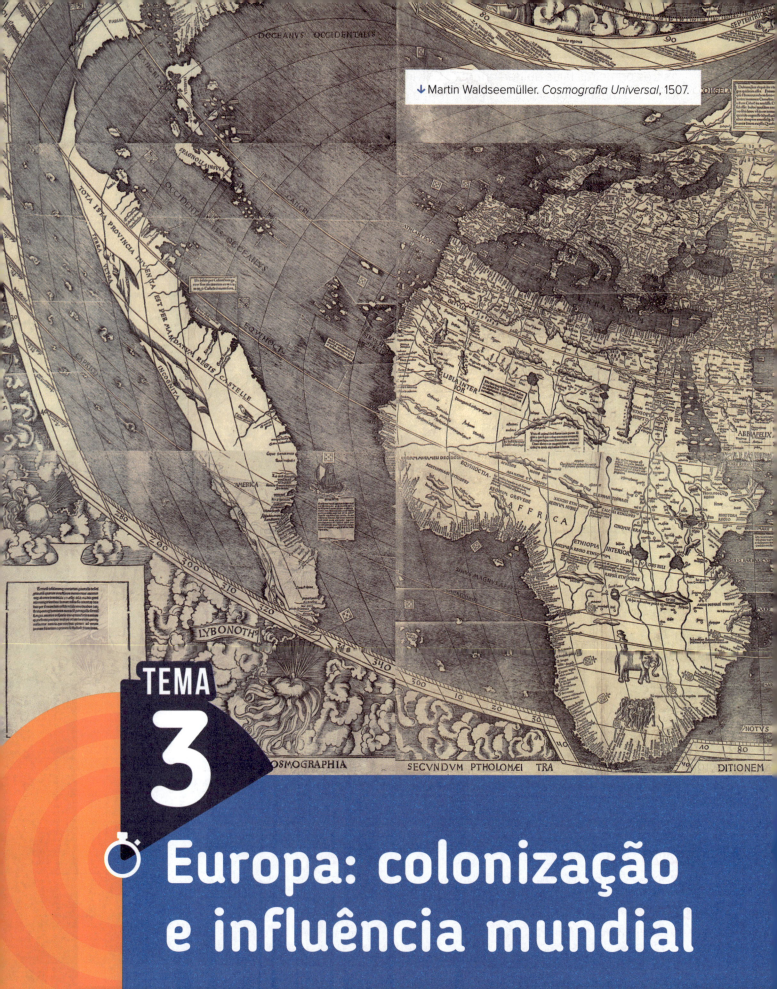

↓ Martin Waldseemüller. *Cosmografia Universal*, 1507.

TEMA 3

Europa: colonização e influência mundial

NESTE TEMA
VOCÊ VAI ESTUDAR:

- regionalização mundial no Ocidente e no Oriente;
- geopolítica e influência europeia;
- colonialismo, neocolonialismo e poder;
- conflitos atuais na Europa;
- alterações na geografia do continente europeu do Pós-Guerra à atualidade.

A primeira imagem que retrata o mundo como o conhecemos hoje é do cartógrafo alemão Martin Waldseemüller (1475-1522). Dividindo a Terra em Oriente e Ocidente, ela foi feita em abril de 1507, 15 anos após a chegada dos europeus ao continente americano. Observe-a acima.

1. Qual continente está no centro do mapa? Por que você acha que isso ocorreu?
2. Observe um mapa-múndi atual. O que mudou e o que se manteve em relação ao mapa de 1507?
3. Você já viu um mapa com a disposição dos continentes de forma diferente?

CAPÍTULO 1

Regionalização mundial: Ocidente e Oriente

No capítulo anterior, você estudou a importância das fontes energéticas e dos recursos naturais para as indústrias e a sustentabilidade do planeta. Neste capítulo, você vai estudar a relação entre o sistema colonial implantado pelas potências europeias e a divisão do mundo entre Ocidente e Oriente.

Duas metades do mundo

A palavra **oriente** vem do latim *oriens*, que significa "sol nascente"; e a palavra **ocidente**, do latim *occidens*, o "sol poente". Portanto, elas se referem ao movimento aparente do Sol, e as utilizamos para definir os pontos de orientação no espaço. O leste seria, então, o oriente; e oeste, o ocidente.

O Meridiano de Greenwich é a linha imaginária que usamos como referência para dividir o mundo em Hemisfério Oriental – geralmente associado aos territórios asiáticos – e Hemisfério Ocidental – geralmente relacionado aos territórios europeu e americano. No entanto, se considerarmos apenas o meridiano imaginário que divide o planeta em dois hemisférios, a maior parte do continente europeu está no Oriente. Isso lhe soa familiar?

Além dos critérios cartográfico e cartesiano, o Oriente pode ser entendido do ponto de vista histórico da dominação de alguns povos ou países sobre outros. Desse ponto de vista, o Oriente seria uma construção discursiva ocidental, principalmente europeia, com o objetivo de reafirmar seu poderio e sua influência perante as regiões chamadas orientais, que foram, historicamente, alvo de colonização e exploração.

Dessa forma, pode-se afirmar que o Ocidente criou uma identidade que se contrapõe ao Oriente, considerando fatores como o desenvolvimento econômico, a influência cultural e a intervenção militar.

Vamos entender um pouco melhor essa questão?

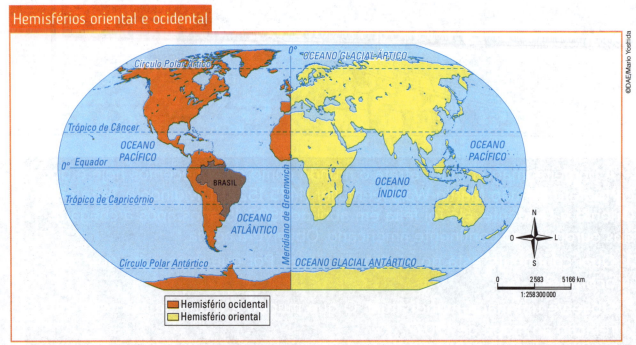

Fonte: *Atlas geográfico escolar*. 7. ed. Rio de Janeiro: IBGE, 2016. p. 34.

A cultura greco-romana

A cultura greco-romana é fundamentada em valores, conhecimentos e concepções desenvolvidos na Grécia e no Império Romano, na chamada Antiguidade.

Ao buscarmos compreender as origens do mundo ocidental, a cultura greco-romana aparece como a base dessa civilização. A filosofia grega, que tem Sócrates, Platão e Aristóteles como referência, influenciou na construção do pensamento ocidental. A concepção racional do universo grego está na origem de áreas da ciência como a Física, a Matemática, a Medicina e até mesmo a Geografia, pois Ptolomeu, considerado o "pai da Cartografia", era um cientista grego.

O Ocidente também herdou a noção de democracia, cuja primeira manifestação ocorreu entre os gregos e é o principal sistema de governo nos países do mundo ocidental.

Por sua vez, grande parte das bases filosóficas do Direito e da Justiça, como as conhecemos hoje, encontra-se no pensamento romano.

↑ Joos van Wassenhove. *Cláudio Ptolemeu*, c. 1475. Óleo sobre painel, 98 cm × 66 cm.

↑ Teatro de Herodion. Atenas, Grécia, 2017. O teatro grego é uma das grandes influências greco-romanas na cultura ocidental.

As Grandes Navegações

Durante a Idade Média, a concepção de mundo, na Europa, passou a ser determinada pela interpretação religiosa, influenciada pelo cristianismo. Os europeus sabiam da existência de apenas três continentes: Europa, Ásia e África.

A partir do século XIII, a intensificação do comércio no continente ampliou o fluxo de pessoas e mercadorias, favorecendo o contato com novos territórios e novos conhecimentos. A delimitação entre Ocidente e Oriente, como forma de regionalização do espaço geográfico, mantinha-se, mas as trocas e as interinfluências eram inevitáveis.

As Grandes Navegações, ocorridas entre os séculos XV e XVI, foram resultado da ampliação das rotas comerciais pelos oceanos e culminaram na chegada dos europeus à América, denominada "Novo Mundo", segundo a visão eurocêntrica. A partir de então, a Europa tornou-se o centro difusor da ciência e da cultura que dominou parte do mundo durante muito tempo. Observe no mapa as rotas de navegação dos países europeus pelo mundo.

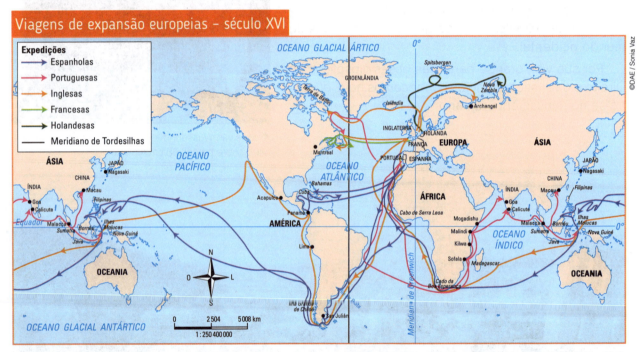

Fonte: Jeremy Black. *World history atlas*. Londres: Dorling Kindersley, 2008. p. 80-81.

O imperialismo europeu e o Oriente

As Grandes Navegações e o desenvolvimento da economia mercantil na América foram muito importantes para a ampliação do mundo ocidental. Contudo, a colonização da Ásia e da Oceania, no século XIX, foi fundamental para a divisão entre Oriente e Ocidente.

Esses continentes foram colonizados por países europeus, no contexto do desenvolvimento do capitalismo em sua fase industrial (a partir da segunda metade do século XVIII), que buscavam novas áreas de exploração e ampliação de seu sistema produtivo.

Dessa forma, a construção de um imaginário oriental foi importante para a dominação e ampliação das estratégias de acúmulo de riquezas das potências europeias. Assim, o Oriente passou cada vez mais a ser caracterizado pela sua diferenciação em relação ao Ocidente, sobretudo à Europa.

Observe, no mapa a seguir, a dominação colonial na Ásia e na Oceania no início de século XX. Devido às diversas riquezas e mercadorias desejadas por grande parte do mundo, os territórios indiano e chinês eram os mais cobiçados, principalmente pelos países europeus.

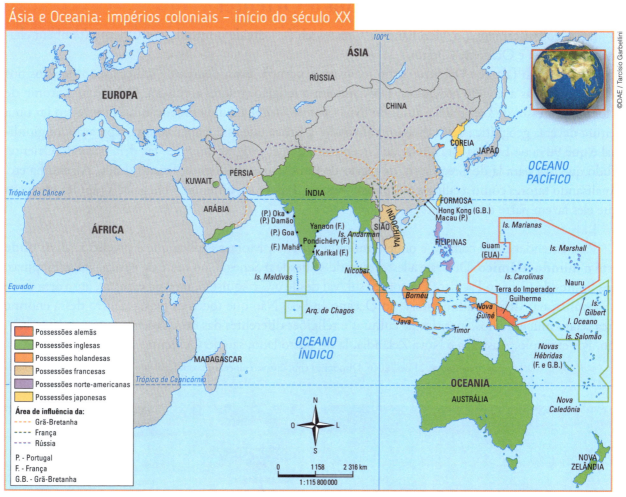

Fonte: José Jobson de A. Arruda. *Atlas histórico básico*. São Paulo: Ática, 2011. p. 28.

! CURIOSO É...

Durante a Idade Média, foi elaborada uma representação, conhecida como **Mapa T/O**, em que o mundo era dividido em três continentes: Ásia, África e Europa, circundados pelo oceano como um grande **O** e separados por três cursos-d'água – o Mar Mediterrâneo, o Rio Nilo e o Rio Don – na forma de **T**. Eram comuns as referências bíblicas cristãs em representações como essa, como a indicação de Jerusalém no centro do mundo.

As noções de Oriente e Ocidente, portanto, não tinham o mesmo sentido de hoje. Mapas como o T/O eram elaborados para que se demarcasse o mundo conhecido até então. Nem os europeus se sentiam ocidentais, na concepção moderna, nem os asiáticos e africanos se sentiam orientais.

↑ Mapa T/O encontrado em *Etymologiae*, primeira enciclopédia escrita na cultura ocidental e compilada por Isidoro de Sevilha em 623 d.C.

75

DIÁLOGO

Onde começa e onde termina o Oriente?

[...] Geograficamente, o Meridiano de Greenwich [...] divide o mundo em Oriente (também chamado de Leste) e Ocidente (Oeste).

Mas quando falamos **Oriente**, assim, com mais pompa, ecos, negritos e itálicos, não estamos nos referindo apenas à divisão geográfica, mas também a religião, valores e cultura. O Marcos Antonio de Moraes, professor de Geografia e autor do livro *Oriente Médio*, dá uma provocadinha em quem faz uma leitura deveras geográfica dessa divisão. Vai vendo: a prova que essa é apenas uma separação longitudinal é que 90% da Europa está a leste de Greenwich, o que, geograficamente, faz dela parte do Oriente. Tudo que fica para lá de Greenwich, na região de Londres, seria Oriente. França, Itália, Alemanha etc. Analisando fatores como a cultura dos países, – qualé, Itália é do Oriente? – chega-se à rápida conclusão que eles fazem parte do Ocidente.

[...]

Para entender onde começa e onde termina o Oriente, Moraes explica que é preciso analisar **onde está o mundo islâmico**. De oeste a leste, estende-se desde o Senegal, no oeste da África, até às Filipinas, nos limites do Oceano Pacífico. De norte a sul, vai desde o Cazaquistão, na Ásia Central, até a área entre a Tanzânia, na África, e a Indonésia, no Oceano Índico. Não que todos os países dentro dessa enorme área sejam muçulmanos, mas sim de culturas e religiões diferentes das do Ocidente, que é judaico-cristão. Por exemplo, Austrália e Nova Zelândia, lá do outro lado, são do Ocidente.

Superinteressante, 21 dez. 2016. Disponível em: <https://super.abril.com.br/blog/oraculo/onde-comeca-e-onde-termina-o-ocidente/>. Acesso em: out. 2018.

↑ A fotografia da esquerda mostra a cidade de Acra, em Gana (2012). Já a fotografia da direita mostra Londres, no Reino Unido (2017). Qual cidade você diria pertencer ao Oriente e qual ao Ocidente? Na verdade, ambas estão localizadas exatamente sob o Meridiano de Greenwich.

1. Em grupos, analisem os fatores, principalmente culturais, que evidenciam as diferenças entre Oriente e Ocidente. Analisem também os estereótipos e preconceitos dessas visões generalistas. Depois, discutam a questão com os demais colegas da turma.

ATIVIDADES

SISTEMATIZAR

1. De acordo com os referenciais cartográficos, como é possível regionalizarmos o mundo entre Ocidente e Oriente?

2. Quais elementos da cultura greco-romana influenciaram a cultura ocidental?

3. Explique a frase: "O Ocidente e o Oriente são ideias construídas e, portanto, uma relação de poder".

4. Explique o sentido da palavra "Oriente" do ponto de vista histórico.

5. Caracterize a colonização da Ásia e da Oceania no século XIX. Quais eram os objetivos dessa empreitada?

REFLETIR

1. Quando se usa a expressão "Oriente Médio", o objetivo é localizar as terras que, para os viajantes da Europa, seriam as avistadas quando alguém fosse em direção ao nascer do Sol (*oriens*). Observe o mapa a seguir, datado de 1457. No centro, é possível ver o Oriente Médio e, no canto direito, o Oriente. A Austrália não está retratada, pois não integra parte da história antiga dos europeus; chineses, indianos, árabes e japoneses são os principais povos que eles se acostumaram a chamar de orientais.

↑ Paolo Toscanelli. *Mapa do mundo*, c. 1457. Ilustração.

a) Observe um mapa-múndi atual. Tendo a capital Brasília como referência, onde se localizaria "nosso Oriente Médio"?

b) Se lesse uma notícia sobre um ataque terrorista no Oriente Médio, você a associaria a essa localização que encontrou? O que é possível concluir com essa observação?

77

CAPÍTULO 2
Hegemonia europeia

No capítulo anterior, você estudou a relação entre o sistema colonial implantado pelas potências europeias e a divisão entre Ocidente e Oriente. Neste capítulo, você vai estudar algumas das formas de influência das potências europeias nos demais países do mundo e entendê-las do ponto de vista histórico.

A geopolítica e a influência europeia

A atuação dos principais países europeus na geopolítica é elemento central para a compreensão de grande parte dos conflitos e tensões do mundo contemporâneo. O colonialismo e o neocolonialismo, que marcaram a expansão territorial e o domínio das potências da Europa sobre a América, a Ásia, a África e a Oceania, ainda estão presentes nos aspectos culturais, históricos, sociais, geográficos e políticos dos continentes.

O Brasil, que foi colônia de Portugal por mais de 300 anos, mantém em suas paisagens, tradições, costumes e cultura uma série de elementos de origem portuguesa.

O mais importante deles, sem dúvida alguma, é a língua. Apesar de não ser a única falada em nosso território, é a língua oficial do país. A religião católica, profundamente arraigada em Portugal, é outra influência lusa no Brasil, um dos países com o maior número de católicos. Manifestações populares, como as Festas Juninas, o Carnaval, a Cavalhada, o Bumba Meu Boi, entre outras, são de origem portuguesa.

Portugal foi responsável pela introdução dos grandes movimentos artísticos europeus no Brasil, como o Renascimento e o Neoclassicismo, que influenciaram de maneira decisiva a literatura, a arquitetura e as artes em geral do nosso país.

↑ Arquitetura colonial em Salvador (BA), 2016.

↑ Casario colonial em Tiradentes (MG), 2015.

Colonialismo, neocolonialismo e poder

Dos séculos XVI ao XIX, o continente americano foi a área de expansão territorial das grandes potências europeias. Os impérios português e espanhol dominaram grande parte do continente, junto às potências francesa, britânica e holandesa. Observe o mapa abaixo.

Com o processo da Revolução Industrial na Europa, grandes impérios neocolonialistas surgiram, e a Ásia e a África passaram a ser territórios de ocupação e suprimento das necessidades comerciais e de matéria-prima da indústria nascente europeia.

Tais elementos instituíram um conjunto de relações e de organizações políticas e territoriais que marcam até hoje esses lugares.

As relações econômicas desiguais entre países europeus e países historicamente colonizados, e a manutenção de condições distintas entre sujeitos com base em diferenças étnico-raciais e na influência cultural e política das nações europeias sobre esses territórios são exemplos das marcas de um passado colonial que permanecem até hoje.

Fonte: Gisele Girardi e Jussara Vaz. *Atlas geográfico do estudante*. São Paulo: FTD, 2011. p. 92.

A Europa e os conflitos atuais

Atualmente, as principais potências europeias continuam exercendo protagonismo nas ações geopolíticas globais.

Podemos citar, por exemplo, a atuação do Reino Unido, da França e da Rússia, que juntamente com a China e os Estados Unidos, compõem o grupo dos membros permanentes do Conselho de Segurança da ONU, órgão responsável pelas deliberações a respeito das tensões e conflitos mundiais. Apesar de esse conselho contar com a presença rotativa de 15 países, apenas os cinco membros permanentes têm direito a veto, ou seja, o poder de impedir uma ação.

O Conselho de Segurança, de certa forma, contribui para manter a influência europeia nos demais países do mundo. As tensões de importantes conflitos contemporâneos foram discutidas por ele, cujas decisões possibilitaram a atuação política e militar da França e do Reino Unido em diversas partes do mundo, por exemplo.

A Guerra do Afeganistão, em 2001, e a invasão do Iraque, em 2003, foram eventos marcantes do início do século que contaram com a participação ativa dos países europeus no Conselho de Segurança, em apoio aos Estados Unidos.

Eles também têm atuado intensamente na guerra civil da Síria, iniciada em 2011, em ações de intervenção direta contra o governo sírio.

Além da participação no Conselho de Segurança, a França e o Reino Unido participam ativamente de missões de paz e de manutenção da segurança internacional em diversos países do mundo.

↑ Soldados franceses em operação em Boali, República Centro Africana, 2014.

 **DIÁLOGO**

Bombas na Síria: a justificativa de ataque de EUA, França e Reino Unido

[...] A série de ataques com armas químicas contra a população civil foi a justificativa dada pelos líderes das três potências – EUA, França e Reino Unido – que [...] deram início a uma série de bombardeios contra alvos do regime Assad.

[...] A Organização Mundial da Saúde disse que 43 pessoas haviam morrido pelo uso de armas químicas em Douma e outras 500 receberam atendimento por intoxicação. Mas a organização não identificou a autoria desse crime de guerra.

[...] O ministro das Relações Exteriores da Rússia, Serguei Lavrov, disse [...], antes do ataque, que dispõe de provas de que o uso de armas químicas em Douma foi forjado.

[...] O episódio atual estava sendo comparado na França [...] ao ocorrido no ano de 2003, quando o então presidente americano, George W. Bush, buscou apoio do então presidente francês, Jacques Chirac, para realizar a ofensiva no Iraque. Na época, a França não aderiu. Agora, num novo contexto – e depois de Paris ter sido alvo de ataques terroristas em 2015 assumidos pelo Estado Islâmico –, Emmanuel Macron está junto com Donald Trump nos bombardeios à Síria.

João Paulo Charleaux. *Nexo*, 14 abr. 2018. Disponível em: <www.nexojornal.com.br/expresso/2018/04/14/Bombas-na-S%C3%ADria-a-justificativa-de-ataque-de-EUA-Fran%C3%A7a-e-Reino-Unido>. Acesso em: out. 2018.

1. De acordo com o trecho da notícia, qual é a justificativa dada por EUA, França e Reino Unido para o ataque contra a Síria?

2. Escreva sobre o protagonismo europeu nas ações geopolíticas globais observado nessa notícia.

AQUI TEM MAIS

O conceito de raça

Segundo o antropólogo brasileiro-congolês Kabenguele Munanga, o conceito de raça é, antes de tudo, uma construção política e ideológica.

De acordo com seus estudos, em 1684, o francês François Bernier empregou o termo "raça" para classificar a diversidade humana em grupos fisicamente diferentes.

Com a colonização europeia na América, na África e na Ásia, e com o contato com diferentes povos, o termo passou a ser aplicado como menção à distinção dos europeus e, no século XVIII, os filósofos iluministas utilizaram o conceito de raça para se sobrepor aos demais povos, dividindo a espécie humana em três raças, conforme a cor da pele (raça branca, negra e amarela).

No século XIX, outros critérios foram acrescentados, como a forma do nariz, dos lábios, do queixo, do formato do crânio, o ângulo facial etc. Já no século XX, com o desenvolvimento da Antropologia (ciência social surgida no século XIX), o conceito de raça foi perdendo a base que justificava as teses racistas. O advento dos métodos funcionalistas, por exemplo, provou, por meio de estudos de campo, feitos pelos pais-fundadores da Antropologia, que não há culturas inferiores ou superiores, como pensavam os europeus, apenas particularidades culturais.

Segundo essa tese, toda cultura exerce as mesmas funções, ainda que estejam em estágios tecnológicos diferentes. Assim, a cultura da sociedade europeia capitalista e industrial do século XIX, considerada (pelos próprios europeus) o estágio mais avançado da civilização, cumpria as mesmas funções que a cultura de uma sociedade isolada no interior da Austrália ou da África.

As teses antropológicas, no entanto, não foram suficientes para que os europeus recuassem em seu objetivo de explorar os povos que eles não deixaram de considerar "primitivos" e "inferiores". O impulso pela busca do lucro, de novas matérias-primas e de mão de obra barata, além de novas terras por se conquistar, prevaleceu diante do estudo científico feito por cientistas sociais, a maioria deles oriundos dos próprios países colonizadores.

Conclui-se, portanto, que o conceito de raça foi uma construção baseada em pressupostos ideológicos, vinculados ao colonialismo europeu, e que serviu para estabelecer relações de poder, dominação e exploração dos povos conquistados.

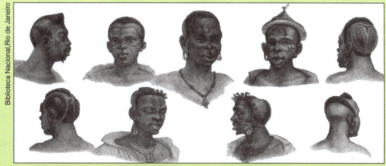

Jean-Baptiste Debret. *Negros de diferentes nações*, 1835. Litografia, 9,6 cm × 22 cm.

1. Apresente elementos do texto que justifiquem a afirmação: "O conceito de raça é uma construção político-ideológica".

2. De que forma o conceito de raça foi utilizado para justificar o colonialismo europeu?

ATIVIDADES

SISTEMATIZAR

1. Apresente elementos que revelam o peso da influência europeia nos demais países do mundo.

2. Explique a relação entre o colonialismo e o poder das potências europeias.

3. Cite uma das formas da atuação europeia no cenário geopolítico global.

REFLETIR

1. Leia o texto e analise os mapas a seguir.

> As fronteiras entre os países são construções históricas, mas, no caso da África, os limites foram estabelecidos de forma aleatória, impositiva, sem respeitar as diversas nações ali existentes.

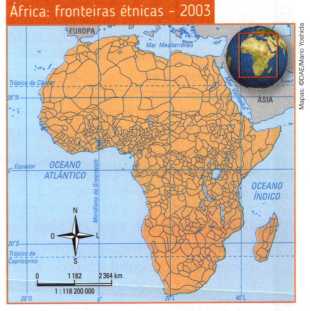

Fonte: Gisele Girardi; Jussara Vaz Rosa. *Atlas geográfico do estudante*. São Paulo: FTD, 2011. p. 16.

Fonte: Martin Ira Glasner. *Political geography*. Hoboken: Wiley, 2003.

- É possível dizer que parte dos problemas vividos na atualidade por diversos países africanos é decorrente do processo de colonização europeu? Por quê?

DESAFIO

1. Em grupo, faça uma pesquisa e descubra o que significa "etnia". É possível utilizar esse termo como sinônimo de raça?

2. Independência política gera independência econômica? Por quê? Consulte a opinião dos colegas sobre esse assunto.

CAPÍTULO 3

Transformações no território europeu

No capítulo anterior, você estudou algumas das formas de influência das potências europeias. Neste capítulo, você vai estudar as principais transformações no território europeu em sua história recente.

Primeira Guerra Mundial

Durante séculos, o continente europeu foi palco de conflitos, processos de unificação, guerras e desmembramentos, fatos que contribuíram para que, nos últimos dois séculos, os limites e as fronteiras de muitos países fossem modificados.

Desde a segunda metade do século XIX, nações europeias como França, Alemanha, Inglaterra, Rússia e Itália, e outras fora do continente europeu – como Estados Unidos e Japão –, tinham projetos imperialistas e procuravam expandir seus domínios territoriais e estabelecer zonas de influência sobre determinadas regiões.

Na Primeira Guerra Mundial (1914-1918), cada uma dessas lideranças formou alianças com outros países para adquirir força política e militar. Os países Aliados – França e Inglaterra, com a participação dos Estados Unidos a partir de 1917 –, derrotaram as Potências Centrais, lideradas pela Alemanha e seus associados, como Áustria e Turquia.

Após o fim da guerra, alguns tratados assinados contribuíram para a reorganização dos limites do continente europeu. O mais famoso deles, o Tratado de Versalhes, determinou a perda de parte do território alemão para a França. O país derrotado foi obrigado a ceder territórios e a reorganizar sua economia tendo em conta o futuro ressarcimento aos países vencedores. Observe e compare os mapas a seguir.

Fonte: Gisele Girardi e Jussara Vaz Rosa. *Atlas geográfico do estudante*. São Paulo: FTD, 2011. p. 106.

Fonte: José Jobson de A. Arruda. *Atlas histórico básico*. 17. ed. São Paulo: Ática, 2011.

83

Segunda Guerra Mundial e Guerra Fria

Em 1945, com o término da Segunda Guerra Mundial, duas potências passaram a polarizar a geopolítica mundial – a União das Repúblicas Socialistas Soviéticas (URSS) e os Estados Unidos. Embora tenham sido aliadas durante o conflito mundial, ambas lutaram pela liderança e expansão dos respectivos sistemas econômicos: os Estados Unidos, no comando do capitalismo, e a URSS, do socialismo.

Defendendo ou impondo sua hegemonia, esses países determinaram uma rivalidade Leste-Oeste, principalmente na Europa, que ficou dividida em dois blocos: o **capitalista**, formado por países da Europa Ocidental ou Oeste Europeu, e o **socialista**, composto dos países da Europa Oriental ou Leste Europeu. Essa rivalidade levou o primeiro-ministro inglês Winston Churchill a afirmar, em 1946, que a Europa estava dividida por uma "cortina de ferro", constatando que o capitalismo e o socialismo separavam o continente em dois lados: o ocidental e o oriental.

Essa divisão, baseada no sistema socioeconômico e político adotado pelos países, perdurou por mais de quatro décadas – 1945 a 1990 – e ficou conhecida como **Guerra Fria**. Observe o mapa a seguir e compare-o com os mapas da página anterior, prestando atenção nos contornos indicativos dos limites dos países.

Fonte: José Jobson de A. Arruda. *Atlas histórico básico*. 17. ed. São Paulo: Ática, 2011. p. 32; Cláudio Vicentino. *Atlas histórico geral e do Brasil*. 1. ed. São Paulo: Scipione, 2011. p. 149.

A Guerra Fria produziu uma divisão político-ideológica do mundo e a criação de duas alianças militares. De um lado, estavam os países aliados aos Estados Unidos, que criaram, em 1949, a Organização do Tratado do Atlântico Norte (Otan), com sede em Bruxelas, na Bélgica. Da Otan faziam parte: Estados Unidos, Canadá e 14 países europeus – Reino Unido, França, República Federal da Alemanha (Alemanha Ocidental), Itália, Holanda, Bélgica, Luxemburgo, Noruega, Islândia, Dinamarca, Espanha, Portugal, Grécia e Turquia O objetivo inicial dessa organização era a proteção contra a ameaça soviética e baseava-se no princípio de solidariedade mútua entre seus membros.

No mesmo ano, a Alemanha, país derrotado na Segunda Guerra Mundial, foi dividida em dois países: a República Democrática Alemã, chamada de Alemanha Oriental, de regime socialista; e a República Federal Alemã, chamada de Alemanha Ocidental, que mantinha o regime capitalista.

Em 1955, o bloco socialista criou o Pacto de Varsóvia, uma entidade da qual faziam parte União Soviética, República Democrática Alemã (Alemanha Oriental), Hungria, Polônia, Tchecoslováquia, Romênia e Bulgária. Tanto a Otan quanto o Pacto de Varsóvia consideravam qualquer agressão ao território de um de seus países-membros uma agressão ao território de todos. O Pacto de Varsóvia era um instrumento de defesa da União Soviética contra os governos opositores ao regime socialista. Com o tempo, passou também a ser usado para conter as atitudes contrárias ao socialismo nos territórios sob sua influência.

Em 1961, por decisão do governo da URSS e da Alemanha Oriental, foi construído o Muro de Berlim, que dividiu a cidade, localizada na Alemanha Oriental, em duas partes, efetivando a separação física entre Berlim Ocidental (capitalista) e Berlim Oriental (socialista). Observe o mapa ao lado.

Com o fim da Guerra Fria (final da década de 1980) e, consequentemente, das ameaças à soberania estadunidense e capitalista, redefiniu-se o papel da Otan, que passou a ser a base política de segurança de toda a Europa, decidindo ações relacionadas ao combate ao terrorismo. Antigos rivais passaram a fazer parte da organização: República Tcheca, Hungria, Polônia, Bulgária, Estônia, Eslováquia, Eslovênia, Letônia, Lituânia e Romênia. Em 2009, Albânia e Croácia também ingressaram na Otan. Atualmente a Rússia participa de decisões relacionadas ao combate ao terrorismo e à propagação de armas de destruição em massa.

Fonte: Cláudio Vicentino. *Atlas histórico geral e do Brasil*. São Paulo: Scipione, 2011. p. 148.

↑ Sede da Otan. Bruxelas, Bélgica, 2018.

Leste Europeu: do Pós-Guerra à atualidade

A crise do socialismo soviético, no final da década de 1980, repercutiu em todo o Leste Europeu. Com a desintegração da União Soviética, iniciada com a independência dos países bálticos (Estônia, Letônia e Lituânia), novas nações buscaram sua independência – culminando no fim da URSS, em 1991. As mudanças políticas que brotaram no continente derrubaram a fronteira que dividia a Europa entre capitalismo e socialismo.

↑ Gdansk, Polônia, 1980.

Assim, o mapa da Europa passou por profundas modificações, provocadas por fatos que vão desde a reunificação da Alemanha, como visto anteriormente, até um grande número de fragmentações, como as que ocorreram na Iugoslávia e na Tchecoslováquia.

Na Tchecoslováquia, o desmembramento entre República Tcheca e Eslováquia foi pacífico; porém, no da Iugoslávia, que culminou na formação de seis novos países, houve violentos conflitos durante anos (você estudará mais esse assunto no Capítulo 4).

Em outros países, como a Polônia, as transformações tiveram um caráter de relativa estabilidade. Já na Romênia, por exemplo, os antigos governantes foram executados.

! CURIOSO É...

Quando ocorreu a derrubada do Muro de Berlim, em novembro de 1989, os blocos de concreto, as torres de vigilância e as barricadas de controle foram rapidamente esmigalhados.

Muitos fragmentos foram recolhidos pelos "pica-paus do muro" (nome dado aos colecionadores). Hoje, há um caminho do muro, de paralelepípedos bem evidentes, com quase seis quilômetros, que guarda o traçado da antiga fronteira. Há também as ruínas da East Side Gallery, com 1,3 quilômetro de extensão, que corresponde ao mais longo trecho conservado do muro.

← Parte da parede original do Muro de Berlim agora é a maior galeria de grafite do mundo. Berlim, Alemanha, 2015.

A Polônia foi o primeiro país do Leste Europeu a ter um governo de maioria não socialista, formado por meio da mobilização do Sindicato Solidariedade, que acelerou as reformas políticas e econômicas. Simultaneamente, outros países do Leste Europeu também se democratizaram, como a Hungria, a Bulgária e a Romênia.

As desigualdades sociais e econômicas entre as duas Europas (Ocidental e Oriental) vieram à tona a partir de 1990, quando os países do Leste Europeu se reorganizaram, política e economicamente, de acordo com o modo de produção capitalista.

Esses países tinham, em determinados aspectos, um desempenho muito diferente dos países da Europa Ocidental, como menor crescimento econômico e defasagem tecnológica.

Por outro lado, apresentavam bons indicadores sociais, como escolarização elevada e baixas taxas de mortalidade da população adulta e infantil.

Atualmente, essa divisão entre capitalismo e socialismo está superada e, embora a diferença econômica entre os países ainda exista, o continente caminha para a maior integração já vista no cenário mundial.

CARTOGRAFIA

Observe os mapas a seguir, que destacam o Leste Europeu, e faça o que se pede.

Fonte: Cláudio Vicentino. *Atlas histórico geral e do Brasil*. São Paulo: Scipione, 2011. p. 149.

Fonte: *Atlas geográfico escolar*. 7. ed. Rio de Janeiro: IBGE, 2016. p. 43.

1. A quais períodos os mapas fazem referência?

2. Cerca de quanto tempo separa essas duas configurações geopolíticas?

3. Quais países da atual Europa Oriental compunham as repúblicas da URSS?

ATIVIDADES

SISTEMATIZAR

1. Qual foi o tratado assinado após o fim da Primeira Guerra Mundial e o que ele determinou?

2. Quais foram os dois países que passaram a protagonizar a liderança no mundo bipolar após a Segunda Guerra Mundial? Quais eram os polos em questão?

3. Quais foram as principais mudanças no Leste Europeu após o colapso da União Soviética, no final dos anos 1980?

4. O que era o Pacto de Varsóvia e que papel ele desempenhava no cenário da Guerra Fria?

5. Com que objetivo foi construído o Muro de Berlim?

6. Quais diferenças sociais e econômicas vieram à tona no primeiro momento após o fim dos regimes comunistas na Europa, no final dos anos 1980?

REFLETIR

1. Observe a charge ao lado e faça o que se pede.

   a) Que "trabalho" a Europa deu aos cartógrafos a partir da década de 1990?

   b) Cite algumas mudanças políticas que ocorreram na Europa a partir da década de 1990.

2. Leia o discurso que o político britânico Winston Churchill fez, em 1946, na cidade de Fulton, no Missouri (EUA).

De Stettin, no Báltico, até Trieste, no Adriático, uma **Cortina de Ferro** desceu sobre o continente. Atrás dessa linha estão todas as capitais dos antigos Estados da Europa Central e do Leste Europeu. Varsóvia, Berlim, Praga, Viena, Budapeste, Belgrado, Bucareste e Sofia; todas essas cidades famosas e as populações ao seu redor estão no que devo chamar de esfera soviética, e todas estão sujeitas, de uma forma ou de outra, não apenas à influência soviética, mas a um controle forte e, em alguns casos, crescente por parte de Moscou [...].

Se a população das nações de língua inglesa se unir à dos Estados Unidos, com tudo que essa cooperação implica no ar, no mar, em todo o globo, na ciência, na indústria e na força moral, não haverá agitação ou equilíbrio precário do poder que pareça tentador à ambição e à aventura. Pelo contrário, haverá uma incrível garantia de segurança. [...]

Robert Rhodes James. *Winston S. Churchill: his complete speeches – 1897-1963*. New York; London: Chelsea House Publishers, 1974. p. 7285-7293, v. VII. Tradução livre.

a) O que significa a expressão "Cortina de Ferro"?

b) Qual seria a preocupação do autor do discurso?

c) Quem deveria conter o avanço da Cortina de Ferro?

CAPÍTULO 4

Fim da URSS

No capítulo anterior, você estudou as principais transformações no território europeu ao longo de sua história recente. Neste capítulo, você vai estudar os conflitos e as transformações territoriais relacionadas ao fim da URSS.

A queda do socialismo

A principal proposta defendida pelo socialismo soviético era distribuir igualitariamente a riqueza entre as pessoas e lutar contra a desigualdade social e a exploração do trabalho por meio do controle total pelo Estado dos meios de produção – agrícola, industrial, comercial e de mineração. A estratégia política e econômica não conseguiu atingir satisfatoriamente os objetivos governamentais concebidos pelo regime comunista.

Na década de 1970, o regime dava sinais de crise. O planejamento econômico adotado pela União das Repúblicas Socialistas Soviéticas (URSS) estava em colapso e o país tinha dificuldade para desenvolver atividades produtivas, comerciais e políticas, entre outras. A corrupção e os privilégios de alguns membros ligados ao poder do Estado causavam descontentamento geral. Na década de 1980, a população carecia de produtos alimentícios básicos.

Sob o governo de Mikhail Gorbatchov, foram propostas reformas políticas e econômicas: a **glasnost** (transparência), que promoveu a abertura e a liberdade política; e a **perestroika** (reestruturação), que introduziu mecanismos da economia de mercado.

Embora as propostas tivessem o objetivo de recuperar a economia, elas não foram aceitas imediatamente pela população, em vista das dificuldades sociais e econômicas que enfrentava.

Em 1991, ocorreu uma tentativa fracassada de golpe de Estado por parte do setor conservador do Partido Comunista e das Forças Armadas, que se opunham à liberação político-econômica implementada. Simultaneamente, as repúblicas que compunham a União Soviética reivindicavam maior autonomia.

↑ Fila para distribuição de batatas. Moscou, Rússia, 1980.

↑ A tentativa de afastar o presidente Mikhail Gorbatchov e tomar o poder na Rússia foi encabeçada por um grupo conservador do Partido Comunista da União Soviética. O episódio ficou conhecido como Golpe de Agosto. Moscou, Rússia, 1991.

Esses acontecimentos, somados ao ato simbólico de derrubada do Muro de Berlim e à pressão internacional exercida pelos países de economia capitalista, fortalecidos após a Guerra Fria, aceleraram o fim da União Soviética, iniciada com a independência da Lituânia, da Letônia e da Estônia, em 1991. Gradualmente, o território soviético se fragmentou e deu origem a novos países.

As recém-independentes repúblicas que constituíam a União Soviética, exceto as bálticas (Lituânia, Letônia e Estônia), formaram, com a Rússia, a Comunidade dos Estados Independentes (CEI). Observe no mapa a seguir os países formados após o fim da URSS.

Fonte: Cláudio Vicentino. *Atlas histórico geral e do Brasil*. São Paulo: Scipione, 2011. p. 149.

Conflitos no Cáucaso

O fim da URSS não significou o fim das tensões na região: após a queda do socialismo, ocorreram diversos conflitos entre a Rússia e os países vizinhos.

A região do Cáucaso está localizada entre os mares Negro e Cáspio e é palco de um dos conflitos mais relevantes que envolvem a Rússia e a província da Chechênia, de maioria muçulmana.

O movimento separatista checheno iniciou-se em 1859, quando o território foi anexado pelo Império Russo. Em 1991, após o enfraquecimento da União Soviética e o começo da independência das ex-repúblicas soviéticas, intensificou-se a luta armada por meio de organizações terroristas.

O conflito mais recente entre Rússia e Chechênia ocorreu em 1994, quando o exército russo invadiu a província e entrou em conflito armado com os separatistas chechenos, resultando em um saldo de aproximadamente 100 mil mortos. Derrotados, os rebeldes separatistas intensificaram as ações terroristas contra o governo russo. Em 2002, por exemplo, invadiram um teatro em Moscou e fizeram mais de 700 reféns; após reação do Exército russo, cerca de 50 rebeldes e 150 reféns foram mortos.

↑ Oleodutos na Chechênia, Rússia, 2011.

O governo russo não tem interesse em aceitar a independência da Chechênia. Se isso ocorrer, abrirá um precedente para outras regiões do sul do país reivindicarem a separação. Entre elas, Daguestão, Inguchétia e Ossétia do Norte. Não somente o fator econômico, mas também o político pesa. Na região, há reservas de petróleo e de gás natural e, por ela, passam oleodutos vindos do Azerbaijão.

A exemplo da Chechênia, o Daguestão e a Inguchétia também reivindicam a independência da Rússia e aspiram formar repúblicas islâmicas. A Rússia mantém forte controle militar nessas áreas, a fim de conter a ação dos rebeldes separatistas.

Observe no mapa a seguir a região do Cáucaso e os países envolvidos em conflitos separatistas.

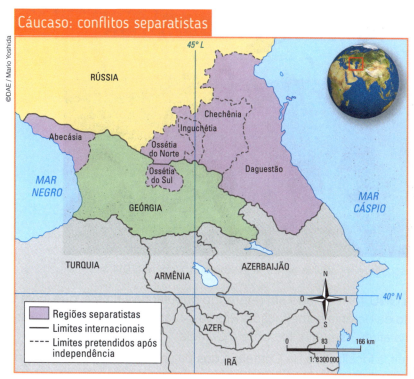

Fonte: Atlas geográfico escolar. 7. ed. Rio de Janeiro: IBGE, 2016. p. 47.

Conflitos na Crimeia

Atualmente, uma das questões geopolíticas mais relevantes que envolvem a Rússia é o conflito com a Ucrânia pela posse da Península da Crimeia.

A região já pertenceu à Rússia e foi anexada pela Ucrânia, em 1954, como presente do então líder soviético Nikita Khrushchov, que era de origem ucraniana. Diferentemente do resto da Ucrânia, a maioria da população da Crimeia é de origem russa.

A história desse conflito começou em novembro de 2013, quando o então presidente da Ucrânia, Viktor Yanukovych, desistiu de assinar um acordo de livre-comércio com a União Europeia, dando prioridade aos acordos com a Rússia. Isso gerou protestos populares, repressão militar violenta do governo e o afastamento do presidente (no ano seguinte) pelo Parlamento do país. Ao convocar novas eleições, as tensões separatistas do leste do país, de maioria russa, tornaram-se mais acirradas.

↑ Manifestantes carregam bandeiras ucranianas e russas contra políticas do presidente Vladimir Putin. Moscou, Rússia, 2014.

Na Crimeia, o Parlamento local foi tomado por um comando pró-Rússia, que nomeou um novo premiê e aprovou a independência e posterior anexação à Rússia. O governo foi considerado ilegítimo pela Ucrânia, que pediu às forças internacionais que não o reconhecessem.

Com as tensões, o Parlamento russo aprovou o envio de tropas à Crimeia. Os Estados Unidos e outros países ocidentais posicionaram-se a favor da Ucrânia, impondo sanções e exigindo que a Rússia retirasse imediatamente seu contingente militar da região.

↑ Soldados russos fazem patrulha na Crimeia. Kherson, Ucrânia, 2014.

Mesmo com oposição da ONU, foi realizado um referendo popular na Crimeia, que, com 96% dos votos, decidiu pela separação da Ucrânia e anexação à Rússia. Atualmente, a Rússia administra a península e a Ucrânia continua a afirmar seu direito sobre a Crimeia.

Observe, no mapa a seguir, a localização da Crimeia e dos países envolvidos no conflito.

Fonte: *Atlas geográfico escolar*. 7. ed. Rio de Janeiro: IBGE. 2016, p. 43.

A questão central desse conflito é o desejo da Rússia de retomar sua influência na Europa, evitando o avanço do Ocidente até zonas próximas de suas fronteiras. Isso porque, com o fim da Guerra Fria e a desintegração da União Soviética, a Rússia perdeu grande parte de seu poder de influência mundial. A Crimeia é uma região de grande importância estratégica: tem acesso ao Mar Negro (único porto de águas quentes da Rússia, que leva ao Mediterrâneo) e um dos solos mais férteis do mundo.

Iugoslávia

Nas últimas décadas, coube aos países da Europa Oriental o maior número de conflitos do continente. Essa situação explica-se pelo fato de a região se caracterizar, há muito tempo, por divergências étnicas e religiosas e por ter estado durante décadas sob a influência do socialismo soviético. Vamos entender o caso da ex-Iugoslávia, localizada na Península dos Bálcãs.

O território da antiga Iugoslávia reunia povos de diferentes nacionalidades (croatas, sérvios, bósnios, eslovenos, entre outros) em seis repúblicas: Sérvia; Croácia; Eslovênia; Bósnia e Herzegovina; Montenegro e Macedônia.

No final da década de 1980, com a crise do socialismo soviético, os movimentos separatistas e nacionalistas ganharam espaço. Em 1991, ocorreu a independência de três repúblicas da Iugoslávia: Macedônia, Croácia e Eslovênia.

Em 1992, a luta pela independência da Bósnia e Herzegovina tomou um rumo bastante violento. A não aceitação do separatismo pela Sérvia (a maior e mais militarizada das repúblicas) e a presença de milhares de sérvios na Bósnia provocaram uma guerra civil com intensa "limpeza étnica", principalmente de grupos armados sérvios contra bósnios. Tropas de coalizão internacional, lideradas pela ONU, colocaram fim ao conflito.

Em 1998, iniciou-se na região a Guerra de Kosovo. O Kosovo, com população majoritariamente albanesa, era uma das províncias da Sérvia.

Devido ao movimento armado de separação, liderado pelo Exército de Libertação de Kosovo (ELK), o governo contra-atacou os separatistas, alegando defender a integridade da Sérvia, e milhares de albaneses foram expulsos de Kosovo.

Observe, no mapa a seguir, os países originados da ex-Iugoslávia.

Fonte: Julio Cezar Winkler. *Atlas do estudante da era digital*. 2. ed. Curitiba: Positivo, 2013. p. 54.

Em 2003, a Iugoslávia foi oficialmente extinta e passou a se chamar Sérvia e Montenegro. Em 2006, sem conflitos, Montenegro tornou-se independente, formando um novo país. Já em 2008 foi a vez do Kosovo declarar-se independente, embora não tenha sido reconhecido como Estado por muitas nações.

→ Kosovares celebram a independência de seu país. Pristina, Kosovo, 2008.

AQUI TEM MAIS

Uma longa transição – Vinte anos de transformações na Rússia

[...] A questão estrutural – e social – soviética que a distinguia das economias industrializadas não era tanto a desaceleração, mas o desequilíbrio da estrutura da economia. Existia um duplo desequilíbrio. O primeiro era dado pela baixa produtividade da agricultura em relação à indústria. De fato, ao longo do seu processo de industrialização, o calcanhar de Aquiles da URSS era a agricultura, o setor menos adaptável ao planejamento central e de mais lenta modernização. Este atraso relativo cobrou imenso preço na industrialização soviética nos anos de aceleração da industrialização forçada e voltou a cobrar de novo elevado preço nos anos 1980, sob a forma de demanda por importações e subsídios. Entretanto, ainda que se constituísse um limite ao crescimento acelerado, a baixa produção agrícola não poderia explicar a desaceleração do conjunto da economia. O segundo desequilíbrio estrutural era formado pela estrutura de comércio exterior. A URSS construiu uma divisão do trabalho com os países do Leste Europeu – por meio do Conselho para Assistência Econômica Mútua (Comecon) – baseado na cooperação. Depois de exportar máquinas e produtos industriais a URSS passou a exportar a partir dos anos 1970, sobretudo, energia e armas, importando bens industriais destes países em apoio aos seus processos de industrialização [...]. Com o ocidente, a URSS importava máquinas e equipamentos em troca de petróleo. Esta especialização era em parte política – pois refletia, no caso do Comecon, preços políticos e voltados ao *catch-up* [desenvolvimento] dos demais – e em parte econômica, devido ao atraso tecnológico soviético na indústria, em geral, e sua grande dependência da tecnologia dos países industrializados. Devido a este desequilíbrio entre a produtividade do setor exportador e o da indústria, em geral, a demanda soviética por moeda conversível tornou-se crescente ao longo dos anos 1970 e também cobrou elevado preço nos anos 1980. [...]

André Gustavo de Miranda P. Alves (Org.). Brasília: *Ipea*, 2011. p. 15-16. Disponível em: <www.ipea.gov.br/portal/images/stories/PDFs/livros/livros/livro_russia.pdf>. Acesso em: out. 2018.

1. Com base na leitura do texto, faça o que se pede.
   a) Segundo o texto, quais eram os dois desequilíbrios da URSS nos anos 1980?
   b) Pesquise o que era o Comecon.

ATIVIDADES

SISTEMATIZAR

1. Cite as causas que levaram ao fim do bloco socialista e da URSS.

2. Que fatores estão envolvidos na recusa do governo russo em aceitar a independência da Chechênia?

3. Quais fatores explicam o processo de desintegração da Iugoslávia? Quais países se formaram ao longo desse processo?

4. "A década de 1990 representou a inserção da Rússia na economia de mercado". Explique essa afirmação.

5. Ao defender a Crimeia o interesse da Rússia é apenas humanitário? Justifique sua resposta.

REFLETIR

1. Observe a imagem a seguir. Explique que mudanças esse fato, ocorrido em 1991, trouxe para a União Soviética e o bloco socialista.

Jornal do Brasil, 12 de março de 1990, 1ª página/CPDoc JB

DESAFIO

1. As 15 repúblicas que compunham a ex-União Soviética tinham uma grande variedade de etnias e de nacionalidades. Isso explica a existência de muitos conflitos étnico-nacionais e do movimento de independência das repúblicas a partir de 1991. Organizem-se em grupos de quatro alunos e pesquisem as etnias dominantes em cada uma das ex-repúblicas soviéticas, atualmente países independentes. Apresentem os resultados aos demais colegas.

95

FIQUE POR DENTRO

O VALOR DA

UCRÂNIA ATUAL

O país é dividido em dois lados: o Ocidental, mais jovem, que se considera ucraniano e busca apoio da União Europeia; e o Oriental, mais tradicional, que se considera russo, fala a língua russa e busca apoio da Rússia.

COMO A CRISE COMEÇOU

O motivo principal foram as ondas de protestos contra o presidente do país, Viktor Yanukovych, por não assinar o acordo com a União Europeia, mas há uma série de outros motivos. A Ucrânia estava enfrentando uma séria crise econômica, com enorme dívida externa, além de desigualdade social, divisão socioideológica entre os dois lados do país, sucateamento dos serviços sociais, pobreza, corrupção e desemprego.

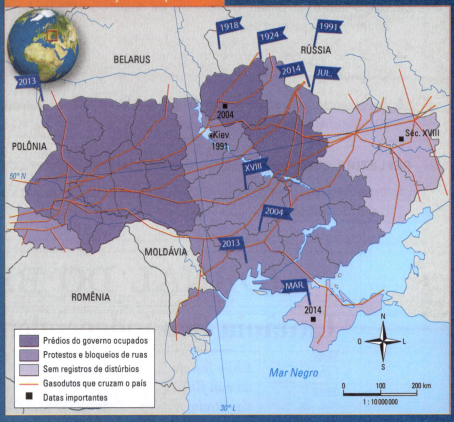

Fontes: *Atlas geográfico escolar*. 7. ed. Rio de Janeiro: IBGE, 2016. p. 43; O que se sabe sobre a nova frente no conflito na Ucrânia. *BBC Brasil*. Disponível em: <www.bbc.co.uk/portuguese/noticias/2014/08/140827_russia_ucrania_invasao_pai>; Raízes do conflito. *Estadão*. Disponível em: <www.estadao.com.br/infograficos/raizes-do-conflito,internacional,169940>. Acessos em: nov. 2018.

A CRISE DO GÁS

1994
A Rússia reduz o fornecimento de gás. Dívida ucraniana chega a US$ 600 milhões.

O fornecimento de gás é interrompido. A dívida bate US$ 64 milhões.
2001

2006
A Rússia corta o fornecimento de gás para a região. A Ucrânia desvia gás que iria para a Europa.

Estatal russa ameaça cortar novamente o envio de gás, caso a Ucrânia não pague a dívida de US$ 1,3 bilhão.
2007

96

UCRÂNIA

HISTÓRIA DA UCRÂNIA

Séc. XVIII – Ucrânia se torna parte do Império Russo.

1918 – Ucrânia conquista independência da Rússia.

1924 – Ucrânia se une à URSS.

1991 – Com o fim da URSS, a Ucrânia consegue sua segunda independência.

2004 – Ocorre a Revolução Laranja. Viktor Yushchenko ganha as eleições presidenciais, mas Viktor Yanukovych, com ajuda do presidente da época, começa um levante popular que leva a uma segunda eleição. Yushchenko é envenenado, mas não morre e é eleito presidente.

2013 - Viktor Yanukovych, presidente da Ucrânia, recusa acordo de aproximação com a UE em favor da Rússia. A decisão leva o povo às ruas, invadindo prédios do governo. Parte da população se une ao governo e o confronto começa.

2014 – Em fevereiro, Yanukovych é deposto e um membro da oposição, Oleksander Turchynov, assume a presidência, criando um governo contrário à Rússia. A Rússia e seus apoiadores declaram golpe de Estado e os confrontos retornam.

Em março, a região da Crimeia realiza um referendo e, com 96% dos votos, decide se anexar à Rússia, sendo apoiada pelo presidente russo, Vladimir Putin. A Ucrânia e os países do Ocidente não reconhecem a anexação. Isso estimula o leste do país a organizar movimentos separatistas.

Diversos países do mundo começam a intervir. A Rússia envia tropas para a Crimeia. Os EUA e a União Europeia protestam contra a invasão. A China entra com apoio à Rússia.

Em julho, com novo presidente eleito, a Ucrânia assina o Tratado de Livre-Comércio com a União Europeia e faz grandes modificações na política do país.

2018 – Em maio, o presidente russo Vladimir Putin inaugurou a Ponte da Crimeia, que liga a Crimeia ao sul da Rússia.

- Grande produção industrial, especialmente de aço.
- Oitava maior reserva de carvão mineral do mundo.
- Primeira em extração de titânio.
- Grande produção agrícola.
- 600 000 km² de território, sendo maior que qualquer país europeu.
- Geograficamente, é um dos maiores pontos de acesso para a Ásia e a Europa, e por seu território passa uma grande quantidade de gasodutos que abastecem boa parte da Europa.

1. Cite os fatores que contribuíram para agravar a crise econômica na Ucrânia nos últimos anos.

2. O que justifica a divergência de interesses econômicos entre os lados ocidental e oriental do país?

2008
O fornecimento é reduzido. Dívida ultrapassa US$ 1,5 bilhão. A Ucrânia ameaça desviar gás novamente.

A Rússia corta o envio de gás para a Ucrânia pelos gasodutos.

2009

2010
A Ucrânia pede renegociação da dívida.

A Rússia acusa dívida de US$ 882 milhões da Ucrânia, que cancela compra de gás e negocia com a União Europeia. A Rússia usa o fornecimento de gás para pressionar o fim do acordo.

2013

PANORAMA

FAÇA AS ATIVIDADES A SEGUIR E REVEJA O QUE VOCÊ APRENDEU.

1. O que é imperialismo? Quais países eram imperialistas entre os séculos XVIII e XIX?

2. Atualmente, existe algum país imperialista? Se sim, qual? Quais foram as razões que você identificou para considerá-lo imperialista?

3. Faça uma legenda para o mapa a seguir e escreva as características gerais dos países europeus no período representado.

Fonte: José Jobson de A. Arruda. *Atlas histórico básico*. 17. ed. São Paulo: Ática, 2011. p. 32.

4. Cite algumas alterações nos territórios europeus ocorridas com o fim da Guerra Fria.

5. Leia o trecho do texto a seguir e responda às questões na sequência.

> Uma república de mais de 44 milhões de pessoas, com uma economia fragilizada, mas com enorme potencial e um território de mais de 600 000 quilômetros quadrados (área maior que a da França, o maior país da União Europeia) está sendo alvo de uma queda de braço entre UE e Rússia. Enquanto os europeus têm interesse em expandir suas fronteiras para o leste e isolar a Rússia, Moscou quer aumentar sua zona de influência e aproximar-se da UE para confrontá-la.
>
> E no meio do caminho tinha uma Ucrânia.
>
> Muito novo – a Ucrânia independente tem apenas 23 anos – o país é para a UE a porta de entrada do Oriente, e para a Rússia, a porta de saída para o Ocidente. Enquanto a UE tenta abrir a porta, para a Rússia o importante é fechá-la. Por sua posição estratégica, tamanho e potencial, o país é alvo de cobiça dos europeus, mas ainda vive sob a sombra da Rússia – que tem ligações **umbilicais** com Kiev.

Diego Braga Norte. Por que a UE e a Rússia querem tanto a Ucrânia? *Veja.com*, 7 dez. 2013. Disponível em: <https://veja.abril.com.br/mundo/por-que-ue-e-russia-querem-tanto-a-ucrania/>. Acesso em: out. 2018.

GLOSSÁRIO

Umbilical: referente ou pertencente ao umbigo. Neste contexto, faz referência ao cordão umbilical, indicando uma ligação íntima, maternal.

a) De acordo com o texto, qual é a importância estratégica da Crimeia para a Rússia e para a UE?

b) O que significa a afirmação "[a Ucrânia] é para a UE a porta de entrada do Oriente, e para a Rússia, a porta de saída para o Ocidente"? Explique.

6. Explique a etimologia e o sentido geográfico das palavras "Oriente" e "Ocidente".

7. Leia o texto a seguir:

A ocidentalização dominadora fez as civilizações tradicionais entrarem em crise. Elas tentaram superar sua crise com receitas oriundas do Ocidente: democracia, socialismo, capitalismo, desenvolvimento, e as soluções para suas crises entraram em crise.

Edgar Morin. *Rumo ao abismo? Ensaio sobre o destino da humanidade.* Tradução de Edgard de Assis Carvalho e Mariza Perassi Bisco. Rio de Janeiro: Bertrand Brasil, 2011. p. 180.

- Escreva um texto, com base no trecho acima, explicando o que você entendeu e relacionando as afirmações do autor com o mundo contemporâneo.

8. O período da Guerra Fria coincidiu com um programa econômico na Europa que ficou conhecido como Estado de Bem-Estar Social (*Welfare State*). Reúna-se com dois ou três colegas e, juntos, façam uma pesquisa sobre esse programa, que é conhecido como "a fase de ouro do capitalismo". Incluam na pesquisa informações sobre as consequências sociais e políticas do Estado de Bem-Estar Social e como ele se definia ideologicamente.

9. Que nova atribuição a Otan recebeu após o fim da Guerra Fria?

10. Faça uma lista no caderno com o nome dos países que se formaram com o desmembramento da antiga Iugoslávia.

11. A imagem ao lado é o registro de um importante acontecimento da história mundial. A cena foi fotografada em novembro de 1989, na Alemanha. Responda às questões.

a) O que você observa na fotografia?
b) O que esse muro separava?
c) O que esse fato significou para os alemães e para o mundo?
d) Por que esse muro foi chamado de "muro da vergonha"?

↑ Berlim, Alemanha, 1989.

DICAS

▶ ASSISTA

A vida dos outros, Alemanha, 2006. Direção: Florian Henckel von Donnersmarck, 137 min. Ambientado na Alemanha ainda dividida, o filme narra a história do agente Gerd Wiesler, membro da Stasi, a polícia secreta do regime socialista, incumbido de investigar um casal de artistas. A ficção mostra a situação vivida por intelectuais e artistas que foram, na época, perseguidos pela polícia.

📖 LEIA

A queda do Muro de Berlim, de Flávia Bancher (Ateliê Editorial). Reflexão sobre o que levou à derrubada do símbolo do mundo bipolar, o Muro de Berlim, e quais foram suas consequências na vida das pessoas.

↓ Fiordes noruegueses, 2016.

TEMA

4

Europa: aspectos físicos

NESTE TEMA
VOCÊ VAI ESTUDAR:

- divisão continental da Eurásia;
- múltiplas regionalizações;
- formas de relevo da Europa;
- principais rios e lagos do continente;
- tipos de clima e de vegetação.

Com 10,3 milhões de km² de extensão, a Europa apresenta uma área menor que a de quase todos os demais continentes, ocupando apenas 7% das terras emersas do planeta, maior apenas que a da Oceania. Em seu território, localizado totalmente no Hemisfério Norte, predominam o clima temperado e uma variedade de formações vegetais. Uma porção menor da Europa está na zona polar, que abrange o extremo norte do continente.

1. Você já viu uma paisagem como a da fotografia acima? Sabe onde ela se localiza?
2. Que outras paisagens do continente europeu você conhece?

CAPÍTULO 1
Eurásia e regionalizações

No capítulo anterior, você estudou os conflitos e as transformações territoriais relacionadas ao fim da URSS. Neste capítulo, você vai estudar a divisão continental da Eurásia, as relações históricas entre os continentes e as múltiplas regionalizações do território.

Grande massa de terra

A definição mais aceita para o conceito de continente remete à dimensão de grandes massas de terras emersas cercadas por oceanos. Com base nisso, temos a América (que pode ser dividida entre Norte e Sul por um istmo – a América Central), a África, a Oceania, a Antártica e a Eurásia. Mas o que seria a Eurásia?

Eurásia

Fonte: *Atlas geográfico escolar*. 7. ed. Rio de Janeiro: IBGE, 2016. p.33-34.

Ao observarmos o contínuo geográfico formado pela Europa e pela Ásia, podemos identificar que os continentes compõem um só grande bloco, conhecido como **Eurásia**. Dessa forma, o território que nomeamos como Europa pode ser entendido como uma **península**, cercada ao sul pelo Mar Mediterrâneo, a oeste pelo Oceano Atlântico e ao norte pelo Oceano Glacial Ártico. A leste, os Montes Urais e, a sudeste, as montanhas do Cáucaso e o Mar Negro separam a Europa da Ásia.

GLOSSÁRIO

Península: extensão de terra de forma mais ou menos alongada e cercada de água por todos os lados, com exceção do ponto do contato com o continente.

Europa e Ásia: uma relação histórica

A relação entre Europa e Ásia pode ser vista por meio da formação de impérios, disputas territoriais e rotas comerciais ao longo da história.

Grandes impérios entre os séculos III a.C. e XIX d.C. estabeleceram conexões territoriais entre Europa e Ásia, como o Macedônico, o Romano, o Mongol, o Otomano e o Russo, além do neocolonialismo das potências europeias do século XIX.

O expansionismo árabe nos séculos VI e VII em direção à Europa e as cruzadas europeias em direção à Ásia entre os séculos XI e XIII também foram movimentos fundamentais para essas aproximações.

A Rota da Seda, que inaugurou o comércio entre Oriente e Europa, antes mesmo da formação do Império Romano, e o Renascimento comercial do século XIII ao XV constituíram importantes fluxos de trocas de mercadorias entre os continentes.

↑ A ilustração representa a jornada de Marco Polo (1254-1324) pela Rota da Seda. Marco Polo foi um mercador, embaixador e explorador veneziano que, embora não tenha sido o primeiro europeu a chegar à China, foi o primeiro a descrever detalhadamente suas experiências. Seu livro inspirou Cristóvão Colombo e muitos outros viajantes.

 AQUI TEM MAIS

As Novas Rotas da Seda, o ambicioso projeto da China

As chamadas Novas Rotas da Seda são um conjunto de ambiciosos projetos de infraestrutura promovidos pelo governo de Pequim com o objetivo de consolidar as relações da China com a Ásia, a Europa e a África.

A iniciativa, lançada em 2013 pelo presidente Xi Jinping, é conhecida na China como "o cinturão e a rota", uma referência ao cinturão terrestre que une China e Europa através da Ásia Central, incluindo a Rússia, e a rota marítima que permite chegar à África e à Europa pelo mar.

Ao todo, 65 países, que representam 60% da população e cerca de um terço do PIB mundial, participam da iniciativa, acompanhada de enormes investimentos da China.

Em maio [de 2017], Xi organizou em Pequim uma cúpula mundial sobre o tema, e prometeu 100 bilhões de iuanes (cerca de 15,5 bilhões de dólares) para um fundo específico.

Além disso, os bancos chineses vão conceder 380 bilhões de iuanes (cerca de 60 bilhões de dólares) em empréstimos, anunciou o presidente chinês.

[...]

UOL Economia, 9 jan. 2018. Disponível em: <https://economia.uol.com.br/noticias/afp/2018/01/09/as-novas-rotas-da-seda-o-ambicioso-projeto-da-china.htm>. Acesso em: out. 2018.

1. De que maneira a China pretende construir uma nova Rota da Seda?

2. A China é uma das principais potências econômicas contemporâneas. Em sua opinião, quais vantagens ela terá com o elevado investimento nesse projeto?

Regionalizações da Europa

Embora a Eurásia seja uma continuidade geográfica que ao longo da história passou por período de intercâmbios, a grande diversidade de processos históricos, políticos e sociais e as distintas culturas da Europa e da Ásia fazem com que os continentes sejam entendidos e estudados em separado.

Hoje composta de 51 países, a Europa é um continente relativamente pequeno. Observe-os no mapa a seguir e note que, em geral, são territórios bem pouco extensos. O maior deles é a Rússia, apesar de somente sua parte ocidental estar na Europa; e o menor é o Vaticano, com apenas 0,44 km².

Por séculos, processos de unificação, guerras, desmembramentos e outros fatos levaram à constituição dos atuais limites políticos dos países europeus. É importante frisar que, nos dois últimos séculos, poucos países europeus não tiveram seus limites e fronteiras modificados. Essa mobilidade se deve à grande diversidade cultural, política e econômica que marcou a história do continente. Observe o mapa político da Europa e note o atual traçado dos limites que definem os territórios dos países.

Fonte: *Atlas geográfico escolar*. 7. ed. Rio de Janeiro: IBGE, 2016. p. 43.

No continente europeu estão algumas das mais novas e das mais antigas nações do mundo, além do maior conjunto de países desenvolvidos e industrializados – Inglaterra, Alemanha, Itália e França. Também foi lá que se formou o mais importante bloco econômico da atualidade, a União Europeia.

! CURIOSO É...

Entre os teóricos da geopolítica, destaca-se o geógrafo inglês Halford J. Mackinder (1871-1947). O autor ficou famoso no início do século XX ao apresentar o trabalho *O pivô geográfico da história*. Em suas teses geopolíticas, Mackinder rejeitava a ideia tradicional da existência de quatro oceanos e seis continentes. Para ele, na verdade, só havia um grande oceano, cujas águas recobriam três quartos da totalidade do globo, e o um quarto emerso era denominado por ele de World Island (Ilha Mundial). Assim, sua atenção estava voltada para a imensa massa de terra Euro-Asiática, que, em sua definição, era o coração continental (ou Terra Central), argumentando que a Europa havia sido formada historicamente ao reagir às ameaças provenientes da Ásia.

Com base nesses estudos, ele construiu umas das mais famosas teses de estratégia geopolítica: "Quem controla a Europa Oriental, domina a Terra Central; quem controla a Terra Central, domina a Ilha Mundial; e quem controla a Ilha Mundial, domina o mundo".

A composição do continente europeu possibilita que ele seja regionalizado de múltiplas formas, considerando fatores distintos.

O período da Guerra Fria determinou a divisão do continente em dois grandes blocos: a **Europa Ocidental** e a **Europa Oriental**. Observe o mapa ao lado.

Fontes: *Atlas geográfico escolar*. 7. ed. Rio de Janeiro: IBGE, 2016. p. 43; Gisele Girardi e Jussara Vaz Rosa. *Atlas geográfico do estudante*. São Paulo: FTD, 2011. p. 135.

Por sua vez, a localização geográfica dos países possibilita identificar o continente em pelo menos quatro regiões: **Europa Nórdica** ou do **Norte**, **Europa Ocidental** e **Central**, **Europa Oriental** ou do **Leste** e **Europa Mediterrânea** ou do **Sul**.

Contudo, a consolidação e o fortalecimento do principal bloco econômico do mundo, a União Europeia, tornam-se a principal referência de análise ao estudarmos o continente.

Fonte: *Atlas geográfico escolar*. 7. ed. Rio de Janeiro: IBGE, 2016. p. 43.

ATIVIDADES

SISTEMATIZAR

1. Caracterize o continente euroasiático com base nas semelhanças entre Europa e Ásia.

2. Localize geograficamente a Europa considerando os hemisférios terrestres.

3. Que limites naturais separam a Europa da:
   a) Ásia?
   b) África?

4. Quais foram as relações entre Europa e Ásia ao longo da história?

5. Quais são as principais regionalizações do território europeu?

REFLETIR

1. Compare o mapa a seguir com o mapa político da Europa, da página 104. Extraia do texto de teoria deste capítulo o fragmento que faz a melhor referência à análise comparativa dos mapas. Em seguida, anote duas mudanças na configuração política do território.

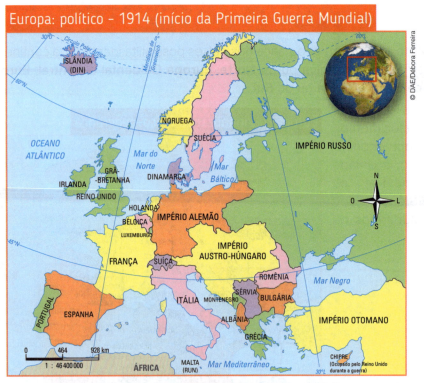

Fonte: Gisele Girardi e Jussara Vaz Rosa. *Atlas geográfico do estudante*. São Paulo: FTD, 2011. p. 106.

DESAFIO

1. Pesquise o nome da ligação marítima natural entre o Mar Mediterrâneo e o Oceano Atlântico e sua importância econômica para o continente europeu.

CAPÍTULO 2
Relevo

No capítulo anterior, você estudou o bloco continental da Eurásia, a relação histórica entre a Ásia e a Europa e algumas formas de regionalização do continente europeu. Neste capítulo, você vai estudar as principais características do relevo europeu.

Estrutura e formas do relevo

O relevo do continente europeu constitui-se de três principais feições geológicas e morfológicas: os maciços antigos do norte e nordeste, as planícies e terras baixas centrais e as cadeias montanhosas recentes do sul e sudeste. Há predominância de extensas planícies e terras baixas, as quais ocupam aproximadamente dois terços do território, com altitudes médias inferiores a 200 metros. A maioria da população ocupa esses relevos, onde também estão as principais concentrações urbanas, industriais e agrárias do continente. Observe no mapa a seguir a estrutura e as principais formas do relevo europeu.

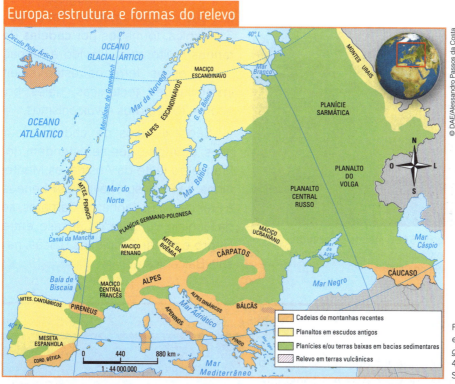

Fonte: Vera Caldini e Leda Ísola. *Atlas geográfico Saraiva*. 4. ed. São Paulo: Saraiva, 2013. p. 115.

Ao **norte** e a **nordeste** da Europa encontram-se áreas de maciços cristalinos muito antigos, formados na Era Paleozoica, que deram origem às montanhas. Estas, por sua vez, sofreram, ao longo de milhões de anos, intensos processos erosivos e tectônicos. Esses fenômenos originaram áreas cobertas por sedimentos, formando os **planaltos** de elevações arredondadas. Muitos planaltos têm também forma de **relevo tabular**, recebendo, na Espanha, a denominação de meseta.

GLOSSÁRIO

Relevo tabular: corresponde a áreas do relevo com feições semelhantes a mesas, de formação sedimentar. As superfícies são elevadas, mais ou menos aplainadas, em razão das deposições e erosões ao longo de milhões de anos.

↑ Formas planálticas. Noruega, 2018.

↑ O Monte Elbrus, com mais de 5 600 metros de altitude, localizado na Cordilheira do Cáucaso, é o ponto de maior altitude da Europa. Fotografia de 2016.

As principais formas planálticas da Europa são: os Alpes Escandinavos, na Península Escandinava, na Noruega e na Suécia; os Montes Peninos, na Inglaterra; a Meseta Espanhola, no centro da Espanha; o Maciço Central Francês, no centro-sul da França; o Maciço da Boêmia, na República Tcheca; o Planalto de Valdai e o Planalto Central Russo, na Rússia.

Dominando o **centro** e o **leste** do continente, de origem fluvial e glacial, destacam-se as **planícies** e **terras baixas sedimentares**. A Planície Germano-Polonesa estende-se entre a Alemanha e a Polônia; a Planície Húngara, na Hungria; a Planície do Rio Pó, na Itália; a Planície Russa (ou Sarmática), na Rússia; a Bacia do Tâmisa, no sul da Ilha da Grã-Bretanha; e a Bacia do Sena, no norte da França.

Nas áreas **centrais**, **sul** e **sudeste** do continente europeu se encontram os terrenos de formações geológicas mais recentes. São os dobramentos modernos da Era Cenozoica, formados por **cadeias de montanhas** muito altas. Devido à formação recente, esses terrenos estão sujeitos às instabilidades tectônicas, neles podendo ocorrer terremotos e vulcanismos.

São exemplos de cadeias de montanhas: os Alpes, que se estendem do sul da França ao leste da Áustria; os Montes Apeninos, na Península Itálica; os Pireneus, entre a França e a Espanha; os Cárpatos, ao redor da Planície Húngara; o Cáucaso, entre o Mar Negro e o Mar Cáspio; os Bálcãs, na Península Balcânica.

❗ CURIOSO É...

O Etna, situado na ilha italiana da Sicília, é o maior vulcão ativo da Europa e está em constante erupção. A mais recente manifestação eruptiva do Etna ocorreu em 2017. Em 2013 ele foi declarado Patrimônio Mundial da Humanidade pela Unesco.

Esse vulcão é um importante elemento da economia da Sicília, pois suas encostas são extremamente férteis; além disso, ele atrai muitos turistas.

↑ Vulcão Etna. Catânia, Itália, 2017.

No relevo europeu há também terrenos muito baixos, com altitudes negativas, formados pelas **depressões absolutas** (abaixo do nível do mar). Eles localizam-se junto ao Mar Cáspio – Depressão Caspiana (entre Europa e Ásia) – e na Holanda (Países Baixos).

Para ocupar os terrenos abaixo do nível do mar, a Holanda fez obras de engenharia hidráulica, a fim de obter espaço para a atividade agrícola. Ao aterrar partes da costa e construir diques de contenção para evitar a invasão da água do mar, o país ganhou mais espaço. Essas áreas são chamadas de **pôlderes**.

↑ Diques no litoral de Petten, Holanda, construídos para controlar o avanço da água do mar em área de depressão absoluta. Fotografia de 2014.

 **DIÁLOGO**

Forte terremoto atinge região central da Itália e deixa mortos

Pelo menos 159 pessoas morreram, e agências internacionais falam em mais de 100 desaparecidos após um forte terremoto de magnitude 6,2 que atingiu o centro da Itália na madrugada desta quarta-feira (24) – horário local.

O impacto foi maior perto de Perugia, região localizada a menos de 200 km de Roma, segundo o Serviço Geológico dos Estados Unidos (USGS, na sigla em inglês), organismo que registra os tremores em todo mundo. [...]

Cidades mais afetadas

Os municípios de Amatrice, de 2 mil habitantes; Accumoli, de 700 habitantes; e Norcia, de 4 mil habitantes, sofreram os maiores danos.

"A metade da cidade já não existe. As pessoas estão sob os escombros", afirmou o prefeito de Amatrice, na província de Rieti, Sergio Perozzi, [...]

Outros terremotos

Em 29 de maio de 2012, terremotos de magnitude 5,6 e 5,8 atingiram Emilia Romagna, no norte do país, e deixaram 15 mortos e 4 desaparecidos. Várias cidades tiveram danos e 5 mil pessoas tiveram de deixar suas casas.

Dias antes, em 20 de maio de 2012, um tremor de magnitude 5,9 também no norte da Itália, em Bondeno, deixou seis mortos e 50 feridos. Em 2009, tremor de magnitude 6,3 deixou mais de 300 mortos na região de L'Aquila.

G1, 23 ago. 2016. Disponível em: <http://g1.globo.com/mundo/noticia/2016/08/terremoto-de-magnitude-64-atinge-italia.html>. Acesso em: out. 2018.

1. Responda às questões a seguir. Se necessário, faça uma pesquisa.

a) Por que o continente europeu é bastante afetado por abalos sísmicos?

b) Quais são os impactos sociais causados pela ocorrência de terremotos?

c) O terremoto é um agente construtivo ou destrutivo? Por quê? Discuta esse ponto com os colegas.

O relevo e as formas de uso da terra

A predominância de planícies sedimentares de origem fluvial favoreceu o deslocamento humano pelos eixos de seus rios, bem como a ocupação por atividades agrárias e industriais modernas. Nessas regiões encontramos as áreas de maior dinamismo econômico, as principais hidrovias do continente e as maiores concentrações populacionais.

↑ Vista aérea do Rio Danúbio na cidade de Ruse, Bulgária, 2015.

Nas áreas com formações de relevo de maiores altitudes, definidas por cadeias montanhosas recentes, há menor densidade demográfica. Nessas regiões são desenvolvidas importantes atividades econômicas, como a pecuária e o cultivo agrícola de frutas.

A ocupação da porção sul do continente europeu, influenciada pela proximidade com o Mar Mediterrâneo, foi privilegiada historicamente em decorrência da facilidade de fluxos marítimos e fluviais. A atividade turística passou a ser um importante fator de ocupação do espaço e é uma das principais atividades econômicas dos países mediterrâneos, como França, Itália, Espanha e Grécia.

↑ Criação de ovelhas. Úmbria, Itália, 2015.

↓ Porto em Cannes, França, 2016.

CARTOGRAFIA

Observe o mapa e o perfil topográfico a seguir e responda às questões.

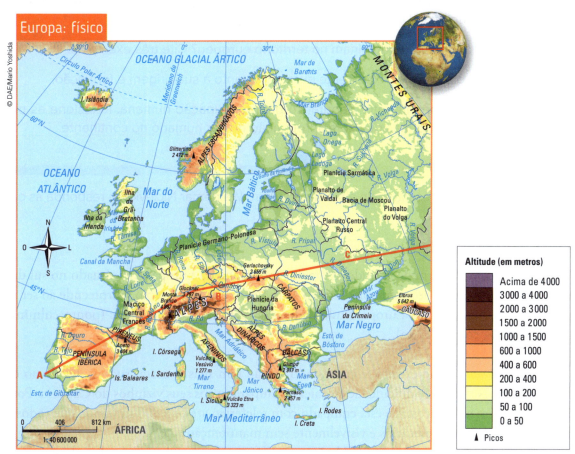

Fonte: *Atlas geográfico escolar.* 7. ed. Rio de Janeiro: IBGE, 2016. p. 42.

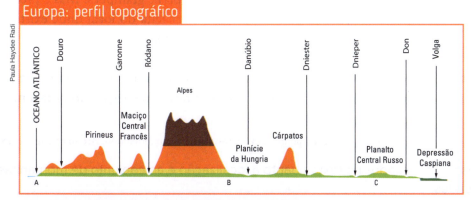

Fonte: Gisele Girardi e Jussara Vaz Rosa. *Atlas geográfico do estudante.* São Paulo: FTD, 2011. p. 119.

1. Analise o perfil topográfico e caracterize as formas do relevo europeu.

2. Observe o mapa e identifique as formas e as altitudes predominantes do relevo europeu.

3. Quais são as principais formas de ocupação e uso do solo das áreas de planície da Europa?

ATIVIDADES

SISTEMATIZAR

1. O continente europeu pode ser dividido em regiões com base em suas principais feições de relevo. Quais são elas? Localize-as no espaço europeu.

2. Quais formas de relevo predominam no território europeu? Cite três exemplos.

3. Caracterize os planaltos do continente europeu quanto à sua origem e formação.

4. O relevo é um importante fator geográfico para a ocupação humana. Relacione as principais feições de relevo às formas de uso e apropriação do ser humano no continente.

REFLETIR

1. Leia o texto a seguir, escrito pelo alpinista brasileiro Waldemar Niclevicz, e responda às questões.

A escalada

O Elbrus, com 5 642 m de altitude, é a maior montanha da Europa. Está situado no sul da Rússia, no Cáucaso, uma cadeia de montanhas entre o Mar Negro e o Mar Cáspio. Surpreende ao ser indicado como a maior montanha da Europa, título dado pela maioria ao Mont Blanc (ponto culminante dos Alpes Europeus, com 4 807 m).

[...]

O Elbrus é um vulcão extinto, e como todo vulcão tem suas encostas suaves, devido ao derramamento da lava. Não oferece dificuldades técnicas, comparado aos seus vizinhos do Cáucaso. Possui uma pista de esqui em suas encostas e está equipado com teleférico até os 3 800 m (ainda que todos os equipamentos fossem muito precários e visivelmente sem manutenção).

É a montanha onde mais vi lixo até hoje, muitas ferragens abandonadas, cabos de aço e, perto dos refúgios, lixo de toda a espécie, principalmente grande quantidade de latas.

Para se chegar até o cume basta um par de bastões de esqui, botas duplas e grampões. Mas é preciso estar bem aclimatado, pois são 5 642 m. A partida para o cume pode ser feita do local onde existia o Refúgio Priut II, à 4 100 m, que infelizmente foi destruído por um incêndio.

[...]

A chegada ao cume do Elbrus foi emocionante, o tempo estava bom e uma linda vista podia ser contemplada. Era o dia 17 de julho de 1996, pela primeira vez um brasileiro chegava ao ponto mais alto da Europa.

Waldemar Niclevicz. Elbrus. Disponível em: <www.niclevicz.com.br/elbrus>. Acesso em: ago. 2018.

a) Diferencie os dois montes citados no texto quanto à localização e ao conjunto de montanhas em que estão situados.

b) Aponte as semelhanças entre eles considerando a estrutura geológica e o relevo.

c) Com base no depoimento do alpinista, pode-se afirmar que esse local está ameaçado pelo turismo? Explique.

CAPÍTULO 3
Hidrografia

No capítulo anterior, você estudou as principais características do relevo europeu. Neste capítulo, você vai estudar os principais rios e lagos da Europa e a importância deles para o continente.

Rios principais

Os rios da Europa são, em geral, de pequena extensão, embora bem distribuídos e abundantes no território. São também muito utilizados para a navegação, com intenso escoamento de produtos, visto que vários deles atravessam extensas planícies, no centro e no norte do continente.

Assim como ocorre em outros continentes, a qualidade da água dos rios e as reservas de água da Europa estão bastante comprometidas. A poluição, o uso excessivo e o desperdício de água são problemas enfrentados por vários países.

↑ Embarcações no Rio Ródano. Lyon, França, 2015.

As vias fluviais destacam-se pela grande quantidade de canais que interligam os vários rios do continente. Esses canais possibilitam a navegação do sul ao norte da Europa, do Mar Negro ao Mar do Norte.

Isso se tornou possível devido aos canais artificiais construídos para interligar os rios Reno e Danúbio. Nas áreas planálticas, os rios também são utilizados para a geração de energia hidrelétrica.

↑ Usina hidrelétrica no Rio Volga. Volgogrado, Rússia, 2018.

Os principais **centros dispersores** de água do continente são os Alpes, o Planalto de Valdai, os Pireneus e os Alpes Escandinavos. Observe no mapa a seguir a distribuição e a localização dos principais rios europeus.

GLOSSÁRIO

Centro dispersor: local de onde partem os rios.

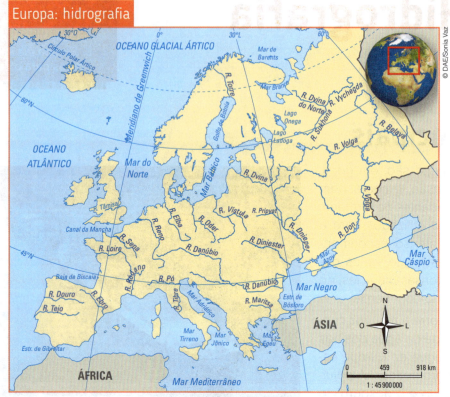

Fonte: *Atlas geográfico escolar.* 7. ed. Rio de Janeiro: IBGE, 2016. p. 42.

Conheça a seguir os principais rios europeus e a importância deles no espaço geográfico do continente.

- **Rio Reno:** é considerado o mais importante rio europeu, principalmente porque em seu vale foi construído o maior complexo industrial do continente. Com nascente nos Alpes Suíços, no Lago de Constança, o Reno separa a França da Alemanha, onde atravessa importantes centros industriais, como o Vale do Rio Ruhr, passando pela Holanda, para desaguar no Mar do Norte, junto a Roterdã, um dos maiores portos do mundo em movimento de carga. Integrado a outras hidrovias, serve de via de escoamento para a produção de cereais, carvão mineral e produtos industrializados da Europa Ocidental, sendo o maior corredor hidroviário europeu.

← Rio Reno em trecho na cidade de Colônia, Alemanha, 2015.

- **Rio Danúbio:** é considerado o rio da "integração internacional na Europa", pois atravessa dez países (Alemanha, Áustria, Hungria, Eslováquia, Croácia, Sérvia, Romênia, Bulgária, Moldávia e Ucrânia) e liga as regiões ocidental e oriental do continente. Em alguns países, ele passa apenas em uma parte; em outros, cruza toda a extensão territorial, servindo de limite político para alguns deles. Nas margens do Rio Danúbio estão quatro capitais europeias: Viena (Áustria), Budapeste (Hungria), Bratislava (Eslováquia) e Belgrado (Sérvia). Nasce na Floresta Negra, na Alemanha, e deságua no Mar Negro, na divisa da Romênia com a Ucrânia. Ao longo do rio desenvolveram-se áreas industriais e centros urbanos.

↑ Rio Danúbio em trecho na cidade de Budapeste, Hungria, 2016.

- **Rio Volga:** é o mais extenso rio do continente, com aproximadamente 3 690 km, sendo navegável em quase todo seu curso, apesar de suas águas permanecerem congeladas durante boa parte do ano. Está localizado na Federação Russa, com nascente no Planalto de Valdai e foz no Mar Cáspio.
- **Rio Ródano:** nasce na Suíça, atravessa a França e deságua no Mar Mediterrâneo.
- **Rio Pó:** localizado no norte da Itália, em seu vale formou-se a mais importante área industrial e agropecuária do país. Deságua no Mar Adriático.

↑ Rio Pó em Turin, Itália, 2015.

Outros rios e lagos do continente

Outros rios importantes do continente europeu são: o Tejo e o Douro (Portugal e Espanha), Ebro (Espanha), Tâmisa (Inglaterra), Sena e Loire (França), Tibre e Arno (Itália), Vístula e Oder (Polônia) e Don e Dnieper (Rússia).

No continente europeu também há numerosas regiões lacustres. Alguns lagos são de origem glaciária, como os da Escandinávia, destacando-se nesse aspecto a Finlândia – conhecida como o "país dos lagos", onde há mais de três mil deles – e a Planície Russa, com os lagos Ladoga e Onega.

↑ Lago Saimaa em Lappeenranta, Finlândia, 2016.

Há também lagos de origem mista, formados pela ação das glaciações e do tectonismo, entre eles, o Constança, na Alemanha, e o Genebra, na Suíça. O Ladoga, maior da Europa, tem 18 400 km², enquanto o Mar Cáspio (que separa o sudeste da Europa da Ásia) é o maior lago do mundo, com aproximadamente 371 000 km². Cada um deles é maior do que muitos países.

Os rios e o transporte

Estudos da União Europeia sobre as políticas de transportes apontam que as vias fluvial e marítima são de grande importância para o comércio da Europa. Aproximadamente 90% das trocas externas de mercadorias da União Europeia e 40% das suas trocas internas são feitas por esses dois tipos de transporte.

Os cinco maiores portos marítimos do bloco têm ligação com as vias navegáveis interiores da Europa, as quais cobrem uma extensão de 37 000 km.

Os rios e canais são vias muito eficientes do ponto de vista energético, pois os navios de carga são capazes de transportar grandes quantidades de mercadorias com menor gasto de combustíveis, e as vias fluviais apresentam menor custo de infraestrutura e manutenção em relação às rodovias e às ferrovias, desempenhando um papel crucial no transporte de mercadorias do continente.

Os maiores portos marítimos da Europa são os de Roterdã (Países Baixos), Antuérpia (Bélgica) e Hamburgo (Alemanha). O primeiro deles escoa, anualmente, cerca de 300 milhões de toneladas de mercadorias.

↑ Porto em Roterdã, Holanda, 2017.

AQUI TEM MAIS

Como é possível recuperar um rio poluído?

Bastam três ações: coletar, afastar e tratar os esgotos antes de lançá-los no rio. A receita é simples, mas a maioria dos países não consegue aplicá-la. Um relatório da Comissão Mundial de Águas, entidade internacional ligada à ONU, aponta que, entre os 500 maiores rios do mundo, mais da metade enfrenta sérios problemas de poluição. No Brasil, o triste exemplo é o Tietê, seguramente um dos rios mais poluídos do planeta. Quando passa pela região metropolitana de São Paulo, ele recebe quase 400 toneladas de esgoto por dia e é considerado morto: só sobrevivem no seu leito organismos que não precisam de oxigênio, como certos tipos de bactérias e fungos. A principal causa da poluição é o esgoto doméstico. "Quase 5 milhões de pessoas ainda têm seus detritos lançados diretamente no rio", afirma o engenheiro Lineu José Bassoi, da Companhia de Tecnologia de Saneamento Ambiental (Cetesb), ligada à Secretaria do Meio Ambiente do governo de São Paulo.

Quando se sonha com a despoluição do Tietê, é inevitável lembrar do Tâmisa, na Inglaterra. A história do rio mais sujo da Europa no século XIX começou a mudar na década de 60, quando um sistema de estações de tratamento removeu quase 100% dos esgotos lançados no rio, que hoje tem peixes vivendo em toda a sua extensão. O caso paulista é mais complicado. Primeiro porque o Tâmisa recebia menos esgoto e tem vazão maior que o Tietê, diluindo melhor a sujeira. Segundo porque os encanamentos brasileiros utilizam o sistema de separador absoluto: a água da chuva recolhida pelos bueiros corre em uma tubulação (galeria pluvial) e o esgoto em outra. Na Inglaterra, os dois sistemas se misturam e seguem juntos para a estação de tratamento. "No Brasil, só o esgoto é filtrado. A galeria pluvial, que vai direto para o rio, possui um número imenso de ligações de esgoto clandestinas", diz o engenheiro Antonio Marsiglia Netto, da Companhia de Saneamento Básico do Estado de São Paulo (Sabesp).

Uma das soluções para controlar essa sujeira seria instalar estações de tratamento dentro do próprio rio. Outra ação essencial é aumentar a quantidade de esgoto tratado, que hoje está em 64% na região metropolitana de São Paulo – tarefas que levarão pelo menos mais 20 anos.

↑ Rio Tâmisa em trecho na cidade de Londres, Reino Unido, 2017.

Rodrigo Ratier. *Superinteressante*, 18 abr. 2011. Disponível em: <https://super.abril.com.br/mundo-estranho/como-e-possivel-recuperar-um-rio-poluido>. Acesso em: out. 2018.

1. De acordo com a leitura do texto, responda às questões.
   a) Qual é o principal problema dos rios abordado no texto?
   b) A que país pertence o rio europeu citado no texto?
   c) Por que o Rio Tâmisa pode ser um exemplo para os rios brasileiros?
   d) Qual é a situação dos rios mais próximos de sua cidade ou mesmo na região? Há problemas como os relatados no texto? Comente.

ATIVIDADES

SISTEMATIZAR

1. Associe o relevo à navegabilidade dos rios europeus.

2. Explique por que se atribui ao Danúbio o título de "rio da integração internacional" da Europa.

3. Observe a fotografia do Rio Reno e responda às questões.

↑ Colônia, Alemanha, 2018.

a) Qual é a atividade que está em destaque na fotografia?
b) Quais países são beneficiados por esse rio?
c) Qual é a importância desse rio para a economia da Europa?

4. Explique por que os rios são tão importantes para o transporte de mercadorias da Europa.

REFLETIR

1. A seguir, o Rio Tâmisa está retratado em dois momentos diferentes: quando poluído e agora, limpo. Como ocorreu essa transformação?

↑ Lixo nas margens do Rio Tâmisa. Londres, Reino Unido, 1990.

↑ Rio Tâmisa. Londres, Reino Unido, 2017.

CAPÍTULO 4
Clima e vegetação

No capítulo anterior, você estudou os principais rios e lagos da Europa e a importância deles para o continente. Neste capítulo, você vai estudar as características climáticas e os tipos de vegetação da Europa, assim como a ação humana no espaço geográfico e a transformação das paisagens do continente.

Fatores climáticos

Como você já sabe, as formações vegetais se desenvolvem de acordo com os tipos de clima, relevo e solo do local em que se situam. A influência do clima é a de maior relevância, com uma relação entre a formação vegetal e a região climática característica.

Em razão de quase toda a extensão da Europa estar localizada na zona temperada do norte, entre o Trópico de Câncer e o Círculo Polar Ártico, no continente europeu predominam os **climas temperados** e **frios**.

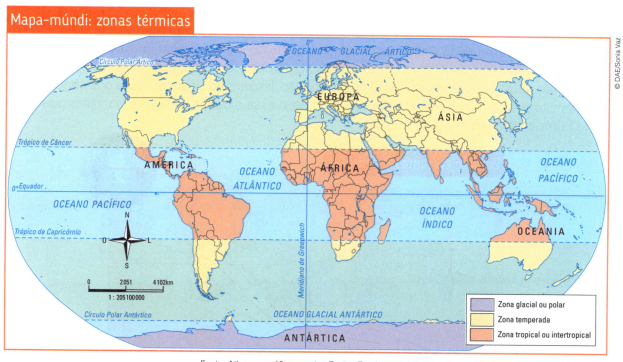

Mapa-múndi: zonas térmicas

Fonte: *Atlas geográfico escolar: Ensino Fundamental do 6º ao 9º ano*. Rio de Janeiro: IBGE, 2015. p. 105.

Os principais fatores climáticos que atuam na formação das paisagens naturais da Europa e, consequentemente, na determinação dos tipos climáticos do continente estão descritos a seguir.

- **Latitude:** Devido à sua posição geográfica, que varia entre 34° e 75° de latitude norte, predomina na Europa o clima temperado.
- **Proximidade do mar:** A sinuosidade do litoral recortado possibilita a influência marítima no clima. Nas áreas próximas aos oceanos e mares, influenciados pela maritimidade, há invernos menos rigorosos em comparação com as regiões distantes do litoral, como as do Leste Europeu, influenciadas pela continentalidade. Nas áreas próximas aos oceanos, a temperatura aquece e resfria mais lentamente do que nas áreas continentais.

↑ Algarve, Portugal, 2018.

- **Correntes marítimas:** A principal corrente que atua na Europa, no norte do Oceano Atlântico, é derivada da Corrente do Golfo, com origem no Golfo do México e, portanto, quente. Aquecendo a água e as massas de ar, essa corrente atua no noroeste do continente, amenizando os rigores da temperatura e elevando a umidade dessa região. Isso impede que as águas dos portos se congelem, tornando os invernos menos rigorosos. Veja essa e outras correntes marítimas que atuam na Europa no mapa a seguir.

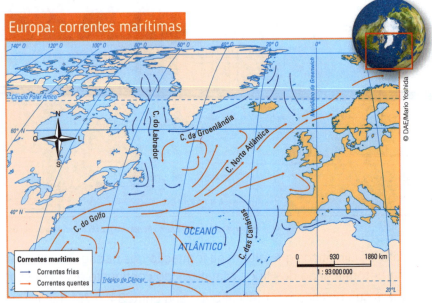

Fonte: *Atlas geográfico escolar.* 7. ed. Rio de Janeiro: IBGE, 2016. p. 58.

- **Ventos:** Os ventos polares atuam no norte e no centro do continente, determinando temperaturas mais baixas. Ao atingir as planícies da região central, as massas de ar frio originárias do norte (ártica oceânica e ártica continental) provocam quedas na temperatura da região. Já os ventos provenientes do Deserto do Saara (África) influenciam as áreas mediterrâneas, tornando-as mais secas. As elevadas montanhas, no sul do continente, dificultam que esses ventos cheguem ao interior.

Tipos climáticos e tipos de vegetação

Encontramos na Europa vários tipos de clima que formam diferentes paisagens naturais. Observe nos mapas a seguir a variação climática e os tipos de vegetação original do continente. A intensa ação humana ao longo da história da ocupação europeia para ampliar espaços agrícolas, urbanos/industriais e de pecuária, intensificada na segunda metade do século XX, provocou a redução dessas formações vegetais.

Ao mesmo tempo, porém, regiões tradicionais de agricultura e pastoreio em áreas montanhosas no sul da Europa foram abandonadas, e a vegetação natural se autorregenerou como vegetação arbustiva secundária.

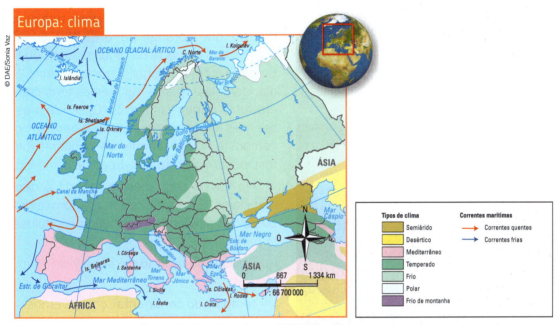

Fonte: *Atlas geográfico escolar*. 7. ed. Rio de Janeiro: IBGE, 2016. p. 58.

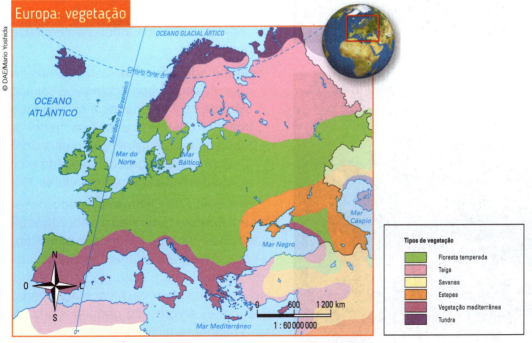

Fonte: Gisele Girardi e Jussara Vaz Rosa. *Atlas geográfico do estudante*. São Paulo: FTD, 2011. p. 124.

↑ Vegetação tundra próxima ao Lago Heillstuguvatnet, Noruega, 2018.

↑ Floresta boreal. Sibéria, Rússia, 2015.

↑ Floresta temperada. Áustria, 2017.

No norte da Escandinávia (região da Europa que abrange Dinamarca, Suécia, Noruega e Finlândia) e da Rússia, além da Islândia – as maiores latitudes do continente – predomina o **clima polar**. Esse tipo climático caracteriza-se por temperaturas muito baixas, com invernos longos.

Nas áreas de clima polar desenvolve-se a **tundra**. Essa vegetação se caracteriza por ser uma cobertura vegetal rasteira – composta de musgos, liquens, ervas e arbustos –, que se desenvolve no curto período de degelo.

Ao sul da área de clima polar tem-se o **clima frio**, que abrange parte da Noruega, Suécia, Finlândia e parte de alguns países do Leste Europeu, como Belarus, Estônia, Letônia, Lituânia, Ucrânia e Rússia. As médias térmicas mais elevadas podem atingir 20 °C, sendo, nos meses mais frios, inferiores a 0 °C. A floresta boreal, composta principalmente de coníferas (pinheiros), desenvolve-se nas áreas de clima frio.

Na Rússia essa mesma floresta é denominada taiga. Sua madeira é muito aproveitada na construção civil e na produção de celulose para papel.

O **clima temperado** é subdividido em dois tipos:

- **temperado continental**: com invernos secos e rigorosos e verões quentes e chuvosos, de elevada amplitude térmica. Predomina nas áreas interiores, na parte central e oriental da Europa, onde não há influência oceânica;
- **temperado oceânico**: com invernos menos rigorosos se comparado ao tipo continental, além de verões amenos e chuvas bem distribuídas durante o ano. Tem menor amplitude térmica e é influenciado pela Corrente do Golfo, que favorece a umidade e contribui para amenizar as temperaturas.

Nas áreas de **clima temperado** desenvolve-se a **floresta temperada**, caducifólia (perde suas folhas durante o outono e o inverno). Essa floresta foi praticamente toda devastada devido à urbanização, ocupação agropecuária e exploração da madeira. A vegetação varia desde enormes árvores até pequenos arbustos. A fauna também é muito diversificada, com ursos, felinos, aves e esquilos, entre outros animais.

O clima **mediterrâneo** ocorre no sul do continente, abrangendo áreas do território de Portugal, França, Itália, Grécia e Espanha. Recebe influências das massas de ar oriundas do Deserto do Saara, no norte da África, motivo pelo qual os verões são quentes e secos e os invernos amenos e chuvosos.

Esse clima, aliado ao recorte litorâneo, favorece a atividade turística na região do Mar Mediterrâneo, atraindo turistas do continente e de outros lugares do mundo em busca de sol, calor e praias. A **vegetação mediterrânea** é constituída pelo **garrigue**, formado por arbustos e vegetação rasteira, e do **maqui**, vegetação densa e espessa de árvores e arbustos.

↑ Vegetação mediterrânea em Creta, Grécia, 2014.

Nas áreas próximas ao Mar Negro e ao Mar Cáspio ocorre o **clima semiárido**, com baixo índice de chuvas, caracterizando-se por verões com médias térmicas de 22 °C e invernos com médias em torno de 1 °C. A vegetação predominante são as **estepes**, caracterizadas por gramíneas esparsas, árvores baixas e arbustos dispersos. Na Ucrânia, as áreas de estepe são dominadas por um solo fértil, chamado *tchernozion*, muito aproveitado para o cultivo do trigo.

O **clima frio de montanha** ocorre nas áreas de maior altitude do continente, como nos Alpes. A maioria das montanhas europeias, por serem muito altas, conserva neve em seus picos. A vegetação, de florestas e gramíneas, varia de acordo com a altitude.

> **GLOSSÁRIO**
>
> **Solo *tchernozion*:** solo existente em regiões de clima temperado e com abundância de matéria orgânica, o que lhe confere uma cor escura. Considerado um dos solos mais férteis do mundo, sua denominação é decorrente dos termos russos *tcherno* (negrume, negro) e *zion* (terra).

↑ Vegetação de estepe na Crimeia, Ucrânia, 2018.

Desmatamento e preservação

O crescimento da sociedade europeia, com base na urbanização, no desenvolvimento técnico e produtivo da indústria e no avanço da produção agropecuária, transformou as paisagens naturais do continente. As regiões de planície e terras baixas favoreceram a ocupação do território com mecanização e modernização das atividades agrárias e urbanas, promovendo a devastação da vegetação natural.

Preocupados com a devastação, vários países europeus estão criando leis cada vez mais rígidas para proteger o pouco que restou das coberturas vegetais naturais.

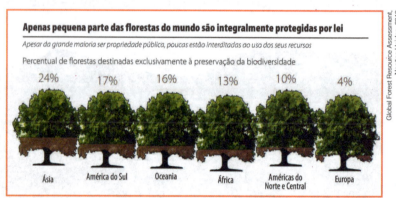

→ Representação do percentual de florestas destinadas à preservação da biodiversidade.

Fonte: *Global Forest Resource Assessment*, Nações Unidas, 2010.

CARTOGRAFIA

O mapa ao lado relaciona as principais regiões europeias que sofreram alterações nas condições naturais favoráveis à sua ocupação e transformação. Interprete-o e responda às questões.

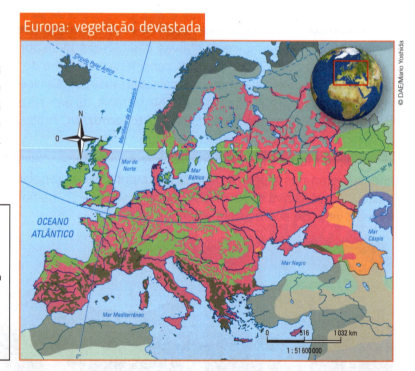

Fontes: Jacques Charlier (Dir.). *Atlas du 21 siécle*. Paris: Nathan, 2008. p. 45; Gisele Girardi e Jussara Vaz Rosa. *Atlas geográfico do estudante*. São Paulo: FTD, 2011. p. 124.

1. Que vegetação sofreu a maior intervenção humana? Qual é a utilidade econômica dessa vegetação?

2. O que pode ser feito para evitar que novas devastações ocorram na Europa?

ATIVIDADES

SISTEMATIZAR

1. Quais são os tipos climáticos que configuram a diversidade de climas da Europa?

2. O clima mediterrâneo tem características que o diferenciam dos demais climas da Europa. Quais são essas características e por que elas favorecem o turismo no continente?

3. Explique a interferência da Corrente do Golfo no clima do noroeste da Europa.

4. Quais fatores climáticos possibilitam diferenciar o clima temperado oceânico do temperado continental?

5. Atualmente existem diversas medidas políticas na Europa que visam proteger seus ambientes naturais. Por que essas medidas foram criadas e qual é a importância delas?

REFLETIR

1. Leia o trecho de reportagem a seguir. Depois discuta com os colegas as causas dos fenômenos climáticos apresentados e as mudanças que provocam nas sociedades europeias.

Estamos preparados para as alterações climáticas?

O ano de 2014 será recordado em todo o continente pelos seus fenômenos meteorológicos extremos. Em maio, um ciclone de baixa pressão atingiu o sudeste da Europa, causando grandes inundações e 2 000 deslizamentos de terras na zona dos Bálcãs. Depois, no início de junho, o norte da Europa foi atingido por várias chuvas torrenciais e, em julho, o continente já estava a braços com outro problema: o calor. A Europa Oriental e o Reino Unido foram assolados por uma onda de calor. Tanto os fenômenos meteorológicos extremos como as alterações graduais do clima – caso da subida do nível do mar e do aquecimento dos oceanos – irão continuar. De fato, prevê-se que eles se tornem mais frequentes e intensos no futuro. Mesmo que todos os países reduzissem hoje radicalmente as suas emissões de gases com efeito de estufa, a quantidade já emitida para a atmosfera continuaria a provocar um efeito de aquecimento no clima. Para além de reduzirem substancialmente essas emissões, é necessário que os países da Europa e do resto do mundo adotem políticas e medidas de adaptação às alterações climáticas. [...]

Agência Europeia do Ambiente, 24 set. 2015. Disponível em: <www.eea.europa.eu/pt/sinais-da-aea/sinais-2015/artigos/estamos-preparados-para-as-alteracoes-climaticas>. Acesso em: ago. 2018.

DESAFIO

1. Forme uma equipe com mais três colegas e, juntos, elaborem um material a ser exposto na forma de livreto, painel ou cartaz sobre os ambientes naturais da Europa. Pesquisem imagens em livros, *sites* e revistas e busquem novas informações sobre o relevo, a hidrografia, o clima, a vegetação e a fauna do continente. Organizem as pesquisas na forma de um material de divulgação com mapas, fotos e textos. É importante apresentar as formas de apropriação e transformação do ser humano sobre esses ambientes, como agricultura, pecuária, indústria, transportes etc. e os impactos ambientais decorrentes dessas ações.

FIQUE POR DENTRO

EFEITO ESTUFA
Os níveis de CO_2 na atmosfera já estão 50% maiores do que os níveis pré-industriais. Isso está ajudando a causar problemas como degradação do solo, elevação do nível do mar e alterações na hidrologia e nos ecossistemas. Estima-se que até 2030 haverá uma duplicação nas concentrações de CO_2, com um aumento de temperatura esperado entre 1,5 °C e 4 °C.

PERDA DE BIODIVERSIDADE
A atividade humana vem moldando a biodiversidade cada vez mais ostensivamente, desde a Revolução Industrial, por meio de profundas e rápidas mudanças na utilização dos solos, na intensificação da agricultura, na urbanização e no abandono de terras, que, por sua vez, resultaram no desaparecimento de muitas práticas que ajudavam a preservar a riqueza das paisagens em biodiversidade. Acredita-se que a má gestão de recursos naturais esteja colocando em risco mais de 70% de todo o ecossistema, o que pode afetar atividades como a extração de madeira e a pesca, mas também causar danos irreparáveis ao equilíbrio natural do continente.

ACIDIFICAÇÃO
Águas doces vêm sofrendo forte acidificação, em especial na Escandinávia, causando grande devastação na vida aquática.
Florestas temperadas vêm sofrendo danos nas regiões da Alemanha, Polônia, República Tcheca e Eslováquia com eventuais incidências de chuva ácida.
As principais fontes causadoras de emissões químicas acidificantes na Europa são derivadas da geração de energia, em especial por queima, e da agricultura, com o uso de agrotóxicos e similares.

INCÊNDIOS FLORESTAIS
Mais comuns no sul da Europa. Chega a haver, em média, 60 mil focos de incêndio por ano, que contribuem para a piora da qualidade do ar. Portugal e Espanha são os países mais atingidos pelas queimadas, que afetam fortemente a Itália e a Grécia.

GESTÃO DE ÁGUA DOCE
A intervenção humana vem poluindo as reservas de água doce, ao passo que o aumento populacional tem ampliado a demanda, de 100 km³/ano, em 1950, para 700 km³/ano em 2000.
Existe também grande perda no sistema de distribuição de água, chegando a pelo menos 25% na França, Espanha e Inglaterra.

POLUIDORES INVISÍVEIS
Há um aumento do índice de poluição causado por navios, especialmente os de carga. Estima-se que embarcações emitam entre 18% e 30% de todo óxido de nitrogênio e 9% dos óxidos de enxofre, causando 4% das emissões responsáveis pelo aquecimento global. No Hemisfério Norte ocorrem 85% das emissões, 70% delas a menos de 400 km da Terra, causando, com poluição do ar e resíduos na água, problemas ambientais não só ao oceano, mas às cidades costeiras.

Fontes: *Atlas geográfico escolar*. 7. ed. Rio de Janeiro: IBGE, 2016. p. 43; Satélite europeu flagra rotas da poluição de navios. *Folha de S.Paulo*, 25/05/2009; Aumenta emissão de gases do efeito estufa na Europa. *BBC Brasil*. Disponível em: <www.bbc.co.uk/portuguese/noticias/2003/030506_pescabg.shtml>; Sobre a biodiversidade. *Agência Europeia do Ambiente*. Disponível em: <www.eea.europa.eu/pt/themes/biodiversity/about-biodiversity>. Acessos em: nov. 2018.

QUESTÕES AMBIENTAIS NA EUROPA

Os impactos do ser humano na natureza

1- ANDORRA
2- MÔNACO
3- SAN MARINO
4- LIECHTENSTEIN

1 : 28 300 000

1. Apresente dois problemas ambientais verificados na Europa e explique de que modo eles afetam a qualidade de vida das pessoas.

2. Que ações podemos adotar para evitar ou amenizar os problemas descritos anteriormente?

PANORAMA — FAÇA AS ATIVIDADES A SEGUIR E REVEJA O QUE VOCÊ APRENDEU.

1. No mapa a seguir identifique os limites da Europa de acordo com a numeração.

Fonte: Marcello Martinelli. *Atlas geográfico: natureza e espaço da sociedade*. São Paulo: Editora do Brasil, 2006. p. 46.

2. O que é a Eurásia?

3. Relacione as principais formas de relevo da Europa às formas de uso e apropriação do ser humano no continente.

4. Qual é a importância dos canais artificiais para a navegabilidade do continente europeu?

5. A Europa é amplamente cortada por rios. Identifique a que rios europeus as frases a seguir fazem referência.

    a) Compõe a paisagem da região mais industrializada do continente, possibilitando o escoamento de produtos para o Porto de Roterdã.

    b) Passa por dez países, ligando os lados ocidental e oriental do continente.

6. Explique a influência da maritimidade e da continentalidade no clima europeu.

7. Caracterize os climas polar e frio da Europa.

8. Em que países europeus predomina a taiga e qual é seu aproveitamento econômico?

9. Apesar de estarem em latitudes equivalentes, o Mar da Noruega fica congelado por período menor do que o Mar da Suécia. Qual seria o motivo dessa diferença? Se necessário, faça uma pesquisa.

10. Identifique as principais cadeias de montanhas do continente europeu.

11. Quais são os principais fatores climáticos que atuam na formação das paisagens naturais da Europa? Explique brevemente cada um deles.

12. O que os países europeus estão fazendo para proteger da devastação as coberturas vegetais?

13. Leia a notícia e depois responda às questões.

Saiba mais sobre a despoluição de rios como Tâmisa, Reno e Tietê

O rio Reno era um dos mais poluídos da Europa. Ele nasce na Suíça e deságua no Mar do Norte banhando, assim, vários países europeus. Com a alcunha de 'cloaca' da Europa, o rio tinha suas águas sujas e com mau cheiro.

Seus mais de 1,3 mil quilômetros de extensão recebiam diretamente os dejetos das zonas industriais por onde passava e de empresas químicas de grande porte [...].

A preocupação com a poluição do Reno só foi levada a sério quando um grave acidente [...] contaminou o rio com 20 toneladas de um pesticida altamente tóxico, em 1986, [e] chamou a atenção da opinião pública e das autoridades.

Um esforço de mais de 20 anos entre a iniciativa privada e os governos dos países banhados pelo Reno, como Alemanha, Suíça e França, possibilitou a recuperação de suas águas.

Desde 1989, o investimento foi de mais de 15 bilhões de dólares, revertidos na construção de estações de tratamento da água e de monitoramento ao longo do rio.

Atualmente, cerca de 95% dos esgotos das empresas são tratados. Os resultados do programa e da despoluição do Reno são visíveis. Das 64 espécies de peixes que ali habitavam, 63 delas já voltaram.

Graziela Salomão. Época, 10 dez. 2004. Disponível em: <http://revistaepoca.globo.com/Revista/
Epoca/0,,EDG67941-5856,00.html>. Acesso em: out. 2018.

a) Que tipo de poluição afetava o Rio Reno?

b) Como foi possível recuperar o rio?

14. Observe os mapas "Europa: físico" (página 111) e "Europa: político" (página 104). Depois, faça o que se pede.

a) Que cadeia montanhosa se destaca entre a Espanha e a França?

b) Que cadeia montanhosa se destaca a sudeste do continente, na divisa com a Ásia?

c) Identifique as principais planícies do continente.

d) Cite alguns rios europeus.

15. Vários fatores influenciam o clima do continente europeu: latitude, altitude, correntes marítimas e maritimidade.

a) Explique de que forma as correntes marítimas exercem influência no clima da Europa.

b) Escolha outro fator citado no enunciado que influencia o clima europeu e explique-o.

DICAS

▶ ASSISTA

O Tâmisa, Inglaterra, 1997. Direção: Mark Nelson, 26 min. Parte de uma série chamada *Os rios*, o documentário segue o curso do Rio Tâmisa, na Inglaterra, apresentando, além das principais características e curiosidades, sua história desde a época do rei Henrique VII.

📖 LEIA

Atlas National Geographic: Europa (Editora Abril). Dividido em três volumes, a coleção apresenta a geografia física e humana do continente em mapas, tabelas, gráficos e fotos. Você poderá conferir informações sobre a vegetação, o clima, a organização política, a economia e a população dos países europeus.

Veneza, Itália, 2018.

TEMA 5
Europa: sociedade e economia

NESTE TEMA
VOCÊ VAI ESTUDAR:

- diversas etnias da Europa;
- distribuição, estrutura e crescimento populacional;
- imigração no continente;
- movimentos separatistas;
- economia no continente;
- impactos ambientais;
- blocos econômicos da Europa.

A cultura da Europa é muito diversificada. Mesmo sendo o segundo menor continente do globo, abrange grande variedade étnica, que resulta em riqueza cultural. Tradições milenares convivem com avanços tecnológicos nesse território que é o berço da cultura ocidental.

1. Na fotografia, vemos o Carnaval de Veneza, um dos mais antigos do mundo, cuja origem está no século XI. Você conhece essa festividade?
2. Quais semelhanças e diferenças é possível notar entre o Carnaval veneziano e o que se tornou símbolo da cultura do Brasil?

CAPÍTULO 1

População e sociedade

> No capítulo anterior, você estudou as características climáticas e os tipos de vegetação da Europa, assim como a ação humana no espaço geográfico. Neste capítulo, você vai estudar aspectos gerais da população europeia: sua diversidade étnica, disposição, dinâmica e estrutura.

Multiculturalismo

Com cerca de 742 milhões de habitantes (dado de 2017), a população da Europa corresponde a aproximadamente 10% da população mundial, segundo o Departamento de Assuntos Econômicos e Sociais da ONU. Em seu pequeno território, o continente abriga uma enorme diversidade de grupos étnicos, como os latinos (portugueses, franceses, italianos), os anglo-saxões (alemães, ingleses, noruegueses, suecos), os eslavos (russos, ucranianos, poloneses) e os celtas (irlandeses, escoceses, galeses).

Existem também grupos étnicos minoritários que ocupam o território europeu, com grande importância na formação da sociedade local, como os bascos, os catalães, os ciganos, os lapões, entre outros. Essa variedade proporciona à Europa, por um lado, o **multiculturalismo**, e, por outro, os conflitos étnicos. A identidade étnico-cultural e sua preservação são uma forte característica dos países europeus.

Dança cigana húngara. Budapeste, Hungria, 2017.

↑ Dança tradicional grega. Skópelos, Grécia, 2015.

↑ Tradicional secagem de peixes. Nazaré, Portugal, 2018.

A marca dessa diversidade étnica pode ser percebida pela multiplicidade de idiomas falados no continente. A União Europeia reconhece 24 línguas como oficiais no bloco e, por isso, emite documentos em todas elas, respeitando assim essa variedade.

Distribuição, estrutura e dinâmica populacional

Depois da Ásia, a Europa é o continente mais densamente povoado do mundo, com 71 hab./km². Nele, 74% da população reside em áreas urbanas (dado de 2018). Em 2016, os países europeus mais populosos eram: Rússia, com 143,4 milhões de pessoas; Alemanha, 80,7 milhões; Reino Unido, 64,7 milhões; França, 64,4 milhões; Itália, 59,8 milhões (dados da ONU).

A distribuição populacional da Europa é desigual e irregular. As maiores concentrações ocorrem no centro e no oeste, e as menores, no norte e no leste do continente. As áreas mais povoadas são aquelas em que o desenvolvimento industrial é superior, muitas delas nos vales dos rios – como o Rio Pó, na Itália, e o Reno, na Alemanha – e nas férteis planícies centrais. Já as áreas menos povoadas são aquelas muito frias, próximas ao Círculo Polar Ártico, e as regiões montanhosas. Segundo a ONU, em 2016, os países europeus com maior densidade demográfica eram: Mônaco (25 mil hab./km²), Holanda (502 hab./km²) e Bélgica (373 hab./km²).

Observe as áreas mais povoadas e menos povoadas do continente no mapa a seguir. Retome os mapas de clima e relevo estudados anteriormente e relacione-os com a distribuição populacional do continente. O que você conclui?

↑ Grande concentração de construções às margens do Rio Reno. Colônia, Alemanha, 2017.

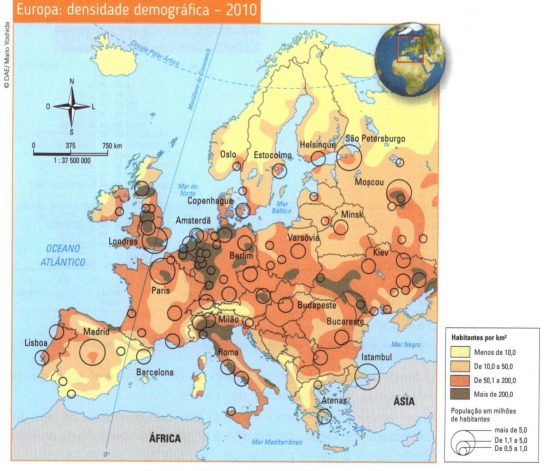

Fonte: Graça M. L. Ferreira. *Atlas geográfico: espaço mundial*. 3. ed. São Paulo: Moderna, 2010. p. 90.

A **longevidade** (anos de vida esperados ao nascer) e a **baixa taxa de fecundidade** (o número médio de filhos por mulher em idade fértil) são características marcantes da população dos países europeus nos últimos anos.

Em 1970, a taxa de fecundidade europeia foi de 2,37; a taxa de mortalidade infantil (óbitos por 1000 nascidos vivos), de 30‰; e a expectativa de vida, de 70 anos. Em 2015, a taxa de fecundidade estava em 1,60; a mortalidade infantil, em 5‰; e a expectativa de vida, em 77,2 anos (conforme o Departamento de Assuntos Econômicos e Sociais da ONU).

Ao observar as diferenças dos dados entre 1970 e 2015, percebe-se uma redução da fecundidade e da mortalidade infantil na Europa, ao mesmo tempo que há um aumento da expectativa de vida, índices que revelam importantes mudanças na estrutura demográfica do continente.

Alguns países, especialmente os do Leste Europeu, já estão apresentando taxas negativas de crescimento nos últimos anos, o que implica uma tendência de diminuição da população. As taxas de natalidade e crescimento populacional tendem a ser mais elevadas entre os grupos de imigrantes e seus descendentes.

Muitos fatores são responsáveis pelo declínio da natalidade nos países europeus. A expansão urbano-industrial (que alterou o modo de vida das pessoas) e os padrões de consumo, o elevado custo para a criação dos filhos, a participação cada vez maior da mulher no mercado de trabalho e os casamentos tardios são alguns deles.

Essas características demográficas possibilitam que a estrutura etária dos países seja composta majoritariamente de população adulta e idosa. O número reduzido de jovens na população está ligado à baixa taxa de natalidade.

Observe a estrutura etária da França e da Ucrânia nas pirâmides etárias a seguir.

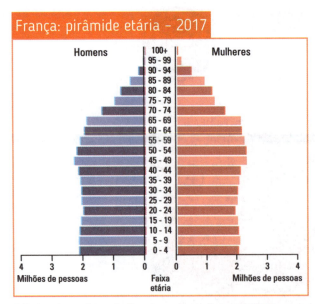 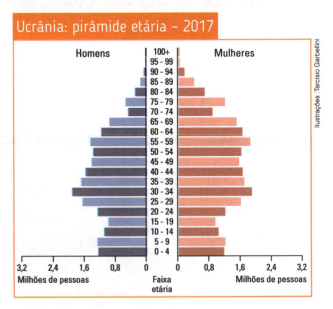

↑Pirâmides etárias da França e da Ucrânia em 2017.

Fonte: United States Census Bureau. Disponível em: <www.census.gov/data-tools/demo/idb/informationGateway.php>. Acesso em: out. 2018.

Note o formato das pirâmides etárias, principalmente em relação à base e ao topo, que representam as faixas etárias jovem e idosa, respectivamente, dos países.

Por um lado, a alta expectativa de vida – proporcionada pela boa qualidade de vida da população – determina maior participação de idosos (acima de 65 anos) na composição da pirâmide etária. Por outro, a baixa natalidade revela a menor participação da população jovem na estrutura demográfica do país.

Como a população idosa tem vivido cada vez mais, aumenta a necessidade de gastos sociais com pensões e saúde. Assim, nesses países, os governos procuram reformular o sistema de aposentadoria e de contribuição social para torná-lo sustentável. No continente europeu, cerca de 18% da população tem mais de 65 anos.

Melhorias na qualidade de vida da população, caracterizadas pela melhor distribuição de renda e investimentos em saúde e educação, são fatores que proporcionam maior longevidade na Europa.

Uma das variáveis do Índice de Desenvolvimento Humano (IDH) é a expectativa de vida. Nesse quesito, o continente europeu é o que abriga, em conjunto, os países com os melhores indicadores sociais do mundo. Observe os dados da tabela ao lado.

Índice de Desenvolvimento Humano – 2017	
Ranking	IDH
1. Noruega	0,953
2. Suíça	0,944
3. Austrália	0,939
4. Irlanda	0,938
5. Alemanha	0,936
6. Islândia	0,935
7. Hong Kong (China)	0,933
7. Suécia	0,933
9. Cingapura	0,932
10. Países Baixos	0,931

↑ Índice de desenvolvimento humano de dez países em 2017.
Fonte: PNUD. *Relatório de Desenvolvimento Humano*: 2018. Washington DC: Communications Development Incorporated, 2018. Disponível em: <http://hdr.undp.org/sites/default/files/2018_human_development_statistical_update.pdf>. Acesso em: out. 2018.

Minorias étnicas

Ao nos referirmos às minorias étnicas, estamos falando de povos de determinado país que partilham de valores e costumes comuns e próprios, mas que não compõem a maioria populacional em seu território. Assim, na Europa, continente marcadamente multicultural, esses povos ganham vital importância na construção das múltiplas identidades.

As lutas e reivindicações deles buscam a preservação de sua tradição e cultura, as quais são, em grande medida, fruto da própria relação que historicamente estabeleceram com seus territórios e paisagens. Esse é o caso do povo sami (ou lapões), do norte da Europa, principalmente da Península Escandinava, cujas principais atividades são a caça, a pesca, a agricultura e a criação de renas.

Os ciganos compõem o maior grupo de povos considerados minoria étnica no continente. Atualmente, estima-se que 10 milhões de ciganos vivam na Europa, sendo 6 milhões no interior do bloco da União Europeia (UE). Atualmente, esse grupo tem conseguido maior projeção e conquista de direitos; contudo, ainda convive com o racismo, a discriminação e a exclusão social.

→ Povo sami. Noruega, 2017.

A imigração no continente

Atualmente, grande parte das taxas de crescimento populacional na Europa resulta da chegada de imigrantes ao continente. Os maiores fluxos migratórios para os países europeus provêm de nações da África, da Ásia e da América Latina. Além disso, há migração intensa entre países do próprio continente, por exemplo, europeus da porção oriental que migram para a Europa Ocidental.

O crescimento econômico alcançado pelos países europeus na segunda metade do século XX tornou o continente um grande polo de atração de migrantes. Com o fim do socialismo, a partir de 1990, a corrente migratória para o continente aumentou consideravelmente. As populações do Leste Europeu partiram, sobretudo, em direção à Alemanha, França e Itália, em busca de melhores condições de vida.

Assim, a imigração causou, nos países da Europa Ocidental, um acréscimo da população. Para evitar conflitos com a população local, os governos de muitos países ocidentais tomaram atitudes como fechar as fronteiras – reforçando o controle na entrada de estrangeiros – e estabelecer **cotas de imigração**. A partir de 2004, com a incorporação de vários países do Leste Europeu à União Europeia, surgiu outro fator de restrição à imigração, em razão da imigração ilegal para as nações da UE.

> **GLOSSÁRIO**
>
> **Cota de imigração:** limite estipulado para permissão de entrada de imigrantes.

Entretanto, a redução da população economicamente ativa europeia (homens e mulheres de 15 a 65 anos) tem estimulado a inserção de mão de obra imigrante no mercado de trabalho.

A **xenofobia**, determinada pela aversão aos imigrantes, está se ampliando, o que aprofunda a segregação dessas comunidades e provoca atitudes violentas, tanto de grupos extremistas, contrários à imigração, como das comunidades de imigrantes.

Outro fator que contribui para a restrição à imigração é a crise econômica enfrentada por alguns países do bloco nos últimos anos, os quais alegam não ter estrutura para receber imigrantes.

↑ Milhares de pessoas se reuniram para a Marcha contra o Racismo, manifestação nacional contra o aumento de ataques relacionados à imigração. Londres, Reino Unido, 2018.

FORMAÇÃO CIDADÃ

Os últimos anos foram marcados por um intenso fluxo migratório de africanos e asiáticos rumo à Europa, fugindo de guerras, de perseguições étnico-religiosas e da pobreza. Diversos países criaram obstáculos, dificultando e impedindo a entrada desses imigrantes.

1. Com base nos direitos humanos, discuta com os colegas a importância do acolhimento de refugiados.

Refugiados, uma questão atual

Atualmente a questão migratória é umas das principais pautas políticas, sociais e econômicas da Europa. Segundo o Alto Comissariado das Nações Unidas para Refugiados (Acnur), em 2017, mais de 170 mil pessoas entre migrantes e refugiados entraram no continente europeu pela Espanha, Itália e Grécia. No entanto, acredita-se que, nesse mesmo período, mais de 3 100 pessoas perderam a vida no mar em rotas rumo à Europa.

O deslocamento de sírios para a Europa, fugindo dos conflitos do país, é um dos principais fatores que têm impulsionado essas situações. O objetivo deles é chegar principalmente à Alemanha e ao Reino Unido na esperança de conseguir trabalho e melhores condições de vida nesses países.

↑ Barco com refugiados de diferentes partes da África. Salerno, Itália, 2017.

Segundo alguns estudos, o movimento migratório pode compensar o aumento do número de aposentados e a baixa taxa de natalidade na Europa. Nesse sentido, a restrição à entrada de imigrantes caminha, de certa forma, na contramão das necessidades de mão de obra do continente.

 **DIÁLOGO**

A arte reflete as principais questões de seu tempo. Tem sido assim desde as primeiras manifestações artísticas do ser humano, nas paredes das cavernas. O problema dos refugiados no mundo contemporâneo, uma das questões mais prementes de nossa época, também é retratada nos diversos gêneros da arte.

Leia o trecho de um poema do poeta angolano Moisés Tiago António, refugiado no Brasil.

Sou imigrante

Não tenho terra
Tudo é terra
Não importa se aqui ou lá!
Quem dera que não houvessem fronteiras!
Quem dera que não houvessem leis
Leis essas que nos prendem, separam,
Hostilizam, injuriam e abalam!
[...]
Porque a terra é nossa, de todos nós
Feito por Deus e entregue à todos os homens
Não importa se aqui ou lá!

Moisés Tiago António. *MigraMundo*, 4 fev. 2017. Disponível em: <https://migramundo.com/sou-imigrante-poema-de-moises-antonio/>. Acesso em: nov. 2018.

1. Com base na leitura do trecho do poema, responda às questões.

a) De que fala o poema?

b) Que sentimento o poeta passa em relação ao problema descrito?

ATIVIDADES

SISTEMATIZAR

1. Por que a Europa pode ser considerada um continente multicultural?

2. Descreva como está distribuída e onde está concentrada a população no continente europeu.

3. Observe as pirâmides etárias de Portugal, nos anos de 1991 e 2017. Com base nos gráficos, responda às questões:

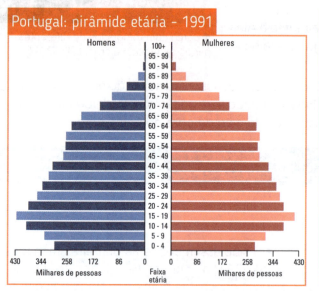
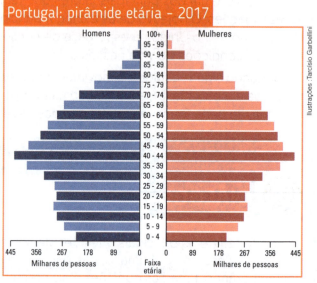

↑ Pirâmides etárias de Portugal em 1991 e 2017.

Fontes: United States Census Bureau. Disponível em: <www.census.gov/data-tools/demo/idb/region.php?N=%20Results%20&T=12&A=separate&RT=0&Y=1991&R=134&C=PO>; <www.census.gov/data-tools/demo/idb/region.php?N=%20Results%20&T=12&A=separate&RT=0&Y=2017&R=134&C=PO>. Acessos em: out. 2018.

a) Descreva como estão representados a base e o topo das duas pirâmides e explique o que eles indicam.

b) Observe conjuntamente as pirâmides etárias e apresente os fatores que explicam a mudança do perfil demográfico do país.

4. Nos últimos anos, qual é a procedência (países de origem) dos principais fluxos migratórios ocorridos no continente europeu?

5. Por que existem movimentos contrários à imigração para o continente europeu?

REFLETIR

1. O Brasil também está envolvido na questão dos migrantes. Há alguns anos, milhares de haitianos chegaram ao país, deixando para trás uma nação em ruínas depois do terremoto de 2010 e de uma crise econômica que já dura décadas. Mais recentemente, venezuelanos entraram em território brasileiro pelo estado de Roraima, fugindo da grave recessão econômica e dos problemas políticos que assolam a Venezuela.

Que postura você acha que deve ser assumida diante desses e de outros migrantes que chegam ao Brasil? Justifique sua resposta considerando que o Brasil é um país formado por migrantes de várias nacionalidades.

CAPÍTULO 2
Conflitos e movimentos separatistas

No capítulo anterior, você estudou aspectos gerais da população europeia: sua diversidade étnica, dinâmica e estrutura. As minorias que vivem na Europa e os movimentos migratórios também foram trabalhados. Neste capítulo, você vai estudar alguns dos principais movimentos separatistas em curso atualmente na Europa Ocidental.

O que motiva os movimentos separatistas?

Na Europa, como em várias partes do mundo, existem povos que nutrem o sentimento nacionalista, que os move a conquistar a independência política e territorial do Estado ao qual estão subjugados. Muitos deles são reprimidos, controlados e dominados pelo Estado e, em alguns casos, movimentos separatistas são formados. Muitos desses movimentos acabam recorrendo à violência para conquistar seus objetivos.

Como você estudou no Tema 3, os países da Europa Oriental foram palco de muitos conflitos, principalmente em razão do controle soviético e de divergências envolvendo questões étnicas e religiosas. No entanto, a porção ocidental da Europa também enfrenta problemas internos e movimentos separatistas, embora em menor número.

Vejamos as características principais de alguns conflitos e de algumas regiões da Europa em que minorias étnicas e nacionais ou outros grupos buscaram ou buscam a soberania ou a independência de diferentes formas e por diversas razões (religiosas, étnicas, territoriais, nacionalistas etc.).

↑ Manifestação a favor da independência da Catalunha. Barcelona, Espanha, 2016.

Separatismo na Espanha

A Espanha é um país muito diversificado. Esse aspecto pode ser constatado na luta de alguns grupos pela separação e por maior autonomia. No mapa ao lado, pode-se verificar a diversidade étnica do país pelos diferentes idiomas. Essa característica, em alguns casos, inflama grupos nacionalistas em prol do separatismo.

Fontes: *Atlas geográfico escolar*. 7. ed. Rio de Janeiro: IBGE, 2016. p. 43; Rodolfo Stancki. Crise espanhola reaviva o separatismo. *Gazeta do Povo*, 27 out. 2012. Disponível em: <www.gazetadopovo.com.br/mundo/crise-espanhola-reaviva-o-separatismo-2759cg259c1y4oizoclfo9qoe>. Acessos em: set. 2018.

País Basco

O povo basco reivindica a independência em relação à Espanha e o reconhecimento de um novo país – o **País Basco**. Com população composta de mais de 2 milhões de pessoas, ele ocupa parte do território norte da Espanha e mais uma porção sudoeste do território francês. Embora, em sua maioria, os bascos estejam fixados em território espanhol, eles falam uma língua própria, a língua basca, ou euskera, e não desejam pertencer à Espanha. Há mais de 40 anos lutam por sua autonomia política.

↓ A cidade de Bilbao, considerada o centro da cultura basca, está localizada no norte da Espanha e é a mais importante da região. 2018.

Na ditadura de Francisco Franco, na Espanha, que durou de 1939 a 1975, a língua basca foi proibida. Em 1959, foi fundado o grupo *Euskadi Ta Askatasuna* (ETA – "Pátria Basca e Liberdade"), movimento cuja finalidade é manter a língua, os costumes e as tradições culturais bascas na região. A partir de 1966, o ETA iniciou manifestações violentas para alcançar seus objetivos.

Apenas em 2011 integrantes do ETA anunciaram o cessar-fogo. Desde então, eles vêm obtendo mais êxito nas negociações com o governo espanhol pela independência da região.

Fonte: Graça M. L. Ferreira. *Atlas geográfico: espaço mundial*. 3. ed. São Paulo: Moderna, 2010. p. 90.

Catalunha

Localizada no nordeste da Espanha, a Catalunha – anexada pelo país há 300 anos – é uma comunidade autônoma que, desde a década de 1970, está passando por um forte renascimento cultural. O idioma **catalão** vem ganhando mais impulso, e a cidade de Barcelona, capital da Catalunha, passou a ser considerada um dos mais importantes centros culturais da Europa.

↓ O desenvolvimento de Barcelona tem impulsionado os movimentos pela independência da Catalunha. Barcelona, Espanha, 2015.

141

Com o fortalecimento financeiro e a grande influência na economia nacional, essa região tem buscado autonomia com bastante relevância, embora o governo federal tenha conseguido impedir campanhas e referendos sobre o assunto.

Os cortes em serviços básicos determinados pelo governo para conter os efeitos da crise econômica enfrentada pelo país nos últimos anos fizeram aflorar o sentimento de independência tanto na Catalunha quanto no País Basco.

Em 2014 foi realizada uma votação não oficial, espécie de consulta informal, em que a separação foi aprovada por 80% dos eleitores. O governo da Espanha não reconheceu a consulta por não concordar com a soberania da Catalunha.

Reino Unido: a questão irlandesa e a Escócia

Para entender as questões que envolvem o Reino Unido, observe antes os mapas a seguir, que representam as unidades políticas das Ilhas Britânicas.

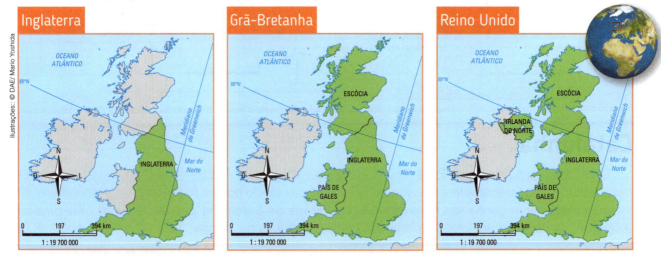

Fonte: *Atlas geográfico escolar*. 7. ed. Rio de Janeiro: IBGE, 2016. p. 43.

Como você pôde observar, a **Irlanda do Norte** (Ulster) integra o Reino Unido. Por esse motivo, as decisões políticas (como a escolha de lideranças locais) são tomadas em Londres.

Já a República da Irlanda (Eire) é independente do Reino Unido desde 1922. Os católicos da Irlanda do Norte lutam há pelo menos 30 anos pela unificação com a República da Irlanda, opondo-se aos protestantes, que são a maioria e querem permanecer subordinados ao Reino Unido.

A partir da década de 1970, o Exército Republicano Irlandês (IRA, sigla em inglês de *Irish Republican Army*) promoveu diversos atos terroristas contra alvos ingleses com o objetivo de fazer pressão pela independência da Irlanda do Norte e sua posterior unificação com a República da Irlanda.

Em 1990, cessaram os atos violentos, e o IRA abandonou a luta armada, destruindo todo o seu arsenal; no entanto, mantém sua luta por meios políticos.

Outra questão que envolve o Reino Unido são os movimentos para a independência da **Escócia**. Em 2014, esse sentimento foi reforçado, movido pelo desejo de maior autonomia política e a devolução, pelo Reino Unido, de poderes ao Parlamento escocês.

Assim, foi realizado um referendo para que a população decidisse pela independência do país em relação ao Reino Unido. A rejeição foi de 55,3% dos votos.

AQUI TEM MAIS

Nunca a Bélgica esteve tão unida. Neste pequeno país marcado pelas disputas internas torcer pelos Diabos Vermelhos – como é conhecida a seleção belga – virou agora uma mania nacional. [...]

A atual geração de jogadores, considerada a melhor da história do país, investe no espírito de coesão. Mas nem sempre foi assim. Anos atrás, jogadores da seleção faziam as refeições em mesas separadas. De um lado, os flamengos, do outro, os valões, cada um falando em sua respectiva língua. [...]

Aliás, a preponderância linguística é uma das raízes da discórdia. O país nasceu no século 19 como Estado-tampão entre franceses e holandeses. No passado, a Valônia, no sul, era a parte rica, e a elite burguesa falava o francês. [...] Nos anos 1960, a poderosa siderurgia do sul entrou em decadência e começou a ascensão social e econômica dos flamengos.

Fonte: Graça M. L. Ferreira. *Atlas geográfico: espaço mundial*. 3. ed. São Paulo: Moderna, 2010. p. 90.

← Seleção de futebol belga na Copa do Mundo de 2018. São Petersburgo, Rússia.

Hoje, a Bélgica tem três idiomas oficiais: o francês, o holandês e o alemão, falado em pequena comunidade germânica no leste do país. [...]

O país hoje é reflexo de duas comunidades cada vez mais divididas e uma capital autônoma, bilíngue, onde 85% dos moradores falam francês.

Letícia Fonseca-Sourander. Bélgica cria nova língua oficial, se une na Copa e esquece disputas internas. *Folha de S.Paulo*, 5 jul. 2018. Disponível em: <www1.folha.uol.com.br/esporte/2018/07/belgica-cria-nova-lingua-oficial-se-une-na-copa-e-esquece-disputas-internas.shtml>. Acesso em: out. 2018.

1. De acordo com os trechos do texto acima, que razões justificam a intenção de separação da região de Flandres, na Bélgica?

2. Segundo o texto, qual é a relação entre a seleção de futebol belga e a questão separatista?

ATIVIDADES

SISTEMATIZAR

1. O que leva uma nação a querer se desmembrar de um Estado?

2. Onde se localiza o País Basco e qual é a intenção política desse grupo étnico?

3. Que idioma é falado no País Basco e qual é a cidade mais importante dessa região?

4. Quais eram os objetivos do grupo ETA – "Pátria Basca e Liberdade" e que métodos utilizava para alcançá-los?

5. Onde se localiza a Catalunha e que língua é falada nessa comunidade?

6. Que fator tem feito aflorar o sentimento de independência tanto na Catalunha como no País Basco nos últimos anos?

7. Qual é a situação política da Irlanda do Norte e da República da Irlanda em relação ao Reino Unido?

8. O que almejam os católicos e os protestantes da Irlanda do Norte?

9. Quais eram os objetivos e os métodos iniciais do Exército Republicano Irlandês, o IRA? De que modo atua hoje?

10. Qual é o contexto das tentativas de independência da Escócia em relação ao Reino Unido?

REFLETIR

1. Muitos povos de mesma origem étnica desejam formar um Estado soberano. Querem ter garantidos sua soberania, genealogia, crenças, cultura e idioma, além do direito de escolher seu governo sem imposições. Converse com os colegas sobre as questões a seguir.

    a) O que vocês pensam tanto a respeito da intolerância étnica como da religiosa existentes no mundo?

    b) Vocês conhecem situações de intolerância no Brasil ou mesmo na região onde moram?

    c) O que pode ser feito para combater esse comportamento e promover o respeito às diferentes etnias e religiões em seu meio social?

DESAFIO

1. Reúna-se com mais três colegas e, juntos, pesquisem em revistas, jornais e na internet informações e dados recentes relacionados aos conflitos e aos movimentos com tendência separatista que ocorrem em países europeus.
   Elaborem uma apresentação digital com as causas dos conflitos e as principais informações obtidas, localizando a área de ocorrência em um mapa. Cada grupo pode ficar encarregado de um dos movimentos.

2. A banda U2 lançou, em 1983, a canção *Sunday Bloody Sunday*. A letra descreve o horror sentido por um observador do chamado "conflito na Irlanda do Norte", com destaque para o Domingo Sangrento, em Derry, em que as tropas britânicas atiraram e mataram manifestantes por direitos civis. Em grupos, ouçam a canção e analisem a letra e sua tradução. Pesquisem o que foi o Domingo Sangrento e exponham o que aprenderam aos demais colegas.

CAPÍTULO 3 Economia

No capítulo anterior, você estudou alguns dos principais movimentos separatistas em curso atualmente na Europa Ocidental. Neste capítulo, você vai estudar a organização do espaço econômico europeu, as principais características da produção industrial, agropecuária e da mineração e seus impactos.

O espaço econômico europeu

Foi na Europa que se iniciou o processo industrial, com o uso de máquinas e a concentração de trabalhadores em fábricas. Com o advento da **Primeira Revolução Industrial**, iniciada na metade do século XVIII, na Inglaterra, a Europa foi o continente pioneiro na modernização industrial.

Esse intenso desenvolvimento motivado pela indústria alterou profundamente o espaço europeu. A tecnologia e a modernização das atividades produtivas dinamizaram a economia do continente e impulsionaram o surgimento das principais potências econômicas do mundo.

Contudo, mesmo assim podemos identificar distintos estágios de desenvolvimento e de produção na Europa. O mapa a seguir mostra a organização do espaço econômico europeu. Observe a existência de uma hierarquia, organizada pelo conjunto de países com maior ou menor importância na economia europeia. Observe também a formação de espaços centrais, influenciados por Alemanha, França, Reino Unido e Itália, e espaços periféricos, como o Leste Europeu e a região dos Bálcãs. Atente-se, ainda, para a origem e destino dos fluxos de investimento e para a localização dos principais portos do continente.

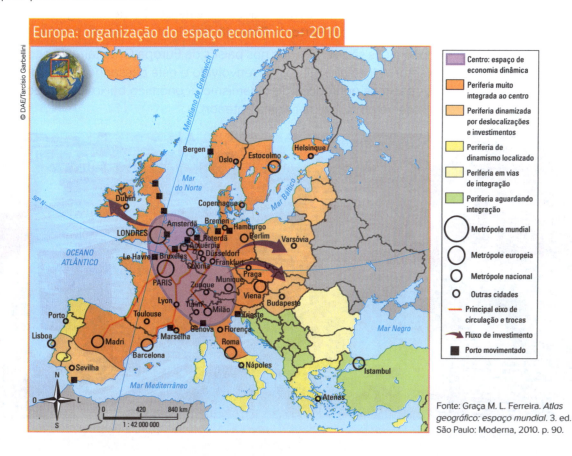

Fonte: Graça M. L. Ferreira. *Atlas geográfico: espaço mundial*. 3. ed. São Paulo: Moderna, 2010. p. 90.

145

Indústria

Diversos fatores beneficiaram o surgimento da atividade industrial na Inglaterra, como o acúmulo de capital desde as primeiras fases do capitalismo, a oferta de mão de obra com a migração do campo para a cidade, a disponibilidade de carvão mineral e a facilidade de transporte em seus rios de planície. Depois, a expansão industrial atingiu a Alemanha, a França, a Bélgica e a Holanda, entre outros países.

Além desses fatores, no século XX, parte do continente foi beneficiada com os elevados investimentos norte-americanos do **Plano Marshall**, o que possibilitou a reconstrução da infraestrutura dos países destruídos na Segunda Guerra Mundial. A consolidação da União Europeia (UE) também foi fundamental para o crescimento econômico do continente, proporcionando a integração econômica das nações.

Os países europeus, em especial os integrantes da UE, têm um **parque industrial** muito diversificado, com avançada tecnologia. Na Alemanha, França, Itália e no Reino Unido, que pertencem ao G-7, a indústria participa efetivamente da economia, alcançando destaque mundial.

A Alemanha, principal país localizado no centro do espaço dinâmico da Europa, é considerada o mais industrializado (observe no mapa da página anterior). Sua indústria se destaca pelo alto grau de modernização e desenvolvimento tecnológico, evidentes nos mais diversos ramos do setor produtivo, como o automobilístico, o químico-farmacêutico e a indústria de máquinas.

A região alemã mais industrializada é a Renânia, no oeste do país, na fronteira com a França. Nela está localizada a megalópole **Reno-Ruhr** (nos vales dos rios Reno e Ruhr), que reúne importantes cidades, como Dortmund, Düsseldorf, Colônia e Essen. Essa região – que corresponde a um dos polos industriais mais importantes do mundo – dispõe de ricas jazidas de minério de ferro e de carvão mineral, que propiciaram o desenvolvimento de uma expressiva atividade extrativa e indústria pesada (siderurgia e metalurgia).

As principais megalópoles europeias estão concentradas no **Vale do Rio Reno**, região de maior polo industrial do continente, favorecido pelo **Porto de Roterdã**, o mais movimentado porto europeu.

Os maiores contrastes econômicos são verificados nos países da Europa Oriental – de economia socialista até 1990 –, onde o setor industrial é menos desenvolvido e está passando por modernização. Esses países integram os espaços periféricos de dinamismo econômico baixo localizado e dependente de investimentos (observe no mapa da página anterior).

↑ Dusseldorf, Alemanha, 2018.

Mesmo o desenvolvimento industrial daqueles países que pertencem à União Europeia – como Estônia, Letônia, Lituânia e Eslováquia – é inferior à média. Rússia, República Tcheca e Polônia são os países do Leste Europeu que mais se destacam na atividade industrial.

Nesse cenário, os países da Europa Oriental têm crescimento econômico menor, o que se reflete nos indicadores sociais, apresentando mais problemas quando comparados com a parte ocidental do continente.

O desenvolvimento da atividade industrial na Europa também está proporcionando o crescimento do **setor terciário**, dinamizando os serviços e o comércio. Esse setor é responsável pela maior oferta de empregos e por uma considerável produção econômica do continente.

Ele também é atualmente o que mais colabora com o crescimento do PIB europeu. Seu desenvolvimento explica-se pela alta tecnologia e pela automação das empresas, que diminui a mão de obra, contribuindo para a migração dos trabalhadores para o setor de serviços. Além disso, a demanda por serviços nas áreas de cultura, turismo, propaganda e publicidade também tem favorecido a concentração de trabalhadores nesse setor.

↑ Pessoas observam obra de arte na National Gallery. Londres, Reino Unido, 2015.

A tabela a seguir indica as maiores economias do mundo com base nos valores do Produto Interno Bruto (PIB). Observe como os países que compõem o centro dinâmico do espaço econômico europeu figuram entre as nações mais ricas do planeta.

Produto interno bruto – 2016	
Países/ranking	PIB (em bilhões de US$)
Estados Unidos (1º)	18.624,48
China (2º)	11.199,15
Japão (3º)	4.949,27
Alemanha (4º)	3.477,80
Reino Unido (5º)	2.650,85
França (6º)	2.465,45
Itália (8º)	1.859,38
Rússia (12º)	1.283,16
Polônia (22º)	471,36
República Tcheca (46º)	195,31
Romênia (49º)	187,59
Hungria (55º)	125,82

Por sua vez, a riqueza dos principais países do Leste Europeu equivale a cerca de 23% de tudo que é produzido pelas quatro potências continentais.

← Produto interno bruto de diversos países (em bilhões de dólares) em 2016.

Fonte: World Bank. *World Bank Open Data*. Disponível em: <https://data.worldbank.org>. Acesso em: out. 2018.

Agropecuária e mineração

O setor agropecuário europeu é caracterizado pelas pequenas e médias propriedades, pelo uso intensivo de tecnologia, com elevada mecanização e modernização das atividades produtivas.

A distribuição das atividades é fortemente influenciada pelas condições naturais do continente, principalmente pela variedade de solos e climas. As áreas de climas polar e frio são muito limitadoras da prática agrícola na Europa. No entanto, a silvicultura, que consiste no plantio de árvores para a indústria da madeira, é uma das principais atividades agrícolas dos países de clima frio.

Nas áreas de clima temperado, a agricultura é voltada, especialmente, para a produção de batata, beterraba e cereais, como o trigo, com destaque para o Reino Unido, a Alemanha, a Rússia e a Ucrânia. A ocorrência de relevos planos com solos *tchernozion* nas estepes ucranianas e russas é um dos fatores que mais favorecem o uso agrícola do espaço.

No sul do continente, onde predomina o clima mediterrâneo, o que mais se cultivam são frutas (sobretudo uvas) e oliveiras, com destaque para França, Portugal, Espanha, Itália e Grécia.

Já as principais características das atividades pecuárias são a modernização e a produção intensiva. Além de bovinos, a pecuária europeia também se dedica à criação de suínos, ovinos e caprinos.

↑ Plantação de oliveiras na Espanha, 2017.

Uma característica importante da política agrícola da Europa é o incentivo dos governos de muitos países aos agricultores, subsidiando o setor por meio de empréstimos a juros baixos e pagamento em longo prazo.

Internamente, essa prática vem recebendo críticas na União Europeia (UE) por seu alto custo, que onera as finanças dos países e do próprio bloco. No cenário internacional, o bloco também recebe críticas da Organização Mundial do Comércio (OMC), pois o protecionismo agrícola bloqueia a entrada de produtos estrangeiros na Europa. Os países emergentes e menos desenvolvidos do sul, cuja base de exportação está na agricultura, são os mais prejudicados.

No continente europeu, a **mineração** tem papel relevante no desenvolvimento industrial. O petróleo, o gás e o carvão são utilizados como fontes de energia, enquanto o ferro e o manganês são usados na produção do aço.

Embora existam grandes reservas minerais de combustíveis fósseis no subsolo europeu, fator que contribuiu para seu grande desenvolvimento industrial ao longo da história, atualmente os países-membros da UE precisam importar grande parte do petróleo e do gás consumido pela população.

O ferro e o carvão são encontrados principalmente no Vale do Ruhr, na Rússia e na Ucrânia, já o petróleo é extraído, principalmente, do Mar do Norte e do Mar Cáspio.

↑ Mina de carvão em atividade. Belchatow, Polônia, 2018.

Observe no mapa a seguir a localização das principais produções agrícola e pecuária do continente europeu, assim como as áreas mais importantes de exploração dos recursos energéticos.

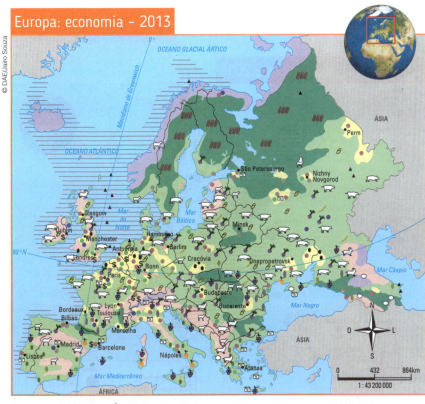

Fonte: Vera Caldini e Leda Ísola. *Atlas geográfico Saraiva*. 4. ed. São Paulo: Saraiva, 2013. p. 113.

149

Impactos ambientais

O desenvolvimento econômico europeu baseou-se no avanço técnico da indústria, na modernização da produção agrícola e no uso intensivo dos recursos minerais. Consequentemente, o espaço geográfico do continente foi profundamente alterado, causando profundos impactos ambientais.

Entre os principais danos ao meio ambiente, gerados pela industrialização europeia, estão a chuva ácida, a poluição da água e do ar e a destruição da vegetação nativa.

↑ Área de floresta desmatada. Sulmin, Polônia, 2016.

A formação da chuva ácida é decorrente da grande emissão de gases poluentes pelas indústrias, principalmente o dióxido de carbono, tornando ácidas as águas das chuvas, o que prejudica a qualidade dos recursos hídricos e a fertilidade dos solos.

Por sua vez, os incêndios florestais e o desmatamento têm reduzido a vegetação nativa do continente, levando a uma diminuição gradativa da biodiversidade.

Em decorrência da preocupação cada vez maior com o meio ambiente, a União Europeia defende a modernização das indústrias associada ao controle das emissões de poluentes. Em 4 de outubro de 2016, o Conselho Europeu ratificou a posição do bloco regional de adesão ao Acordo de Paris, de 2015, com o objetivo de limitar o aumento da temperatura global por meio da redução da emissão de gases de efeito estufa.

CARTOGRAFIA

1. Associe a concentração das megalópoles europeias com o Vale do Reno.

2. De que forma as informações do mapa evidenciam a desigualdade da importância econômica entre os países do continente?

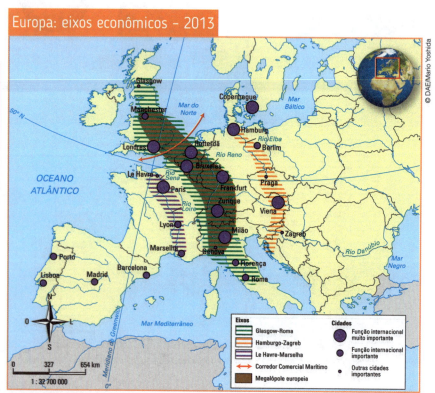

Fonte: Vera Caldini e Leda Ísola. *Atlas geográfico Saraiva*. 4. ed. São Paulo: Saraiva, 2013. p. 125.

ATIVIDADES

SISTEMATIZAR

1. Que fatores históricos contribuíram para o surgimento da indústria no continente europeu e, em especial, na Inglaterra?

2. Caracterize o setor industrial europeu atual.

3. Observe o mapa da página 145 – "Europa: organização do espaço econômico – 2010" – e a tabela da página 147 – "Produto interno bruto – 2016". Em seguida, identifique e contextualize as regiões centrais e as regiões periféricas do continente.

4. Como se explica o desenvolvimento do setor terciário na Europa?

5. De que maneira os espaços naturais influenciam na produção agrícola europeia?

REFLETIR

1. Observe as imagens e relacione-as aos principais problemas ambientais do continente europeu.

↑ República Tcheca, 2016.

↑ Bélgica, 2015.

2. A grande diversidade de paisagens e culturas atrai turistas do mundo todo para a Europa. Escreva um pequeno texto sobre a importância dessa atividade para a economia dos países europeus.

DESAFIO

1. No continente europeu, há diferenças entre o setor industrial da Europa Ocidental e o da Europa Oriental. Copie o modelo de quadro abaixo, pesquise informações referentes às indústrias dessas duas porções do continente e complete-o no caderno.

Europa Oriental	Europa Ocidental

151

SOCIEDADE E CIÊNCIA

Europa de pedal

Turismo, economia e integração regional

No mundo inteiro, cada vez mais pessoas optam pela bicicleta para se locomover em ruas e avenidas. Recentemente foi desenvolvido um projeto para possibilitar viagens de bicicleta em percursos mais longos, entre cidades mais distantes e até entre países.

O projeto, chamado EuroVelo, foi desenvolvido e financiado pelo órgão de turismo sustentável da União Europeia (UE) e pretende entregar, até 2020, uma gigantesca ciclovia, com 70 mil quilômetros de extensão, formada por 14 rotas que interligarão 43 países, integrantes ou não da UE. O projeto é voltado principalmente àqueles que desejam viajar de bicicleta, mas não deixa de lado a população dos locais em que a ciclovia passará, porque as pessoas poderão usar a estrutura nas atividades do dia a dia.

As rotas são identificadas por números de 1 a 14 e, muitas vezes, recebem também um segundo nome, associado com a história dos lugares por onde atravessam. A mais famosa é a EuroVelo 13, com 10 mil quilômetros, também conhecida por Cortina de Ferro, uma menção à Guerra Fria, período do século XX no qual o continente estava dividido entre Europa Oriental e Europa Ocidental.

Além de fomentar uma prática de viagem alternativa, o projeto gera discussão sobre sustentabilidade, saúde, desenvolvimento, criação de empregos e circulação de pessoas.

Ao defender o uso de bicicletas em lugar de veículos automotores impulsionados por derivados de petróleo, o projeto colabora para a manutenção das reservas desse recurso natural, o que diminui a emissão de gases poluidores do ar e intensificadores do efeito estufa; além disso, colabora com a saúde da população, estimulando-a a ser menos sedentária.

Outra decorrência é o fortalecimento do nicho de consumo ligado ao ciclismo. Os ciclistas precisam de equipamentos e serviços especiais para suas bicicletas e para eles mesmos durante as jornadas. Por isso, está prevista a criação de uma estrutura completa para atender a esse público, como oficinas, lojas para aluguel de bicicletas, acomodação, áreas de descanso e até mesmo transporte alternativo nas regiões muito íngremes ou de difícil acesso. A criação desse nicho de mercado certamente movimentará a economia, interferirá ainda mais no espaço geográfico ao redor das rotas e criará atividades trabalhistas em uma Europa que vive forte crise de desemprego.

Além de ser um atrativo turístico – uma inovação nos locais por onde passarão –, das benesses à saúde e de ajudar a preservar o meio ambiente, as ciclovias podem alterar, e muito, a circulação de cidadãos, europeus e não europeus, integrantes ou não da União Europeia.

A operação da imensa ciclovia aumentará a circulação de pessoas pelas fronteiras, somando-se ao tráfego aéreo e rodoviário do continente, o que possivelmente exigirá algum mecanismo para diminuir a burocracia atual, exigida na passagem de um país para outro, a fim de evitar que as regras de migração provoquem filas de bicicletas nas regiões fronteiriças.

Não somente os europeus deverão usar o circuito como rota de viagem ou cotidiana, seguramente haverá outros usuários, como os turistas oriundos de todas as partes do planeta. Por isso, também serão necessárias ações de amparo a esses turistas. O mapeamento de consulados e embaixadas de diversos países é um exemplo de ação que pode ajudar os ciclistas, caso necessitem de algum apoio dos respectivos países ou enfrentem problemas legais enquanto percorrem as ciclovias.

Podemos imaginar que a efetivação do Projeto EuroVelo mudará a realidade dos locais pelos quais a ciclovia passará, indo muito além do desenvolvimento sustentável e da melhora da qualidade de vida. O trânsito de pessoas, a movimentação de dinheiro, a necessidade de alteração do espaço e o fato de as ciclovias envolverem países que não são membros da UE são fatores que alterarão a realidade geográfica da região.

↑ Copenhague é a cidade mais adaptada ao uso de bicicletas do mundo, com um extenso sistema de ciclovias. Dinamarca, 2014.

1. Responda às questões sobre o texto.

   a) Você acredita que o projeto EuroVelo realmente aumentará a procura por um tipo de turismo alternativo, por meio da bicicleta? Cite alguns prós e contras de viajar dessa maneira.

   b) Quais são as vias de acesso e os meios de transporte mais utilizados onde você vive? Você acredita que um projeto como o EuroVelo pode ajudar na integração entre partes diferentes da cidade ou do bairro em que mora?

CAPÍTULO 4
Blocos econômicos europeus

No capítulo anterior, você estudou a organização do espaço econômico europeu e os impactos causados por ela. Neste capítulo, você vai estudar o processo de formação da CEI, da UE e as características econômicas mais importantes.

União Europeia e Comunidade dos Estados Independentes

Como você estudou no Tema 1, a globalização e a expansão do mercado capitalista mundial contribuíram para um maior fortalecimento dos mercados e para a criação de blocos econômicos.

O continente europeu é marcado pela força do bloco econômico de maior importância mundial na atualidade, a **União Europeia (UE)**, composta de 28 países.

Na porção leste do continente, a **Comunidade dos Estados Independentes (CEI)** também se organiza como bloco econômico e seu histórico e objetivo de formação estão diretamente relacionados com a dissolução da antiga União Soviética (URSS).

↑ Representantes do Conselho Europeu e da Comissão Europeia, instituições que representam a União Europeia, no 12º Encontro Ásia-Europa. Bruxelas, Bélgica, 2018.

Formação da União Europeia

Enfraquecidos devido à Segunda Guerra Mundial, alguns países do continente europeu passaram a se reunir em organizações econômicas para reconstruir e fortalecer as respectivas economias. A primeira organização criada foi a **Benelux**, em 1944, com o objetivo de ampliar as relações comerciais entre os países-membros – Bélgica, Holanda (Países Baixos) e Luxemburgo – reduzindo e até eliminando as tarifas alfandegárias em suas trocas comerciais.

↑ Reunião da Comunidade dos Estados Independentes. Duchambe, Tajidquistão, 2018.

Em 1951, esses três países, acrescidos de Itália, França e Alemanha Ocidental, assinaram o **Tratado de Paris** e criaram a **Comunidade Econômica do Carvão e do Aço (Ceca)**, que estabelecia a livre circulação do carvão, do ferro e do aço entre os países-membros. Esse agrupamento ficou conhecido como **Europa dos Seis**.

Com o sucesso do Benelux e da Ceca, assinou-se o **Tratado de Roma**, em 1957, que criou o **Mercado Comum Europeu (MCE)** ou **Comunidade Econômica Europeia (CEE)**. Esse acordo promoveu o aprofundamento da integração europeia por meio de trocas comerciais entre os países-membros, tendo em vista a expansão econômica.

Em 1973, o MCE foi acrescido de Reino Unido, Irlanda e Dinamarca, formando a **Europa dos Nove**. Com a entrada da Grécia, em 1981, e de Espanha e Portugal, em 1986, o bloco passou a ser conhecido como **Europa dos Doze**.

Em 1992, o **Tratado de Maastricht** (Holanda) definiu uma nova estratégia no bloco, que, em 1993, passou a se chamar **União Europeia**. Esse tratado promovia uma união econômica e monetária entre os países-membros e estabelecia os primeiros passos para a criação da moeda única, o **euro**. Assim, consolidou-se a livre circulação de mercadorias, serviços e capitais.

Em 1995, passou a vigorar também a livre circulação de pessoas dentro do bloco. No mesmo ano, Suécia, Finlândia e Áustria nele ingressaram, configurando-se a **Europa dos Quinze**.

Com a livre circulação de pessoas entre os países-membros, surgiu a figura do **cidadão europeu**. Assim, a população dos países signatários do tratado poderia morar e trabalhar em qualquer uma dessas nações, além de poder votar e candidatar-se ao **Parlamento Europeu**.

Em 2004, a UE começou a se expandir para o Leste Europeu, integrando ao bloco países que durante décadas adotaram o socialismo e eram considerados economias mais frágeis no cenário europeu. Ingressaram na união países do antigo bloco soviético, os três países bálticos e dois países insulares mediterrâneos. Em 2007, Bulgária e Romênia integraram-se ao bloco e, em 2013, a Croácia foi o último país a nele ingressar, somando atualmente 28 países.

Observe no mapa ao lado os países que compõem a União Europeia, de acordo com seu ano de ingresso, e aqueles que pleiteiam uma vaga no bloco.

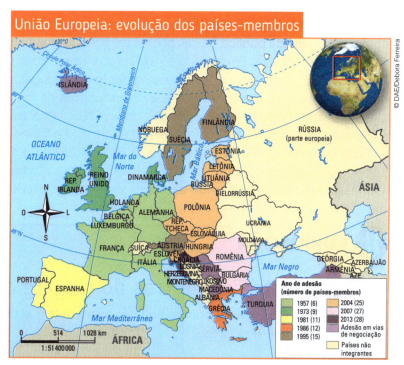

Fonte: Graça M. L. Ferreira. *Atlas geográfico: espaço mundial*. São Paulo: Moderna, 2010. p. 91 (com atualizações).

Principais objetivos da União Europeia

- Promover a economia da região para aperfeiçoar a infraestrutura (transportes, redes de telecomunicação, energia) e garantir políticas comuns aos setores agrícola, pesqueiro e de pesquisa nuclear.
- Desenvolver o aspecto social dos países-membros, a fim de eliminar a desigualdade entre eles.
- Permitir aos cidadãos que circulem e fixem residência livremente em qualquer um dos países-membros.
- Padronizar políticas trabalhistas, de defesa, de combate ao crime e de migração.
- Adotar um sistema único de defesa e estabelecer normas de proteção ambiental.
- Adotar uma moeda única, o euro, para fortalecer a integração dos países-membros e diminuir a hegemonia da moeda norte-americana.

A economia da União Europeia

Com a criação da União Europeia, surgiu uma moeda única – o **euro** –, que começou a circular em 2002, extinguindo diversas moedas nacionais dos países que aderiram a ela. Reino Unido, Dinamarca e Suécia decidiram não adotar a moeda.

Os países que adotaram o euro formaram uma **união econômica e monetária** no mercado comum da União Europeia, conhecida como **zona do euro**. Atualmente, 19 países adotam a moeda única: Alemanha, Áustria, Bélgica, Chipre, Eslováquia, Eslovênia, Espanha, Estônia, Finlândia, França, Grécia, Irlanda, Itália, Letônia, Lituânia, Luxemburgo, Malta, Países Baixos e Portugal.

Em 2016, o PIB do bloco dos países da zona do euro ficou atrás apenas da riqueza gerada pelos 28 países de toda a União Europeia e dos Estados Unidos, maior economia global. Essas nações, portanto, formam a grande força econômica do continente. A partir de 2009, no entanto, esses países foram atingidos pela crise econômica mundial.

↑ Pessoas em manifestação pacífica contra as medidas de austeridade econômica da União Europeia e da chamada troika. Barcelona, Espanha, 2013.

A elevada **dívida pública**, as desigualdades internas entre as economias do bloco e as altas taxas de inflação são alguns dos fatores da crise econômica nos países do bloco. As nações mais atingidas foram Portugal, Irlanda, Itália, Grécia e Espanha, as quais passaram a ser mencionadas de forma depreciativa, por diversos meios de comunicação, como PIIGS, em alusão ao termo *pig* ("porco", em inglês). Esses países têm recebido auxílio financeiro do Banco Central Europeu, da União Europeia e do FMI com o intuito de combater a crise e o desemprego. Em contrapartida, medidas como cortes de gastos, reformas nas leis trabalhistas e privatizações são implementadas.

> **GLOSSÁRIO**
>
> **Dívida pública:** corresponde à dívida do governo com entidades e com a sociedade. O governo toma dinheiro emprestado para financiar parte de seus gastos, não cobertos com a arrecadação de impostos.

CURIOSO É...

Quem é a troika por trás do resgate da Grécia?

A troika é um jargão econômico utilizado para se referir às três instituições internacionais que estão emprestando dinheiro à Grécia.

[...]

São Comissão Europeia (CE), Fundo Monetário Internacional (FMI) e Banco Central Europeu (BCE).

A CE representa a União Europeia e os 19 países da zona do euro. A CE é o braço executivo da União Europeia e faz o trabalho diário de implementação das políticas do bloco e de gasto de seus fundos, mas responde aos Estados-membros da UE. A Alemanha é a maior economia da UE e vista como quem tem a palavra final sobre o resgate grego.

O FMI foi criado no fim da Segunda Guerra Mundial (1939-1945) para regular a economia internacional. [...] A instituição tem estritas metas a serem cumpridas em troca do resgate grego, mas, como é apenas um dos credores, seu poder é limitado.

Já o BCE, criado para, entre outras coisas, estabelecer a meta de inflação do bloco da moeda única, começou a comprar títulos da dívida grega em 2010 fazendo com que as taxas de empréstimo caíssem. [...]

O Globo, 1º jul. 2015. Disponível em: <https://oglobo.globo.com/economia/quem-a-troika-por-tras-do-resgate-da-grecia-16622065>. Acesso em: jun. 2018.

A União Europeia no século XXI

Os novos rumos da União Europeia deverão focar as principais questões que têm atingido o bloco nos últimos anos. O desemprego, a desigualdade econômica entre os novos e os antigos membros, as questões demográficas, a atuação de grupos terroristas, a xenofobia e as grandes correntes migratórias de refugiados para o continente são alguns dos principais desafios.

Observe no gráfico a seguir o índice de desemprego em alguns países da zona do euro em 2017.

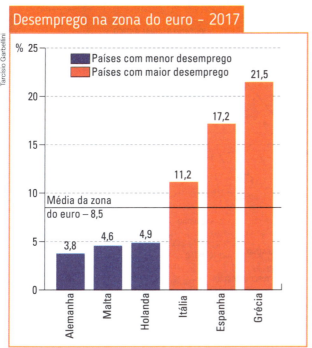

← O gráfico mostra o índice de desemprego na zona do euro em 2017.

Fonte: *Eurostat: European Statistics*, 2017. Disponível em: <http://ec.europa.eu/eurostat>. Acesso em: jun. 2018.

Por causa dessas tensões internas, questiona-se a eficiência do bloco em manter o projeto de integração dos países europeus. Movimentos nacionalistas estão emergindo e buscando o distanciamento e até mesmo a saída da União Europeia, caso do **Brexit**.

Reunião dos termos em inglês *Britain* ("Grã-Bretanha") e *exit* ("saída"), o Brexit refere-se à saída do Reino Unido do bloco europeu aprovada pela população em referendo realizado em junho de 2016.

Esse processo é inédito e inaugura um momento histórico para o bloco. As consequências do *Brexit* foram imediatas, embora a saída do Reino Unido fosse ocorrer somente após um período de dois anos.

← Manifestantes a favor do Brexit se reúnem em frente ao Parlamento para protestar contra a primeira-ministra Theresa May. Londres, Reino Unido, 2018.

Formação da Comunidade de Estados Independentes

Com a extinção da União Soviética, em 1991, e a independência das repúblicas que compunham esse país, os governos da Rússia, Ucrânia e de Belarus estruturaram um bloco político e econômico para organizar e integrar a economia dos países da região. O desafio era fazer a transição das economias estatais planificadas (socialismo) para economias de mercado (capitalismo).

Assim, foi criada a **Comunidade dos Estados Independentes (CEI)**, que passou a contar com 11 países, todos oriundos da ex-União Soviética. Além dos países originários do bloco, a comunidade é composta por Moldávia, Armênia, Azerbaijão, Casaquistão, Quirguistão, Turcomenistão, Tadjiquistão e Uzbequistão. A cidade de Minsk, em Belarus, foi escolhida como sede do bloco.

Na criação do bloco, ficou acordado que esses países desenvolveriam uma cooperação econômica, política e militar sob a liderança da Rússia. Todos os países do bloco se tornaram, automaticamente, membros das Nações Unidas.

Fontes: *Atlas geográfico escolar: Ensino Fundamental do 6º ao 9º ano.* Rio de Janeiro: IBGE, 2015. p. 119; Commonwealth of Independent States. Disponível em: <www.cisstat.com/eng/cis.htm>. Acesso em: out. 2018.

Os países bálticos (Letônia, Estônia e Lituânia) se mantiveram afastados da comunidade por não concordarem com a liderança da Rússia e por terem interesse de ingressar no bloco da União Europeia, o que de fato ocorreu em 2004.

Rússia, liderança natural

A Rússia determina o ritmo econômico da CEI. Embora os países-membros tenham moeda própria, é o rublo que circula em todos eles, como padrão para as transações comerciais na comunidade.

↑ Reservatório de gás natural em Yamal, Rússia, 2018.

A liderança econômica da Rússia perante os demais países da CEI deve-se, em grande parte, à concentração de reservas minerais em seu território, especialmente de petróleo, gás natural e carvão mineral, além das redes de oleodutos e gasodutos que interligam o território russo à Europa, atravessando grande parte dos países que fazem parte da comunidade.

O gás natural e o petróleo russos são exportados para a União Europeia e para os Estados Unidos. Outros países da CEI, como o Azerbaijão, o Casaquistão e o Turcomenistão, também fornecem petróleo e gás natural para a Europa.

A dependência do gás natural força a União Europeia a manter relações de tolerância com a política internacional russa, muitas vezes contestada internacionalmente. O caso mais recente é o da Ucrânia, envolvendo o território da Crimeia.

ATIVIDADES

SISTEMATIZAR

1. O que foi o Benelux e qual seu objetivo?

2. Leia o trecho abaixo e faça o que se pede.

> A maneira encontrada para superar essas rivalidades foi criar um sistema que tornasse os países interdependentes. Esse sistema deveria ser forte e, sobretudo, unir Alemanha e França, rivais históricos e duas grandes potências econômicas. [...]
>
> O primeiro passo oficial foi o documento de 1950, chamado Plano Schuman, apresentado pelo então ministro de Relações Exteriores da França, Robert Schuman, e desenhado com a ajuda do conselheiro político francês Jean Monnet.
>
> O plano foi o passo mais importante para a assinatura do Tratado de Paris, em 1951, que deu origem à Comunidade Europeia do Carvão e do Aço (Ceca), composta por França, Bélgica, Luxemburgo, Holanda, Itália e Alemanha Ocidental. [...]
>
> Rafael Indoli. União Europeia: o maior projeto de integração regional em seus piores momentos. *Nexo Jornal*, 3 mar. 2017. Disponível em: <www.nexojornal.com.br/explicado/2017/03/03/Uni%C3%A3o-Europeia-o-maior-projeto-de-integra%C3%A7%C3%A3o-regional-em-seus-piores-momentos>. Acesso em: jun. 2018.

- O texto se refere a uma das etapas da história de formação da União Europeia, a criação da Ceca. Com base nele, explique a importância da formação desse bloco.

3. O que o Tratado de Maastricht trouxe de novo para o Mercado Comum Europeu?

4. O que é a zona do euro? Quais são os países dela integrantes?

5. O que é a CEI e qual o principal objetivo de sua fundação?

REFLETIR

1. Observe os dados dos gráficos a seguir e discorra sobre as questões econômicas e sociais dos países da União Europeia.

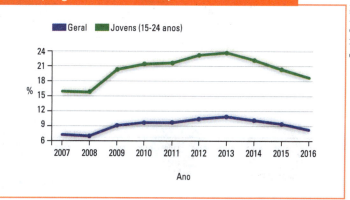

Euro

Em 1º de janeiro de 2002, o euro tornou-se a moeda de uma dezena de países da União Europeia. Na época, foi mais um passo para a integração regional.

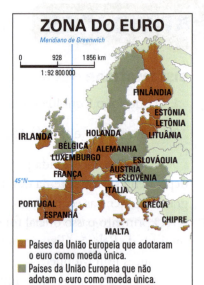

O símbolo é inspirado na letra grega épsilon e na primeira letra da palavra Europa.

As moedas. Uma face foi desenhada por Luc Luycx e leva o mapa da União Europeia. A outra face mostra desenhos próprios de cada estado.

VALORES	1, 2 E 5 CENTAVOS
COR	COBRE
MATERIAL	AÇO COBERTO COM COBRE

VALORES	10, 20 E 50 CENTAVOS
COR	AMARELO
MATERIAL	OURO NÓRDICO

VALORES	1 E 2 EUROS
COR	AMARELO E PRATEADO
MATERIAL	NÍQUEL/COBRE/ZINCO

As notas. São sete, desenhadas por Robert Kalina. Seus desenhos estão relacionados com os movimentos históricos que formam o patrimônio arquitetônico europeu.

VALOR	5 EUROS
COR	CINZA
PERÍODO	CLÁSSICO

VALOR	10 EUROS
COR	VERMELHO
PERÍODO	ROMANO

VALOR	20 EUROS
COR	AZUL
PERÍODO	GÓTICO

VALOR	50 EUROS
COR	LARANJA
PERÍODO	RENASCIMENTO

VALOR	100 EUROS
COR	VERDE
PERÍODO	BARROCO

VALOR	200 EUROS
COR	AMARELO
PERÍODO	ART NOUVEAU

A maior e a menor

A nota de 500 euros é a de maior valor, e a moeda de 1 centavo, a de menor valor.

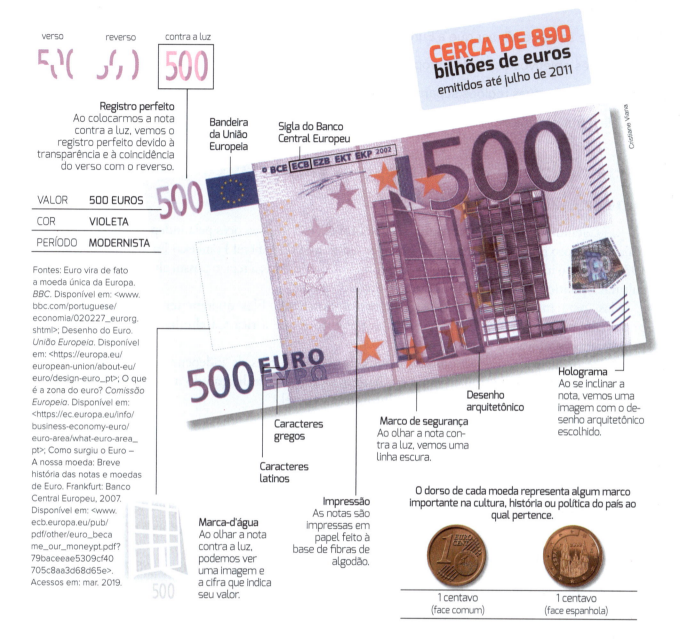

CERCA DE 890 bilhões de euros emitidos até julho de 2011

Registro perfeito
Ao colocarmos a nota contra a luz, vemos o registro perfeito devido à transparência e à coincidência do verso com o reverso.

VALOR	500 EUROS
COR	VIOLETA
PERÍODO	MODERNISTA

Fontes: Euro vira de fato a moeda única da Europa. *BBC*. Disponível em: <www.bbc.com/portuguese/economia/020227_eurorg.shtml>; Desenho do Euro. *União Europeia*. Disponível em: <https://europa.eu/european-union/about-eu/euro/design-euro_pt>; O que é a zona do euro? *Comissão Europeia*. Disponível em: <https://ec.europa.eu/info/business-economy-euro/euro-area/what-euro-area_pt>; Como surgiu o Euro – A nossa moeda: Breve história das notas e moedas de Euro. Frankfurt: Banco Central Europeu, 2007. Disponível em: <www.ecb.europa.eu/pub/pdf/other/euro_became_our_moneypt.pdf?79baceeae5309cf40705c8aa3d68d65e>. Acessos em: mar. 2019.

- **Bandeira da União Europeia**
- **Sigla do Banco Central Europeu**
- **Holograma** — Ao se inclinar a nota, vemos uma imagem com o desenho arquitetônico escolhido.
- **Desenho arquitetônico**
- **Marco de segurança** — Ao olhar a nota contra a luz, vemos uma linha escura.
- **Impressão** — As notas são impressas em papel feito à base de fibras de algodão.
- **Caracteres gregos**
- **Caracteres latinos**
- **Marca-d'água** — Ao olhar a nota contra a luz, podemos ver uma imagem e a cifra que indica seu valor.

O dorso de cada moeda representa algum marco importante na cultura, história ou política do país ao qual pertence.

1 centavo (face comum) — 1 centavo (face espanhola)

CRESCIMENTO DO EURO FRENTE AO DÓLAR

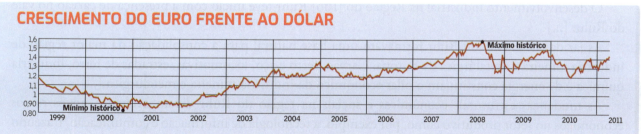

1. Explique a importância da adoção de uma moeda única para países da União Europeia.

2. Explique o crescimento do euro em relação ao dólar apresentado no gráfico.

161

PANORAMA

FAÇA AS ATIVIDADES A SEGUIR E REVEJA O QUE VOCÊ APRENDEU.

1. Por que se pode afirmar que a Europa é um continente multicultural?

2. Cite três objetivos da União Europeia.

3. Quais são as duas regiões separatistas na Espanha? Em que região do país estão localizadas?

4. Leia o trecho do texto e responda às questões a seguir.

Além da Escócia, outras regiões europeias cultivam tendências separatistas

[...] Catalunha: Em nenhuma outra região europeia o "vírus" escocês pela independência poderá ser mais contagioso do que na Catalunha. Durante a ditadura do general Francisco Franco na Espanha, de 1936 a 1975, o idioma catalão chegou a ser proibido. Atualmente, a região possui alto grau de autonomia cultural e política, além de seu próprio parlamento regional.

Mas, para muitos catalães, isso ainda não é suficiente. Eles querem ter seu próprio Estado, principalmente por razões econômicas. O argumento é que a rica Catalunha estaria sendo sugada pelo Estado espanhol.

Desde o início da crise econômica, o número de apoiadores da independência catalã aumentou significativamente. O governo regional em Barcelona almeja a realização de um referendo [...] Madri não está disposta a aceitar, o que torna o confronto inevitável.

[...]

Carta Capital, 18 set. 2014. Disponível em: <https://www.cartacapital.com.br/mundo/alem-da-escocia-outras-regioes-europeias-cultivam-tendencias-separatistas-6424/>. Acesso em: out. 2018.

a) Por que os catalães querem a independência? Que benefícios viriam dessa separação?

b) Por que, na visão dos catalães, a "Catalunha estaria sendo sugada pelo Estado espanhol"?

c) O que leva o governo espanhol a desaprovar essa iniciativa do povo catalão?

5. Por que é grande o contingente de imigrantes na Europa Ocidental?

6. Que fatores justificam o crescimento do setor terciário na Europa?

7. Leia o texto e faça o que se pede a seguir.

O desenvolvimento industrial na Região do [Rio] Ruhr teve início com a presença de carvão no vale do Ruhr. [...]

As jazidas de carvão do Ruhr formavam uma base natural para a consolidação da maior região de indústria mineira e metalúrgica da Europa. Carvão, ferro e aço, locomotivas, estradas de ferro, indústria química e de energia constituíam o pilar econômico da indústria mineira e metalúrgica [...].

As mudanças estruturais econômicas e sociais na região do Ruhr deram origem a novos ramos econômicos no setor produtivo como, por exemplo, a tecnologia de informação e comunicação, trazendo o desenvolvimento. [...].

Seis Universidades e nove Universidades Integradas [...], Institutos de Pesquisa e Centros de Tecnologia tornam a região do Ruhr a mais densa área de formação e pesquisa da Europa.

Dieter Anhuf. *Desenvolvimento regional na região do Ruhr: do distrito de carvão a região de prestação de serviços.* Disponível em: <https://portalseer.ufba.br/index.php/geotextos/article/view/3046/2159>. Acesso em nov. 2018.

a) A que país e região o texto se refere?

b) Qual é a importância dessa região para a Europa?

c) Relacione a riqueza mineral com a capacidade industrial da região.

8. Que países do continente europeu foram mais intensamente atingidos pela crise iniciada no final da década de 2000? Que medidas foram adotadas pela UE para auxiliá-los?

9. Mencione os principais problemas enfrentados pelos países da União Europeia na atualidade.

10. Como a Rússia controla a Comunidade dos Estados Independentes?

11. Interprete a charge ao lado e escreva um breve comentário sobre ela.

12. Observe o mapa a seguir.

Este é um mapa dinâmico, pois representa o fluxo populacional que ocorre no espaço geográfico. Para interpretá-lo, é necessário identificar os pontos de partida e de chegada do que está em movimento. De acordo com essas informações, o que é possível concluir?

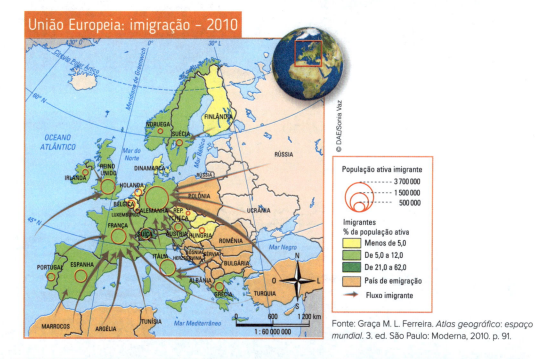

Fonte: Graça M. L. Ferreira. *Atlas geográfico: espaço mundial*. 3. ed. São Paulo: Moderna, 2010. p. 91.

DICAS

▶ ASSISTA

Guerra não!, Brasil, 2014. Direção: Marcelo de Paula. O documentário é o resultado de meses de cobertura jornalística da Guerra de Kosovo, na ex-Iugoslávia.

📖 LEIA

União Europeia, de André Martin e Ivan Jaf. Ática, 2007. Narra a história de João, um adolescente que, na companhia do tio-avô, faz muitas descobertas sobre a nova União Europeia. São abordados temas como os antecedentes, o surgimento e o futuro do bloco econômico.

↓ Monte Fuji. Yamanashi, Japão, 2016.

TEMA 6
Ásia: aspectos físicos

NESTE TEMA
VOCÊ VAI ESTUDAR:

- limites geográficos e regionalização da Ásia;
- relevo asiático;
- principais rios, mares e lagos;
- principais tipos de clima;
- formações vegetais e questões ambientais.

Montanhas são consideradas, desde a Antiguidade, símbolos de morada dos deuses, onde os seres humanos ficam mais próximos do divino. O Monte Fuji, no Japão, expressa bem essa ideia: é reverenciado por mestres da pintura, poetas e músicos. Tamanha devoção levou a Unesco a declará-lo Patrimônio Mundial da Humanidade.

1. Você já conhecia o Monte Fuji? Já viu alguma representação artística dele? Discuta com os colegas: Qual é a importância de preservar locais considerados sagrados e fontes de inspiração artística?

165

CAPÍTULO 1
Localização e regionalizações

No capítulo anterior, você estudou o processo de formação da CEI e da UE, bem como as principais características econômicas do continente europeu. Neste capítulo, você vai estudar a localização, os limites e as fronteiras da Ásia.

Localização e países componentes

A **Ásia** é o continente de maior extensão territorial do mundo, com 44,9 milhões de quilômetros quadrados, ocupando quase 30% das terras emersas do planeta.

O continente está localizado no Hemisfério Oriental da Terra, a leste do Meridiano de Greenwich, cortado pelo Círculo Polar Ártico ao norte, pelo Trópico de Câncer ao centro e pela Linha do Equador ao sul.

Observe no mapa a seguir a localização da Ásia e os países que a compõem.

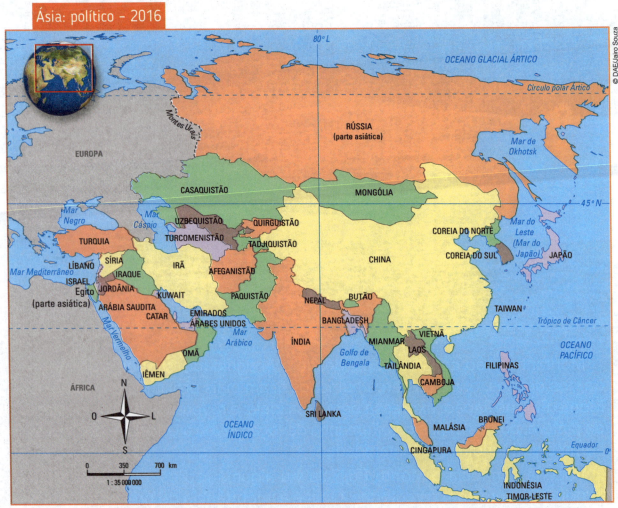

Fonte: *Atlas geográfico escolar*. 7. ed. Rio de Janeiro: IBGE, 2016. p. 47.

Limites geográficos e caracterização geral

A Ásia limita-se ao norte com o Oceano Glacial Ártico; ao sul, com o Oceano Índico; a leste, com o Oceano Pacífico; a oeste, com a Europa e o Mar Mediterrâneo; e a sudoeste, com a África e o Mar Vermelho.

Como você já sabe, a Ásia e a Europa formam um mesmo bloco continental, a Eurásia, separadas pelos Montes Urais, pelo Mar Cáspio, pelo Mar Negro e pelo Mar Mediterrâneo. O continente asiático está separado da África pelo Istmo de Suez, comunica-se com a Oceania pelas ilhas da Indonésia e separa-se da América pelo Estreito de Bering.

Em virtude da grande extensão norte-sul, o continente tem todos os climas do Hemisfério Norte: equatorial, tropical, temperado, árido, polar, entre outros. Essa variedade climática é responsável também pelo desenvolvimento de inúmeras formações vegetais.

Devido a sua larga extensão leste-oeste, o continente é atravessado por 11 fusos horários, com cerca de 160° de longitude. A Ásia é também o continente mais populoso do mundo, com aproximadamente 5 bilhões de habitantes (dados de 2017 do The Word Bank), o que corresponde a cerca de 65% da população mundial.

Observe no gráfico ao lado um comparativo da Ásia com os demais continentes quanto à área territorial.

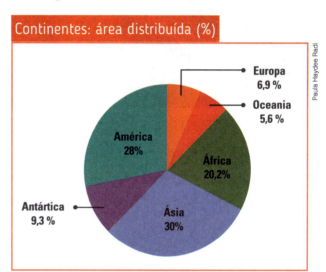

↑ O gráfico mostra a distribuição territorial por continente em porcentagem.

Fonte: World Bank. Disponível em: <https://data.worldbank.org/indicator/AG.SRF.TOTL.K2>. Acesso em: out. 2018.

Regionalização

Devido à sua grande diversidade natural e complexidade de grupos étnicos e culturas, o continente pode ser regionalizado, de acordo com a localização de cada país, em seis regiões: Extremo Oriente, Sudeste Asiático, Ásia Meridional, Oriente Médio, Ásia Central e Ásia Setentrional. Observe o mapa ao lado.

Fonte: *Atlas geográfico escolar.* 7. ed. Rio de Janeiro: IBGE, 2016. p. 47.

167

↑ Seul, Coreia do Sul, 2018.

Extremo Oriente

Localizada no leste do continente, essa região é banhada pelo Oceano Pacífico, abrangendo China, Coreia do Norte, Coreia do Sul, Japão, Taiwan e Mongólia. A região se destaca em razão da numerosa população absoluta da China e de seu crescimento econômico nas últimas décadas. Conta, ainda, com a forte economia do Japão, país integrante do G-7. Também sofre com as divergências diplomáticas entre as duas Coreias (do Sul e do Norte), que tiveram origem na Guerra Fria.

Sudeste Asiático

Formada por Cingapura, Tailândia, Vietnã, Camboja, Malásia, Laos, Mianmar, Filipinas, Brunei, Indonésia e Timor-Leste, essa região é dividida em duas partes: a continental ou peninsular (Península da Indochina) e a insular (ilhas). Localizada, em sua maior parte, entre o Trópico de Câncer e a Linha do Equador, com temperaturas médias elevadas durante o ano, é a região tropical do continente que apresenta as **monções**. Nela, destacam-se o país-cidade Cingapura, em razão do padrão de vida elevado. Nos demais países, predomina a população rural, com grandes problemas sociais.

> **GLOSSÁRIO**
>
> **Monções:** ventos periódicos do Oceano Índico que vão do mar em direção ao continente no verão e do continente em direção ao mar no inverno.

→ Cingapura é um país-cidade que se destaca economicamente no Sudeste Asiático em razão de seu desenvolvimento econômico, principalmente por se tratar de centro financeiro internacional. Fotografia de 2016.

Ásia Meridional

Índia, Paquistão e Bangladesh são alguns dos países dessa região, conhecida também como subcontinente indiano, caracterizada por elevada população absoluta e grande desigualdade social.

A Índia se destaca por sua grande população, em torno de 1,3 bilhão de habitantes (World Bank, 2014), e seu setor industrial, em amplo desenvolvimento. Ainda que apresente índices sociais preocupantes, vem ganhando lugar de destaque na economia mundial como um país emergente e promissor.

Oriente Médio

Com índices baixos de pluviosidade, as áreas desérticas predominam nessa região, que é a mais seca da Ásia e uma das mais ricas em petróleo no mundo. Nela se encontram países como Arábia Saudita, Iraque, Israel e Irã.

A etnia árabe e a religião islâmica predominam na região, conhecida também pelos intensos conflitos entre israelenses e palestinos.

Ásia Central

É formada por países localizados a leste do Mar Cáspio, integrantes da antiga União Soviética: Casaquistão, Uzbequistão, Turcomenistão, Quirguistão e Tadjiquistão. São países com economia baseada na agricultura e nos negócios relacionados ao petróleo (extração ou rota de oleodutos).

↑ Mumbai, cidade mais populosa da Índia, 2018.

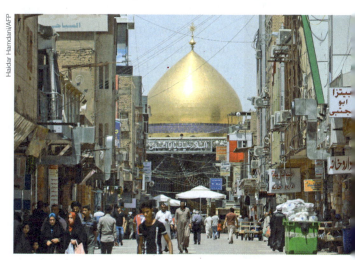
↑ Najaf, Iraque, 2018.

↓ Aktau, Casaquistão, 2015.

Ásia Setentrional

Corresponde às terras localizadas na parte asiática da Rússia, região do país conhecida como Sibéria. Nela predominam temperaturas baixas e clima polar, com os invernos mais longos e rigorosos de todo o continente.

A região tem muitas reservas de petróleo e gás natural, e a agricultura desempenha importante papel, facilitada pelo relevo plano e solo *tchernozion*.

↑ Iakutsk, Rússia, 2016.

 AQUI TEM MAIS

1. Leia o trecho a seguir e responda às questões.

A maior e mais velha concentração de água pura mundial, o Lago Baikal, está se tornando um pântano, alertam ecologistas russos. Dizem que toneladas de lixo vindas de áreas turísticas e transportes hídricos estão sendo derramadas no lago protegido pela Unesco.

Uma das maravilhas naturais e a pérola da Sibéria, o Lago Baikal recentemente se tornou fonte de notícias alarmantes em função do crescimento de plantas aquáticas estranhas à região, disseram os ecologistas numa mesa-redonda que ocorreu na cidade de Irkutsk.

Uma expedição científica recente descobriu que 160 toneladas de lixo líquido são produzidos a cada temporada na baía de Chivyrkui, disse o chefe da Onda Ambiental de Baikal, uma das primeiras ONGs russas, de acordo com a mídia SIA.

Moradores locais reclamaram aos ecologistas que o lixo facilmente escoa para o lago, relatou a SIA. O número crescente de áreas turísticas está contribuindo para a poluição. A reportagem diz que os campos turísticos passam o lixo para organizações especiais. No entanto, os caminhões de lixo não costumam chegar até as localidades e com isso depositam o lixo no Lago Baikal ou em rios que deságuam no lago.

Baikal é um lago em uma fenda localizado no sul da Sibéria que contém quase 20% da superfície pura e congelada mundial – a maior do mundo em volume. Tem 1 642 metros de profundidade e figura entre os lagos mais cristalinos. Com 25 milhões de anos, é cotado como o lago mais velho do mundo.

↑ Lago Baikal, Rússia, 2016.

Lago Baikal, mais profunda concentração de água pura do mundo, está virando um pântano. *Carta Maior*, 15 set. 2014. Disponível em: <www.cartamaior.com.br/?/Editoria/Mae-Terra/Lago-Baikal-mais-profunda-concentracao-de-agua-pura-do-mundo-esta-virando-um-pantano/3/31808>. Acesso em: out. 2018.

a) Onde se localiza o Lago Baikal? Em qual região do continente asiático ele está?

b) Qual é a importância do Lago Baikal e qual é o problema relacionado a ele?

ATIVIDADES

SISTEMATIZAR

1. Faça a interseção correta dos limites do continente asiático relacionando as letras aos números.

   a) sudoeste
   b) norte
   c) sul
   d) leste
   e) oeste

   I. África e Mar Vermelho
   II. Oceano Glacial Ártico
   III. Oceano Pacífico
   IV. Europa e Mar Mediterrâneo
   V. Oceano Índico

2. Reproduza o quadro a seguir no caderno e insira exemplos de países da Ásia que pertencem a cada uma das regiões do continente.

Extremo Oriente	
Sudeste Asiático	
Ásia Meridional	
Ásia Central	
Oriente Médio	
Ásia Setentrional	

3. De acordo com a imagem a seguir, cite algumas características demográficas e econômicas que explicam o fato de a China se destacar mais que os outros países do Extremo Oriente.

↑ Xangai, China, 2016.

REFLETIR

1. Devido à sua grande diversidade e complexidade, a Ásia pode ser estudada com base em diferentes regiões. Assim, analise e comente alguns contrastes entre o Extremo Oriente e o Oriente Médio.

171

CAPÍTULO 2 — Relevo

No capítulo anterior, você estudou a localização, os limites e as fronteiras da Ásia, seus países e as mais importantes regiões. Neste capítulo, você vai estudar as principais características do relevo asiático.

Formas do relevo

Entre as diferentes formações que aparecem ao longo da vasta extensão territorial da Ásia, destacam-se as **cadeias montanhosas**, no oeste e centro do continente; as **planícies**, no norte e sul; e os **planaltos**, principalmente localizados na área central.

Observe o mapa a seguir e, com base na interpretação das altitudes do terreno, busque identificar as formas de relevo citadas e sua distribuição.

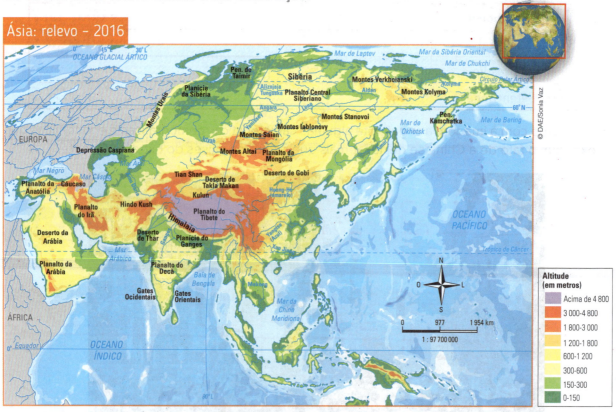

Fonte: *Atlas geográfico escolar*. 7. ed. Rio de Janeiro: IBGE, 2016. p. 46.

Cadeias montanhosas

Há muitas montanhas no continente asiático, como o **Cáucaso** e os **Montes Urais**, na divisa com o continente europeu, e o **Himalaia**, ao sul. Em grande parte, as montanhas são parcialmente cobertas de neve, que alimentam os rios asiáticos com o degelo nas elevadas altitudes.

A maioria das montanhas do continente corresponde a dobramentos modernos e formações geologicamente recentes, resultantes do encontro de placas tectônicas na Era Cenozoica, o mesmo fenômeno que formou as cadeias montanhosas do centro, sul e sudeste da Europa.

172

Boa parte do continente asiático encontra-se no que se convencionou chamar de **Círculo de Fogo do Pacífico**, região da superfície terrestre mais instável geologicamente, condicionada aos movimentos das placas tectônicas, com tremores de terra constantes e inúmeros vulcões ativos.

→ Localizado na zona de contato das placas Indo-Australiana e Euro-Asiática, o Nepal sofreu um terremoto de grandes proporções em 2015.

Himalaia

Os picos mais elevados da Terra estão na Cordilheira do Himalaia, com destaque para o **Everest** (na fronteira da China com o Nepal), com 8 848 metros, e o Kanchenjunga (na fronteira do Nepal com a Índia), com 8 586 metros de altitude.

Esses picos são atração turística e recebem montanhistas de todo o mundo, que se deslocam para a região a fim de escalá-los. Países como o Nepal e a China, por exemplo, cobram pedágio de até 10 mil dólares por pessoa que deseja chegar ao cume do Everest.

Para viabilizar o plantio em relevo montanhoso, a população da região adota técnicas agrícolas como o terraceamento, que consiste na construção de degraus no terreno inclinado para plantio.

O principal cultivo no terraceamento é o arroz, alimento básico da maioria da população asiática.

↓ O Monte Everest, no Himalaia, é o ponto culminante do planeta. Nepal, 2016.

↓ Cultivo de arroz em Lao Cai, Vietnã, 2016.

CARTOGRAFIA

Observe o mapa a seguir e responda às questões.

Mapa-múndi: Zonas sísmicas e vulcões

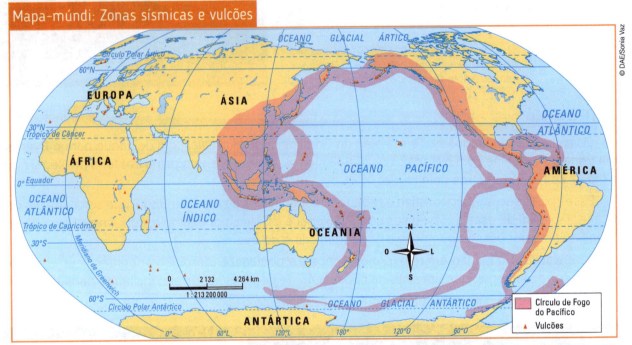

Fonte: *Atlas geográfico escolar: Ensino Fundamental do 6º ao 9º ano*. Rio de Janeiro: IBGE, 2015. p. 103.

1. Por que a Ásia se configura como um continente geologicamente instável?

2. Em que regiões do continente asiático são mais comuns as atividades vulcânicas e sísmicas?

CURIOSO É...

O primeiro brasileiro a chegar ao pico da montanha mais alta da Ásia e do mundo, o Everest, foi o paranaense Waldemar Niclevicz, em 1995. Em 2000, ele escalou a segunda maior montanha do mundo, o K2, também na Cordilheira do Himalaia. Desde 1950 mais de 2 mil pessoas conseguiram chegar ao cume da montanha, que pode apresentar temperatura de até 70 °C negativos.

➡ Waldemar Niclevicz no alto do Everest, Nepal, 1995.

174

DIÁLOGO

As vítimas do terremoto no Nepal

O terremoto no Nepal, que consternou o mundo em 2015 pela quantidade de mortos e feridos, certamente não será o último na Ásia.

Nesses momentos é muito importante a ajuda humanitária internacional, para levar até a população atingida remédios, alimentos e roupas.

Muitos organismos de ajuda humanitária atuaram no país, como Unicef, Médicos Sem Fronteiras, Save the Children, Cruz Vermelha, ActionAid, entre outros.

O Nepal enfrenta uma grave crise humanitária após um forte terremoto [...] ter deixado ao menos 5 mil mortos e 10 mil feridos. De acordo com a ONU, mais de 1,4 milhão de pessoas necessitam de comida, água e abrigo.

Equipes de resgate tentam chegar às regiões mais remotas para ajudar vítimas e resgatar sobreviventes de escombros, enquanto milhares de pessoas deixam a capital Katmandu, isso porque novos tremores foram registrados e não está descartada a hipótese de um novo forte sismo.

Agências e governos internacionais correm para enviar equipes de busca e resgate, médicos e remédios ao país. Algumas organizações aceitam doações para a região. [...]

[...]

Saiba como ajudar as vítimas do terremoto no Nepal. *G1*, 4 abr. 2015. Disponível em: <http://g1.globo.com/mundo/noticia/2015/04/saiba-como-ajudar-vitimas-do-terremoto-no-nepal.html>. Acesso em: out. 2018.

← Trabalhadores da Cruz Vermelha alemã preparam carga com ajuda humanitária para as vítimas do terremoto no Nepal. Berlim, Alemanha, 2015.

1. Com base no texto, faça o que se pede.

a) Em equipe, escolha uma das organizações citadas e pesquise informações sobre como ela atua nesses episódios.

b) Outra organização que atua em situações como essas se chama Acnur. Pesquise qual é a designação dessa organização e como ela atua mundialmente.

Planícies

As planícies, que também marcam o relevo da Ásia, foram formadas por processos de sedimentação relativamente recentes. Nelas se concentra a maior parte da população asiática e se desenvolvem atividades econômicas em grande escala, como a agropecuária.

No continente, antigas civilizações desenvolveram-se em relevos de planície: a chinesa, na planície do leste do país; a indiana, na Planície Indo-Gangética; a mesopotâmica, na planície dos rios Tigre e Eufrates.

As principais planícies da Ásia são:

- **Planície da Sibéria**, no norte da Rússia;
- **Planície Indo-Gangética** (vale dos rios Indo e Ganges), na Índia e no Paquistão;
- **Planície da Mesopotâmia**, drenada pelos rios Tigre e Eufrates, no Iraque;
- **Planície Chinesa**, drenada pelos rios Yang-tse-kiang (Azul) e Huang-he (Amarelo), na China;
- **Planície do Rio Bramaputra** (Índia e Bangladesh) e do Rio Mekong, no Vietnã, no Camboja e no Laos.

↑ Planície da Mesopotâmia. Síria, 2015.

Planaltos

Os planaltos da Ásia são divididos entre os de altitudes elevadas e os de altitudes mais baixas.

Entre os planaltos mais elevados estão o **Planalto do Tibete** (ao norte da Cordilheira do Himalaia) e o **Planalto do Pamir** (fronteiras do Tadjiquistão, Afeganistão e China). Esses planaltos são de formação geológica mais recente, pouco desgastados pela erosão dos ventos e das chuvas.

Os planaltos de menor altitude, mais antigos e desgastados pela erosão, são o **Planalto da Arábia** (Arábia Saudita), o **Planalto do Decã** (Índia), o **Planalto Siberiano** (Rússia), o **Planalto da Anatólia** (Turquia) e o **Planalto do Irã** (Irã).

↓ Planalto da Anatólia, Turquia, 2013.

AQUI TEM MAIS

Mar Morto

O Mar Morto é, na verdade, um lago de água salgada localizado no Oriente Médio, na divisa dos territórios de Israel, Palestina e Jordânia, e é alimentado pelo Rio Jordão. Ele possui uma superfície de aproximadamente 1 050 quilômetros quadrados que correspondem a um comprimento máximo de 80 quilômetros e a uma largura máxima de 18 quilômetros; é a maior depressão absoluta do mundo, com cerca de 400 metros abaixo do nível dos oceanos.

[...]

A região onde ele está localizado tem clima particularmente quente e seco, com muito baixa umidade e onde o sol brilha diretamente, em média, em 330 dias por ano. Apesar do clima quente e seco, os raios solares (em especial o UVB) são fracos e menos perigosos do que em outros lugares. Esse fato é decorrente do filtro natural derivado da evaporação da água, da densidade atmosférica e da camada de ozônio que protegem mais e oferecem menor risco de contrair doenças de pele, como o melanoma.

A evaporação da água é rápida, devido à sua localização, porém todos os minerais que estão em sua composição ficam no solo, o que resulta nesse alto grau de salinidade.

Também relacionado ao nível de sal, o Mar Morto é conhecido por ser um local onde não é possível afundar, pois o seu corpo d'água é muito mais denso que o corpo de qualquer ser vivo, o que impede a sua imersão.

A quantidade de minerais presentes nas águas do Mar Morto contribui para a melhoria e até mesmo cura de determinadas doenças dermatológicas devido aos seus benefícios medicinais.

O Mar Morto vem sofrendo, nos últimos anos, uma gradativa diminuição de seu volume de água, cuja causa principal está relacionada à exploração do Jordão pelas indústrias de fertilizantes.

↑ Mar Morto, Israel, 2017.

Curiosidades sobre o Mar Morto. *Pensamento Verde*, 17 abr. 2014. Disponível em: <www.pensamentoverde.com.br/meio-ambiente/curiosidades-sobre-o-mar-morto>. Acesso em: out. 2018.

1. Com base na leitura do texto, faça o que se pede.

a) O Mar Morto compreende uma forma de relevo que se destaca no sudoeste do continente asiático, no Oriente Médio. Com o auxílio de um mapa-múndi, identifique que forma de relevo é essa e pesquise suas características.

b) O texto apresenta uma causa natural e uma causa humana para a diminuição do volume de água do Mar Morto. Que causas são essas?

ATIVIDADES

SISTEMATIZAR

1. Explique o que é o Círculo de Fogo do Pacífico e aponte a área de abrangência no continente asiático.

2. Pesquise e responda: Qual é a importância econômica das atividades vulcânicas para alguns países da Ásia?

3. Quais são as planícies asiáticas e onde estão localizadas?

4. Cite alguns dos principais planaltos do continente asiático.

REFLETIR

1. Observe as fotografias a seguir.

↑ Buttrio, Itália, 2018.

↑ Bali, Indonésia, 2015.

a) No que se refere às formas de relevo, qual é a semelhança entre as paisagens das imagens?

b) Qual é a técnica agrícola retratada nas fotografias? No que ela consiste? Por que é utilizada nesses locais?

c) Na Ásia, qual é o cultivo predominante nesta técnica?

2. Na Ásia utilizam-se técnicas agrícolas para otimizar o aproveitamento de áreas montanhosas. No entanto, as áreas de planície têm, naturalmente, mais facilidade para o desenvolvimento agropecuário. Por quê?

178

CAPÍTULO 3

Hidrografia

No capítulo anterior, você estudou as principais características do relevo asiático. Neste capítulo, você vai estudar os principais rios, mares e lagos do continente, sua importância econômica, os desastres ambientais e os conflitos relacionados aos recursos hídricos.

Recursos hídricos

Em geral, o território asiático é rico em recursos hídricos. Comparativamente aos demais continentes, a Ásia conta com o segundo maior volume de água doce do planeta. Isso se explica, em parte, por sua grande extensão territorial, pela presença de climas úmidos e pelo grande abastecimento de água proveniente do derretimento de gelo das montanhas.

↑ Rio Yang-tse-kiang. Nanjing, China, 2017.

No entanto, é importante lembrar que todo o volume de água doce do continente precisa abastecer mais de 60% da população mundial, e a distribuição do recurso não é uniforme. Existem áreas com grande escassez de água no continente, como as extensas regiões desérticas do Oriente Médio (Deserto da Arábia e Deserto do Irã) e da China (Deserto de Gobi). Em outros casos, como na Planície da Sibéria, os rios congelam no inverno.

Um estudo desenvolvido pelo World Resources Institute aponta que, entre os dez países com as menores cotas de água por habitante, oito estão na Ásia (Kuwait, Emirados Árabes, Qatar, Arábia Saudita, Jordânia, Barein, Iêmen e Israel).

Observe, no gráfico a seguir, a proporção de volume de água doce por continente.

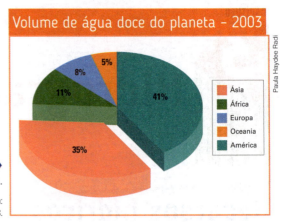

Gráfico com a proporção do volume de água doce no planeta.

Fonte: Unesco. World Water Assessment Programme, 2003. Disponível em: <http://unesdoc.unesco.org/images/0012/001297/129726e.pdf#page=4>. Acesso em: out. 2018.

Rios

Os rios do continente asiático têm suas vertentes nos oceanos Pacífico, Índico e Glacial Ártico. Ao longo de seus vales, os rios possibilitaram a concentração de numerosa população em suas proximidades.

Muitos rios asiáticos têm importância histórica, pois foram às suas margens que se formaram as grandes civilizações, entre os anos 3000 a.C. e 1000 a.C.

Observe no mapa a seguir o traçado dos principais rios do continente e leia as respectivas características.

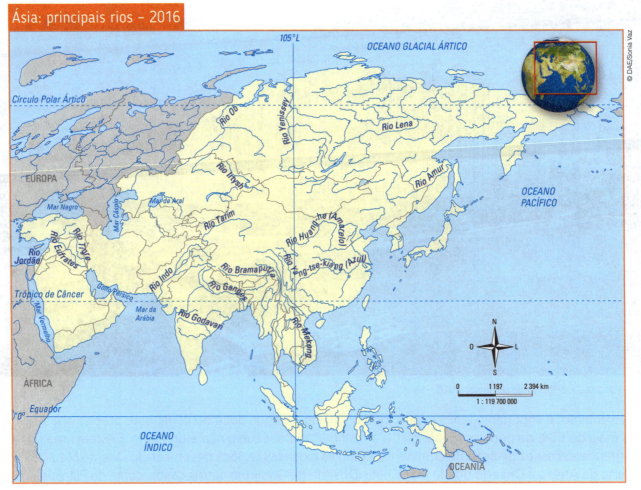

Fonte: *Atlas geográfico escolar*. 7. ed. Rio de Janeiro: IBGE, 2016. p. 46.

- **Rios Tigre e Eufrates:** esses dois rios banham a Planície da Mesopotâmia e deságuam no Golfo Pérsico. Eles propiciam a fertilidade numa região em que predomina o clima desértico. O controle das águas desses rios é uma questão conflituosa entre a Síria, a Turquia e o Iraque.

↑ Rio Eufrates. Turquia, 2016.

- **Rios Indo e Ganges:** o Rio Indo drena a Índia e o Paquistão; já o Rio Ganges, a Índia e Bangladesh. No vale desses rios está uma das maiores concentrações populacionais do mundo. De acordo com a religião que predomina na Índia – o hinduísmo –, lavar-se no Rio Ganges é um ato sagrado; por isso, mais de 1 milhão de pessoas se banham nele diariamente. Esse rio é de grande importância econômica para os indianos: além da margem fértil para a agricultura, suas águas são usadas para consumo, irrigação agrícola e via de transporte. Tanto o Indo quanto o Ganges são extremamente poluídos, e o governo tem investido altos recursos para torná-los mais limpos.

↑ Rio Ganges. Varanasi, Índia, 2015.

- **Rio Mekong:** atravessa Vietnã, Camboja e Laos. Em suas margens é cultivado principalmente o arroz, produto de grande consumo nesses países.
- **Rio Bramaputra:** nasce no Himalaia, banha o sul do continente, atravessa Índia e Bangladesh e deságua no Rio Ganges (a confluência dos dois rios forma um grande delta na Baía de Bengala). Suas margens têm elevada concentração populacional, um dos fatores que implicam maior exposição dos solos aos processos erosivos. A região do delta é sujeita tanto a constantes inundações, causadas pelo transbordamento dos rios, quanto a ciclones nas áreas da costa.

- **Rio Yang-tse-kiang (Rio Azul) e Rio Huang-he (Rio Amarelo):** localizados na China, seus vales têm grande produção agrícola e áreas muito populosas. A Hidrelétrica de Três Gargantas, no Rio Yang-tse-kiang, a maior do mundo, foi construída para gerar energia para a numerosa população chinesa e para o setor industrial do país. A obra provocou impactos ambientais e sociais enormes. A barragem dessa usina inundou 13 cidades, 4 500 aldeias, 162 sítios arqueológicos e forçou o deslocamento de mais de 1 milhão de pessoas.

→ Rio Huang-he. China, 2015.

- **Rio Jordão:** em algumas regiões da Ásia existem sérios conflitos armados desencadeados por causa da posse e do controle da água, como na Bacia do Rio Jordão – entre Israel, Síria e Jordânia – e na Bacia do Rio Eufrates – que atravessa Turquia, Síria e Iraque. No caso do Rio Jordão – cujos lençóis freáticos estão na Cisjordânia –, israelenses e palestinos lideram as disputas. Atualmente, os poços são controlados por militares israelenses. Por sua vez, eles também se confrontam com a Síria e a Jordânia pelo controle do vale do rio, que é a principal fonte de água da região. A situação do rio é bastante comprometida, especialmente devido à poluição e a seu uso para mineração e irrigação. Apenas um terço do volume original do rio chega ao Mar Morto.

↓ Rio Jordão. Israel, 2017.

Mares e lagos

Na Ásia, na fronteira com a Europa, está localizado o maior lago do mundo, o **Mar Cáspio**, com 371 mil km². Do leito do Mar Cáspio é extraída grande quantidade de petróleo e gás natural pelos países banhados por ele, motivo pelo qual se constitui numa região de importância estratégica mundial.

← Exploração de petróleo no Mar Cáspio. Rússia, 2017.

O **Mar Morto**, como já vimos, está situado entre a Jordânia e Israel, é o ponto mais baixo do relevo terrestre e destaca-se pelo mais alto índice de salinidade. Seu volume vem diminuindo drasticamente desde o século XX.

Na região da Ásia Central, o **Mar de Aral**, localizado na fronteira entre o Casaquistão e o Uzbequistão, está em processo acelerado de desaparecimento. Esse mar, que já foi o quarto maior lago do mundo em superfície e volume de água, encontra-se hoje intensamente poluído e reduzido a 10% de seu tamanho original. Confira essa redução na sequência de imagens a seguir.

↑ Mar de Aral: imagens de satélite de 1990, 2000 e 2010.

O Mar de Aral era alimentado pelas águas dos rios Amu Daria e Sir Daria. No entanto, a partir da década de 1980, o governo da antiga União Soviética passou a retirar água em grande quantidade desses rios para irrigar o cultivo de algodão na região. Com menor quantidade de água para alimentá-lo, o Mar de Aral foi, aos poucos, secando.

Além do desastre ambiental, a indústria pesqueira que sustentava a economia local foi prejudicada, pois o pouco de água que sobrou no mar recebia grande quantidade de pesticidas e elevada concentração de sal. Facilitado pelo declínio do nível de água do Mar de Aral, a poluição contaminou os lençóis de águas subterrâneas.

Atualmente, o governo do Uzbequistão, em parceria com a comunidade internacional, tenta reverter a situação. No entanto, a exploração de petróleo em seu leito seco já teve início, o que parece impedir grandes avanços na tentativa de recuperar o mar.

O desaparecimento do Mar de Aral é considerado um dos maiores desastres ambientais da história da humanidade.

CARTOGRAFIA

No Oriente Médio a disputa pela água é causa de grandes conflitos. Observe o mapa a seguir e responda às questões.

Fonte: Olly Phillipson. *Atlas geográfico mundial*. 2. ed. São Paulo: Fundamento Educacional, 2014. p. 93.

1. Na região representada no mapa ocorrem conflitos territoriais desde 1948. Tais conflitos envolvem também o direito sobre a água proveniente dos aquíferos da região. Que região é essa?

2. Que rio abastece essa região? Que mar ele alimenta?

3. Por que nessa região da Ásia a água adquire grande importância?

ATIVIDADES

SISTEMATIZAR

1. Quais são os principais fatores que determinam a grande quantidade de rios no continente asiático?

2. Onde estão localizados os rios Indo e Ganges? Como é a qualidade das águas desses rios?

3. Por que se afirma que no século XXI haverá guerras por água, especialmente na região do Oriente Médio?

4. Qual é a importância da Usina Hidrelétrica de Três Gargantas para a China? Em que rio ela foi construída?

5. Qual é a principal importância econômica do Mar Cáspio?

REFLETIR

1. Leia a notícia a seguir e comente as causas do desaparecimento do Mar de Aral.

Quarenta anos atrás, o mar de Aral ficava repleto de barcos e pescadores – mas agora ele praticamente desapareceu. Ele começou a secar com a construção de represas e canais, a partir dos anos 1960, que impediram dois rios de abastecê-lo de água. Em 2000, o Mar de Aral do Norte já estava separado do Sul. Em 2014, o lado leste do mar já estava completamente seco.

Fotos da Nasa registram mudanças ambientais no mundo. *BBC News Brasil*, 11 abr. 2015. Disponível em: <www.bbc.com/portuguese/noticias/2015/04/150410_galeria_nasa_mudancas_climaticas_pai#7>. Acesso em: out. 2018.

2. Observe as informações presentes no mapa e registre as três que mais chamaram sua atenção sobre a questão da água no Oriente Médio.

Fonte: Graça Maria Lemos Ferreira. *Atlas Geográfico Mundial*. São Paulo: Moderna, 2013. p. 102.

DESAFIO

1. Nesse capítulo você estudou a importância da água no continente asiático. Em sua opinião, há relação entre a desigualdade econômica e social e o acesso desigual à água?
   Para embasar sua opinião, pesquise:
   - as redes de distribuição de água na Ásia;
   - o saneamento básico na Ásia.

CAPÍTULO 4
Clima e vegetação

No capítulo anterior, você estudou os principais rios, mares e lagos do continente asiático, a importância econômica, os desastres ambientais e os conflitos relacionados aos recursos hídricos. Neste capítulo, você vai estudar fatores determinantes dos climas da Ásia, a variedade climática e vegetal do continente e a ação humana nas paisagens.

Diversidade de climas e vegetação

A Ásia tem grande variedade climática e de formações vegetais.

O clima muito diversificado se deve principalmente ao fato de o continente ter grande extensão latitudinal, com significativa quantidade de terras localizadas nas zonas climáticas tropical, temperada e glacial. Fatores como relevo, altitude e atuação dos ventos e correntes marítimas também são determinantes na variação climática do continente. Essas características influenciam na formação e no desenvolvimento de diversos tipos de vegetação.

Observe nos mapas desta página e da página seguinte os tipos de clima e de formações vegetais originais do continente.

Clima e formações vegetais

No norte da Rússia (porção norte da Sibéria e do Extremo Oriente), em regiões localizadas na área do Círculo Polar Ártico, ocorre o clima **polar**. Com baixas temperaturas durante o ano todo, o solo é, predominantemente, congelado. Quando a camada de gelo derrete nos dias de verão, forma-se a **tundra**, vegetação rasteira, composta basicamente de musgos e liquens.

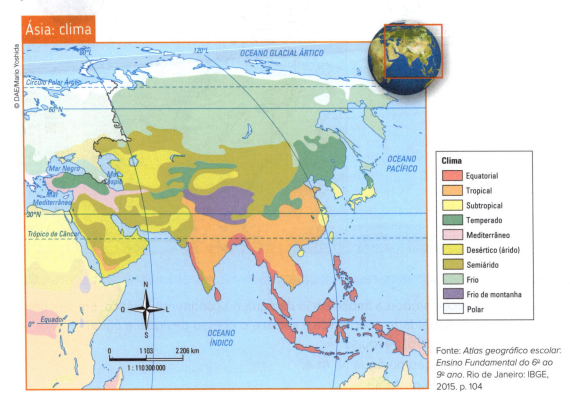

Fonte: *Atlas geográfico escolar: Ensino Fundamental do 6º ao 9º ano*. Rio de Janeiro: IBGE, 2015. p. 104

186

Em grande parte do norte da Ásia, ao sul da região ártica, predomina o **clima frio**. Nessa região se desenvolve a **taiga**, floresta composta de árvores de grande porte, com ramos curtos e folhas pequenas, cuja principal espécie é o pinheiro.

Nas áreas de **clima temperado e subtropical**, encontram-se as **florestas temperadas**, dominadas por bétulas, álamos e carvalhos. Essa formação vegetal é composta de árvores de grande porte que perdem as folhas durante o outono e o inverno (decíduas), podendo ser encontradas principalmente no Japão e litoral leste da China. Nas áreas continentais centrais, onde o clima **semiárido** também está presente, encontram-se as **estepes**, vegetação rasteira.

Na China e no Oriente Médio existem extensas áreas de **clima desértico**. Na China, a aridez da porção oeste do território deve-se à presença da cadeia do Himalaia, a qual funciona como uma barreira natural que impede a entrada de ventos e massas de ar úmidos provenientes do Oceano Índico. O Deserto de Gobi (sul da Mongólia e norte da China) e o Deserto Takla Makan (China) são caracterizados pela vegetação conhecida como **deserto frio**.

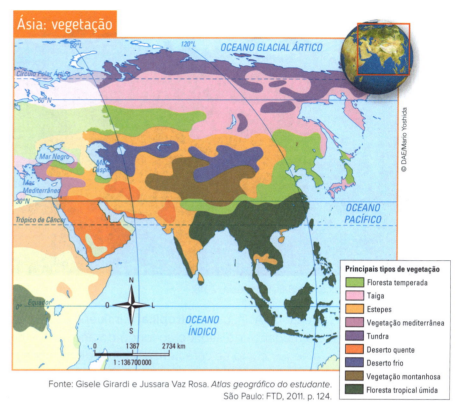

Fonte: Gisele Girardi e Jussara Vaz Rosa. *Atlas geográfico do estudante*. São Paulo: FTD, 2011. p. 124.

Já no Oriente Médio, os desertos são prolongamentos do Deserto do Saara (África). A vegetação dos desertos da Arábia e do Irã é conhecida como **deserto quente**, dominada por espécies **rasteiras** e **xerófitas**.

Nas áreas caracterizadas pela grande altitude, como o norte da Índia e o sul da China, ocorrem o **clima frio de montanha** e a **vegetação montanhosa**.

No extremo oeste, na região próxima aos mares Negro e Mediterrâneo, ocorrem o **clima mediterrâneo** e a **vegetação mediterrânea**.

↑ Floresta da Sibéria, Rússia, 2018.

↑ Vegetação de estepe na China, 2017.

Nas áreas de **clima tropical** e **equatorial**, no sudeste e sul do continente, formam-se as **florestas tropicais**. Densas, heterogêneas e latifoliadas, essas florestas se estendem do sul da Índia até os arquipélagos das Filipinas e da Indonésia.

↑ Floresta tropical em Bali, Indonésia, 2018.

No sul e sudeste da Ásia, o clima **tropical** é influenciado pelos **ventos de monções**, cuja principal característica é a mudança de sentido ao longo do ano, influenciando na umidade da região. Observe nos mapas a seguir como se caracteriza o clima de monções.

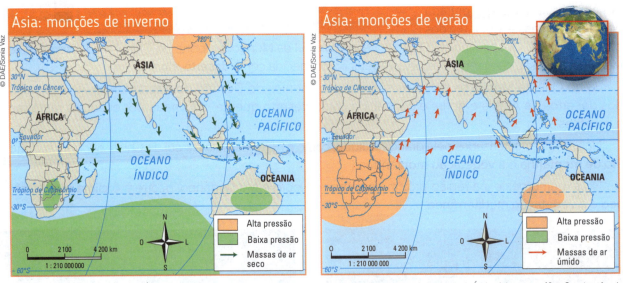

Fonte: Vera Caldini e Leda Ísola. *Atlas geográfico Saraiva*. 4. ed. São Paulo: Saraiva, 2013. p. 171.

Fonte: Vera Caldini e Leda Ísola. *Atlas geográfico Saraiva*. 4. ed. São Paulo: Saraiva, 2013. p. 171.

No inverno, os ventos partem do continente (alta pressão) em direção ao Oceano Índico (baixa pressão). Nesse período, os ventos continentais são frios e secos, o que provoca índices pluviométricos menores no continente.

No verão, os ventos partem do Oceano Índico (alta pressão) carregados de umidade, seguindo em direção ao sul e sudeste da Ásia (baixa pressão). Isso causa grandes quantidades de chuvas prolongadas no continente. Nesse período ocorrem muitas enchentes. O vento de monções é fundamental para o desempenho agrícola na Índia, que depende da alternância da estação chuvosa; no entanto, as chuvas torrenciais podem afetar drasticamente o cultivo de arroz, realizado nas grandes planícies dos rios da região.

AQUI TEM MAIS

As chuvas de monções na Índia, cruciais para agricultores que não têm condições de irrigar suas lavouras, devem vir dentro da média de longo prazo este ano, informou o Departamento Meteorológico do país nesta segunda-feira. O período de monções dura três meses e é quando o país recebe 75% das chuvas do ano inteiro.

[...]

Em geral, as chuvas chegam no início de junho no Estado de Kerala, no sul da Índia, e se espalham pelo país até meados de julho.

Monções regulares são importantes para as safras de verão de produtos como o arroz, cana-de-açúcar, milho, algodão e soja. A agricultura representa cerca de 14% do Produto Interno Bruto (PIB) do país e mais da metade do emprego.

Chuvas de monções na Índia devem ser suficientes para a agricultura. *IstoÉ*, 18 abr. 2018. Disponível em: <https://istoe.com.br/chuvas-de-moncoes-na-india-devem-ser-suficientes-para-a-agricultura>. Acesso em: out. 2018.

1. Com base na interpretação do texto, responda:
   a) A qual fenômeno climático o texto faz referência? Onde ele ocorre?
   b) Qual é a importância desse fenômeno para a economia de parte da Índia?

Questões ambientais

Países como China e Indonésia estão entre os de maior biodiversidade no mundo. São chamados de megadiversos, com grande número de espécies de plantas e animais **endêmicos**. No entanto, o desmatamento ao longo das últimas décadas tem modificado a paisagem natural asiática. Como em outros continentes, a vegetação original da Ásia tem sido retirada para dar lugar à criação de animais e ao cultivo. O aumento populacional acelerado no continente a partir da segunda metade do século XX não deixa de ser um fator determinante na ocupação das áreas de vegetação nativa, com a expansão urbana.

> **GLOSSÁRIO**
>
> **Endêmico:** peculiar de uma região.

As florestas tropicais foram bastante devastadas pela ação antrópica. Com a grande demanda de madeiras nobres pelos países desenvolvidos, as florestas da Malásia e da Indonésia estão próximas à exaustão. No caso desta última, matas são retiradas para o cultivo da palmeira de dendê. O biodiesel gerado abastece grandes economias da Europa, como a Alemanha.

↓ Floresta tropical devastada. Bornéu, Malásia, 2014.

A taiga no norte do continente também vem sendo agredida pela ação humana. Muitas árvores são extraídas para alimentar principalmente as indústrias de papel e celulose.

Além da devastação de vegetação nativa, o continente asiático sofre outras formas de degradação ambiental, como a **poluição do ar** e a **deterioração dos rios e mares**.

A construção da Usina Hidrelétrica de Três Gargantas também causou grande impacto ambiental, pois uma vasta área florestal da China foi inundada.

↑ Indústria em Hegang, China, 2018.

Na região do Oriente Médio, por exemplo, ocorrem impactos ambientais sobretudo no Golfo Pérsico em função de frequentes **derramamentos de petróleo**. No que se refere à poluição ambiental, a China é em grande parte a responsável pela liberação de enorme quantidade de poluentes na atmosfera, consequência de seu acelerado crescimento industrial e econômico. Na Índia também há grande poluição ambiental; segundo dados de 2014 da Organização Mundial da Saúde (OMS), 13 entre as 20 cidades mais poluídas do mundo são indianas.

→ Derramamento de petróleo no Golfo Pérsico, 2017.

Além disso, as condições de pobreza de muitos países asiáticos geram impacto ambiental, pois a ausência de saneamento básico produz **esgoto a céu aberto** e **acúmulo de lixo** em rios, lagos e orlas marítimas.

A população asiática também teme pelos **testes nucleares** realizados pela Coreia do Norte, que contaminam o solo e o mar com radioatividade, ação realizada por outros países do continente no passado, como Índia, China, Paquistão e Rússia.

ATIVIDADES

SISTEMATIZAR

1. Copie no caderno um quadro como este e complete-o com as características das paisagens asiáticas correspondentes às áreas indicadas.

LOCALIZAÇÃO	CLIMA	VEGETAÇÃO
Extremo norte		
Norte, ao sul da região ártica		
Japão e litoral leste da China		

2. Observe a imagem a seguir e relacione essa situação com o clima do sul e sudeste asiático. O que explica o excesso de chuva?

↑ Kerala, Índia, 2017.

3. Quais são os principais problemas ambientais encontrados na Ásia? Você conhece outros lugares com os mesmos problemas? Compartilhe sua resposta com os colegas e o professor.

4. De que forma uma usina hidrelétrica pode provocar impactos sociais e ambientais? Cite um exemplo desse tipo que ocorreu no continente asiático.

DESAFIO

1. Forme um grupo com uns colegas e, juntos, pesquisem dados, informações e imagens sobre os desertos da Ásia e da Oceania, comparando-os. Observem suas características físicas e sua utilização nos diferentes países. Depois, escolham um desses desertos e se aprofundem no estudo dele. Por fim, montem, com os outros grupos, um mural com os resultados das pesquisas.

Escala Richter

A Escala Richter, idealizada pelo sismólogo estadunidense Charles F. Richter, mede a energia liberada por terremotos. Apesar de não ser a única nem a melhor forma de medição, é a mais popular.

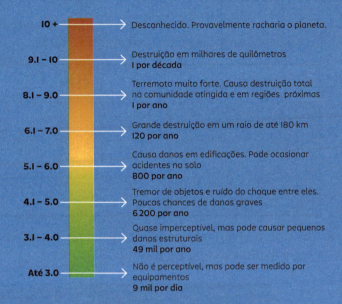

Magnitude	Descrição
10 +	Desconhecido. Provavelmente racharia o planeta.
9.1 – 10	Destruição em milhares de quilômetros. 1 por década
8.1 – 9.0	Terremoto muito forte. Causa destruição total na comunidade atingida e em regiões próximas. 1 por ano
6.1 – 7.0	Grande destruição em um raio de até 180 km. 120 por ano
5.1 – 6.0	Causa danos em edificações. Pode ocasionar acidentes no solo. 800 por ano
4.1 – 5.0	Tremor de objetos e ruído do choque entre eles. Poucas chances de danos graves. 6 200 por ano
3.1 – 4.0	Quase imperceptível, mas pode causar pequenos danos estruturais. 49 mil por ano
Até 3.0	Não é perceptível, mas pode ser medido por equipamentos. 9 mil por dia

Causas de um terremoto

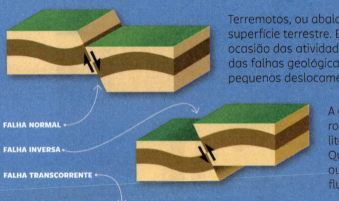

FALHA NORMAL
FALHA INVERSA
FALHA TRANSCORRENTE

Terremotos, ou abalos sísmicos, são tremores na superfície terrestre. Eles podem ser causados por ocasião das atividades vulcânicas e movimentação das falhas geológicas, geralmente provocadas por pequenos deslocamentos entre as placas tectônicas.

A crosta terrestre é formada por grandes blocos rochosos, chamados de placas tectônicas ou litosféricas, que se movimentam sobre o manto. Quando duas placas colidem e ficam uma sobre a outra, o acúmulo de pressão e atrito entre elas gera fluxos de ondas sísmicas, causando terremotos.

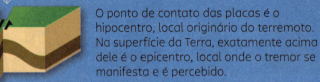

O ponto de contato das placas é o hipocentro, local originário do terremoto. Na superfície da Terra, exatamente acima dele é o epicentro, local onde o tremor se manifesta e é percebido.

Tsunamis

Quando um terremoto atinge o fundo do oceano, ele causa tremores em seu leito, que propagam as ondas sísmicas na água, produzindo ondas gigantes e de grande intensidade. Conforme elas se aproximam da praia, quebram, perdem velocidade e se tornam gigantescas. Essas ondas gigantes são chamadas de *tsunamis*.

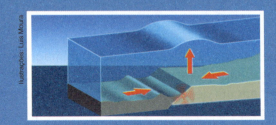
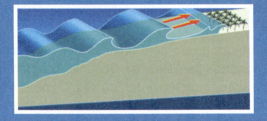

Ilustrações: Luis Moura

TERREMOTOS

"Catástrofes naturais" não existem, pois eventos naturais não podem ser considerados catástrofes. As catástrofes são sempre sociais.

Cristiane Viana

Índia e Paquistão – 2005

Mortos – 86 mil / Feridos – 100 mil

Com o epicentro na região do Himalaia, o terremoto atingiu esses dois países. Brigas políticas agravaram a situação, pois dificultaram o auxílio humanitário das regiões devastadas, que, por estarem em lugares de difícil acesso na montanha, com o inverno chegando, precisavam de toda ajuda possível. Estima-se que 3,5 milhões de pessoas tenham ficado desabrigadas.

China – 2008

Mortos – 85 mil / Feridos – 358 mil

Ocorrido na província de Sichuan, no centro da China, o terremoto foi sentido no país todo. Mais de 80% das casas foram destruídas. Além disso, toneladas de produtos químicos foram desenterradas, somando-se a material radioativo que estava estocado em silos que se romperam. Esse material acabou sendo carregado para os lagos pelas chuvas.

Japão – 2011

Mortos – 20 mil / Feridos – 80 mil

Propenso a incidentes desse tipo, mesmo com pesquisas constantes na área e um aviso prévio, o Japão foi assolado por terremotos e *tsunamis* durante os meses de março e abril de 2011. Eles causaram destruição de mais de um milhão de casas e sérios estragos na usina nuclear de Fukushima, o que provocou imensuráveis danos ao meio ambiente.

Nepal – 2015

Mortos – 7 mil / Feridos – 14 mil

Próximo a Katmandu, o terremoto provocou avalanches e deslizamentos de terra nas montanhas, interrompendo o acesso a diversas partes do país. Em algumas cidades, mais de 90% das casas foram destruídas, incluindo patrimônios históricos da humanidade. Sistemas básicos de saúde ficaram desativados, deixando o Nepal dependente de ajuda humanitária de outros países.

Indonésia – 2004

Mortos – 226 mil / Feridos – 125 mil

Em 2004, ocorreu o maior *tsunami* registrado nos últimos tempos, que causou a maior devastação em solo. Um terremoto de magnitude 9.1 atingiu a costa da Indonésia e desencadeou um *tsunami* no Oceano Índico, levando destruição a 13 países. Estima-se que 1,8 milhão de pessoas tenham ficado desabrigadas, 469 mil edificações tenham sido danificadas e o prejuízo tenha sido superior a 10 bilhões de dólares.

1. Os terremotos são eventos naturais; no entanto, não deixam de ser catástrofes sociais. Cite exemplos de possíveis consequências dos terremotos para a sociedade.

2. Por que as regiões indicadas no mapa da Ásia são suscetíveis a terremotos?

Fontes: Mortos em terremoto no Nepal passam de 7 mil. BBC, 3 maio 2015. Disponível em: <www.bbc. co.uk/portuguese/noticias/2015/05/150503_nepal_montanhas_lk>; Beatriz Vichessi. *Como analisar fenômenos naturais como os terremotos*. Nova Escola, 1º abr. 2010. Disponível em: <https://novaescola. org.br/conteudo/2311/como-analisar-fenomenos-naturais-como-os-terremotos>; Os terremotos mais graves no Japão na última década. G1, 7 dez. 2012. Disponível em: <http://g1.globo.com/mundo/noticia/ 2012/12/os-terremotos-mais-graves-no-japao-na-ultima-decada.html>. Acessos em: out. 2018.

PANORAMA

FAÇA AS ATIVIDADES A SEGUIR E REVEJA O QUE VOCÊ APRENDEU.

1. Caracterize o continente asiático quanto à área e à população em comparação aos demais continentes.

2. Leia o texto a seguir e responda às questões.

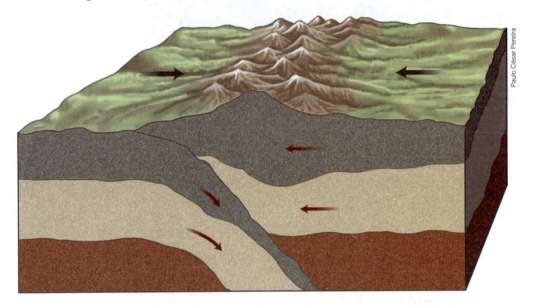

Quando duas placas continentais convergem e se chocam, o resultado é a formação de grandes cadeias de montanhas. Por possuírem densidade semelhante, a subducção de uma placa em relação à outra é dificultada, adotando um comportamento semelhante a dois gigantescos *icebergs* que se chocam.

A cadeia dos Himalaias representa um dos exemplos mais espetaculares deste regime de tectônica de placas. Esta cadeia de montanhas é o resultado da colisão entre a Índia e a Ásia, ocorrida 50 milhões de anos atrás. Após a colisão, a contínua convergência entre estas duas massas continentais deu origem ao Platô Tibetano, a uma altitude média de 4 600 m, onde se destaca o Himalaia [...].

CPRM – Serviço Geológico do Brasil. Disponível em: <www.cprm.gov.br/publique/media/gestao_territorial/geoparques/Aparados/vulc_pag05.htm>. Acesso em: out. 2018.

  a) A que tipo de movimento tectônico corresponde a formação do Himalaia? Como ela ocorreu?
  b) A que tipo de estrutura geológica essa formação se refere? Como essa estrutura se caracteriza?

3. Qual forma de relevo acolhe a maior concentração populacional e onde predomina a atividade agrícola da Ásia? Cite exemplos.

4. O que explica o fato de o continente asiático ter um grande número de rios?

5. Por que o Oriente Médio é palco de conflitos por recursos hídricos?

6. Quais são os principais tipos climáticos da Ásia?

7. Cite as principais formações vegetais da Ásia.

8. Cite alguns dos principais problemas ambientais do continente asiático.

9. Com base no mapa a seguir, faça o que se pede.

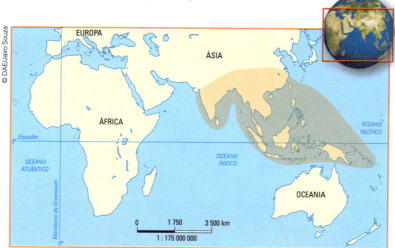

Fonte: Vera Caldini e Leda Ísola. *Atlas geográfico Saraiva*. 4. ed. São Paulo: Saraiva, 2013. p. 171.

a) Qual é o nome da região destacada no mapa?

b) Explique como funciona o mecanismo de alternância de estação seca e chuvosa nessa região.

10. Observe o climograma da cidade de Nova Délhi, na Índia, e descreva as principais características do clima de monções.

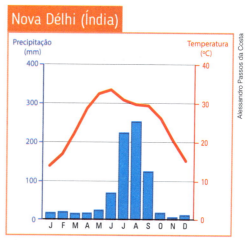

Fontes: *Grande Atlas Mundial*. Lisboa: Seleções Reader's Digest, 1984; Educaplus. Disponível em: <www.educaplus.org/climatic/cmg_db.php?estacion=421820>. Acesso em: out. 2018.

11. Caracterize a importância econômica e religiosa do Rio Ganges para a sociedade indiana.

12. Relacione a localização e a estrutura geológica do Japão com a ocorrência de terremotos no país.

13. Discorra sobre os problemas que os terremotos acarretam para os países e para as pessoas.

DICAS

▶ ASSISTA

O derretimento do Himalaia, de Discovery Channel, 2011. O documentário aborda o derretimento das geleiras do Himalaia e alerta para a ameaça que isso pode representar ao planeta, tendo em vista a grande importância dessa cadeia montanhosa. As mudanças no clima e, consequentemente, as eventuais alterações no modo de vida da população, especialmente do continente asiático, também são discutidas.

O Anel de Fogo do Pacífico, de National Geographic. Documentário sobre a região do Círculo de Fogo do Pacífico. Percorrendo a Cordilheira do Himalaia, aborda os abalos sísmicos, deslizamentos e terremotos comuns na região, além de mostrar a mudança na paisagem em razão desses fenômenos e como a população se adapta a eles e convive com eles.

Rússia selvagem: Sibéria, de National Geographic. Nesse documentário, apresenta-se a vida selvagem na Sibéria, evidenciando-se a relação entre o ambiente natural e os seres vivos. Ao tratar de uma região ainda bastante desconhecida, o filme leva ao espectador um mundo que fascina e surpreende por sua grande diversidade natural, mesmo em condições climáticas consideradas inóspitas.

↓ Apresentação de dança tradicional de grupo sul-coreano. Cracóvia, Polônia, 2017.

TEMA 7
Ásia: sociedade e economia

↓ Apresentação de grupo de *pop* sul-coreano. Seul, Coreia do Sul, 2018.

NESTE TEMA
VOCÊ VAI ESTUDAR:

- população e ocupação da Ásia;
- aspectos sociais, culturais e demográficos dos países asiáticos;
- conflitos e movimentos separatistas no continente;
- aspectos econômicos das principais potências;
- guerras e conflitos regionais.

A cultura da Ásia é o agregado da herança de muitas nacionalidades, sociedades, religiões e grupos étnicos. Pelos aspectos sociais e culturais fica evidente como a Ásia é um continente distinto: nesse sentido, houve pouca unidade ou história comum entre as muitas culturas e povos desse continente.

1. As fotos acima apresentam dois aspectos de contraste na cultura sul-coreana. Quais são eles?
2. O que você conhece sobre a cultura dos países asiáticos? Acredita que ela seja percebida em seu dia a dia?

CAPÍTULO

População e sociedade

No capítulo anterior, você estudou os fatores determinantes dos climas da Ásia, a variedade climática e vegetal do continente e a ação humana nas paisagens. Neste capítulo, você vai estudar as principais características demográficas e culturais da Ásia, principalmente na China, na Índia e no Japão.

Ocupação humana

A Ásia é o maior continente em área do planeta e o mais populoso do mundo. Sua população, entretanto, está distribuída de forma irregular pelo território, com áreas muito povoadas e outras com baixa densidade demográfica, como se pode observar no mapa a seguir.

As áreas mais populosas e povoadas da Ásia são as planícies irrigadas e drenadas por grandes rios (Indo, Ganges, Mekong, Huang-he e Yang-tse-kiang) e as regiões litorâneas, locais onde se desenvolveram grandes cidades, como Tóquio (Japão), Mumbai (Índia), Xangai (China) e Dacca (Bangladesh). Essa característica, no entanto, não é exclusiva das cidades asiáticas. Em todo o mundo, inclusive na Europa, grandes civilizações se formaram nos entornos de rios ou nos litorais.

As áreas de baixa densidade demográfica da Ásia são as regiões desérticas (Deserto da Arábia e Deserto de Gobi), as montanhosas e as geladas (Sibéria).

Os países mais populosos são China, Índia, Indonésia, Paquistão, Bangladesh e Japão. Todos esses países guardam suas particularidades culturais e são muito diferentes entre si, apesar de estarem no mesmo continente.

Vamos conhecer um pouco melhor a população e a cultura da China, da Índia e do Japão, alguns dos principais países asiáticos.

↑ Aglomeração de pedestres em Tóquio, Japão, 2016.

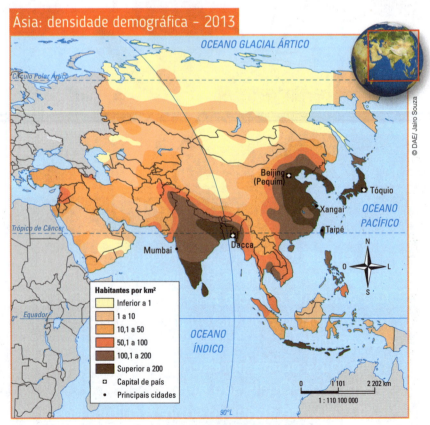
Fonte: Vera Caldini e Leda Ísola. *Atlas geográfico Saraiva*. 4. ed. São Paulo: Saraiva, 2013. p. 178.

198

China: população, cultura e sociedade

A China, país mais populoso do mundo (aproximadamente 1,4 bilhão de pessoas – ONU, 2016), apresenta grande diversidade étnica. Turcos, mongóis, tibetanos, chineses, *chuangs* e coreanos são os principais grupos étnicos que compõem o país.

Pela diversidade cultural, pode-se encontrar grande variedade de idiomas e dialetos, bem como diversas religiões, com destaque para o budismo, o islamismo e o cristianismo. Esse emaranhado de povos e culturas constitui uma forte característica também de todo o continente asiático.

A população da China está irregularmente distribuída pelo território. A porção leste – com rica rede hidrográfica, solos férteis e irrigados e facilidade de transporte fluvial – concentra a maior parte da população.

É nessa área que estão localizadas as principais cidades do país, com destaque para Beijing (Pequim, a capital), Xangai, Hong Kong, Macau e Guangzhou (antigo Cantão), que concentram o setor de serviços e comércio do país, além do polo industrial, que gera emprego e movimentação de capital.

A porção oeste tem baixa densidade demográfica, pois é uma área de desertos, montanhas e poucos rios, fatores que dificultam a ocupação humana, a fixação de grandes contingentes populacionais e o desenvolvimento de atividades agrícolas.

Segundo a ONU, em 2016, a densidade demográfica na China era de 146,6 hab./km². Observe a distribuição da população chinesa pelo território no mapa ao lado.

Ao longo da história, a expansão chinesa ocorreu sobretudo no meio rural. A fixação das populações nas margens dos rios contribuiu grandemente para o desenvolvimento da agricultura no país.

↑ Fazendeiros mongóis colhem cebolas em Qigexing. China, 2015.

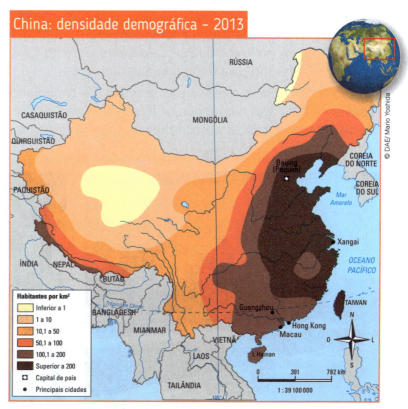

Fonte: Vera Caldini e Leda Ísola. *Atlas geográfico Saraiva*. 4. ed. São Paulo: Saraiva, 2013. p. 178.

Somente nas últimas décadas a China vem se urbanizando, devido a seu acelerado desenvolvimento industrial. Em 2012, o governo noticiou que a população urbana havia ultrapassado a rural, perfazendo 51% da população absoluta. Em 2016, esse percentual passou a ser de quase 55% (ONU), consequência da constante migração camponesa para a cidade em busca de emprego, principalmente no setor da construção civil, crescente no país.

↑ Xangai, China, 2017.

A China, assim como a maioria dos países asiáticos, é muito desigual nos aspectos socioeconômicos. Apesar de o crescimento econômico das últimas décadas ter gerado riqueza e bem-estar para uma parcela da população, a miséria e a pobreza ainda atingem grande parte dos chineses.

Para controlar o rápido aumento populacional, em 1979 o governo chinês adotou a "política do filho único". Segundo essa política, era permitido aos casais terem apenas um filho, exceto os moradores da zona rural ou os pertencentes a determinadas etnias, que podiam ter até dois filhos. Os casais com mais de um filho eram punidos pelo governo, principalmente com multas. Os que respeitavam a norma recebiam auxílio oficial para a criação do filho.

Contudo, em 2015 essa medida foi alterada, e o governo agora permite aos chineses ter no máximo dois filhos. A principal razão é o envelhecimento da população nos últimos anos, que diminui a parcela necessária de trabalhadores no país.

Atualmente, a China ainda convive com a acusação de cercear a democracia e a liberdade de imprensa pelo fato de os chineses não poderem eleger seus governantes e as notícias serem monitoradas previamente pelo governo.

A maior repressão à democracia na China aconteceu em 1989, quando um protesto de estudantes, intelectuais e trabalhadores foi violentamente reprimido pelo governo. Esse fato ocorreu em Beijing (Pequim), na Praça da Paz Celestial: o exército foi autorizado pelas autoridades a atirar na multidão, que reivindicava democracia para o país.

A internet também é censurada, e seu uso é controlado pelo governo, que teme críticas pelas redes sociais. Quase tudo o que se lê ou se vê na China é produzido pelo Estado. A censura não proíbe apenas as críticas políticas: temas polêmicos, como drogas e homossexualidade, são igualmente vetados.

↑ Área residencial nobre em Beijing (Pequim), China, 2015.

↑ Moradias improvisadas em Beijing (Pequim), China, 2016.

Índia: população, cultura e sociedade

A Índia é o segundo país mais populoso do mundo. Em 2016, sua população aproximada era de 1,3 bilhão de habitantes (ONU). Segundo estimativas, se as atuais taxas de crescimento do país se mantiverem, sua população total será a maior do mundo por volta de 2030, superando a chinesa.

O governo indiano tentou controlar o aumento da população implantando a política do filho único, como na China, mas não obteve êxito. A população não adota o planejamento familiar por causa de princípios da religião hinduísta, que proíbe essa prática.

O **hinduísmo** é uma das religiões mais antigas do mundo – sua origem data do século XV a.C. Também é chamado de bramanismo, devido à crença em Brahma, sua divindade suprema. Até hoje a Índia é o país com o maior número de seguidores dessa religião. O Rio Ganges e a cidade de Benares (Varanasi) são sagrados para os hindus.

← Pessoas em ritual religioso no Rio Ganges. Varanasi, Índia, 2015.

Além de populosa, a Índia é um dos países com maior densidade demográfica do planeta. Em 2016, segundo a ONU, o índice era de 441 hab./km². A população está concentrada principalmente no sul e nas planícies dos rios Indo, Ganges (Planície Indo-Gangética) e Bramaputra. As cidades mais populosas são Délhi, Mumbai, Bangalore, Nova Délhi e Madras (Chennai).

Observe no mapa ao lado a concentração populacional na Índia e a localização das principais cidades.

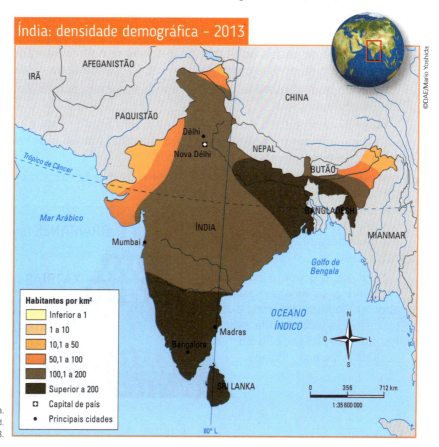

Fonte: Vera Caldini e Leda Ísola. *Atlas geográfico Saraiva*. 4. ed. São Paulo: Saraiva, 2013. p. 178.

Muitas cidades indianas se destacam pelo alto número de habitantes e por problemas relacionados à ausência de saneamento básico, além da falta de moradia. A situação é mais grave nos grandes centros urbanos, como Mumbai. Uma significativa parcela da população indiana vive na miséria e é subnutrida.

↑ Área residencial nobre em Mumbai, Índia, 2018.

↑ Habitações precárias em Mumbai, Índia, 2016.

A população indiana apresenta grande diversidade étnica, religiosa e cultural, com 18 línguas regionais e mais de 1500 dialetos. Essa variedade de culturas, atrelada a interesses por territórios, contribuiu para o surgimento de vários conflitos. Além de divergências internas, há sérios atritos que envolvem Bangladesh, o Paquistão e o território da Caxemira.

CURIOSO É...

Uma característica marcante da sociedade indiana é o sistema de castas, enraizado na cultura e na tradição do país.

No sistema de castas, os grupos de pessoas se diferenciam socialmente pelo nascimento, mantendo um padrão de vida conforme a condição financeira da casta a que pertencem.

Além do poder aquisitivo, a cor da pele e a suposta pureza das castas também são fatores que as diferenciam.

Na sociedade indiana, as castas mais altas têm mais direitos e privilégios, além de *status*. As pessoas que pertencem às castas consideradas inferiores — a maioria da população — são trabalhadores braçais e vivem em péssimas condições.

As pessoas que não pertencem a nenhuma dessas castas são chamadas *dalits* ou párias, também conhecidas como "intocáveis". Elas são discriminadas e marginalizadas, ocupando-se de trabalhos rejeitados e considerados indignos na sociedade indiana, como a limpeza de ruas.

Segundo o governo indiano, oficialmente o sistema de castas foi abolido. Contudo, ele ainda existe na sociedade, interferindo na organização social e política da população indiana.

BRÂMANES (monges)
XÁTRIAS (guerreiros)
VAIXÁS (comerciantes e artesãos)
SUDRAS (camponeses e servos)

↑ Representação da pirâmide de castas indianas.

Japão: população, cultura e sociedade

Com cerca de 126 milhões de habitantes em 2016 (ONU), o Japão é considerado um país populoso e bastante povoado.

Irregularmente distribuída pelo espaço, a população japonesa está mais concentrada nas áreas das planícies litorâneas. No interior das ilhas, o relevo montanhoso dificulta o povoamento.

A maior parte da população habita as áreas urbanas (cerca de 93% – ONU, 2016). A população economicamente ativa do país se dedica, em sua maioria, às atividades secundária e terciária da economia.

As cidades de destaque são: Tóquio (capital), Osaka, Yokohama, Nagoya, Kobe e Kyoto. De Tóquio a Osaka, encontra-se uma das maiores aglomerações humanas do planeta, a **megalópole** de **Tokaido**, uma sequência de grandes cidades que, juntas, somam aproximadamente 70 milhões de pessoas. Observe-a no mapa a seguir.

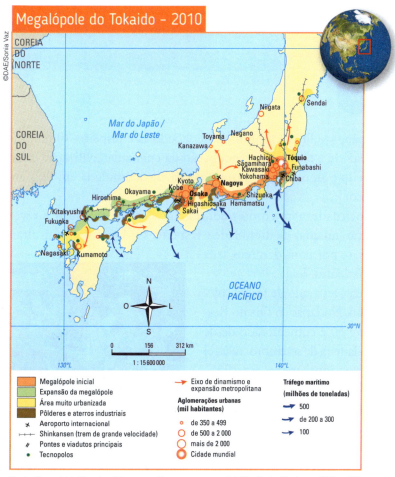

Fonte: Graça M. L. Ferreira. *Atlas geográfico: espaço mundial*. São Paulo: Moderna, 2010. p. 106.

A aglomeração urbana no Japão tem gerado **especulação imobiliária**, poluição atmosférica, elevado custo de vida e problemas de transporte e mobilidade urbana.

A situação econômica e social favorável proporcionou uma boa qualidade de vida à população japonesa, tornando a expectativa de vida no país uma das maiores do mundo – 83,5 anos (ONU, 2016). O envelhecimento da população, no entanto, exige do governo maiores cuidados com as pessoas idosas e mais verbas para o sistema previdenciário.

GLOSSÁRIO

Especulação imobiliária: formação de estoque de bens imóveis na expectativa de que seu valor de mercado aumente futuramente.

Com baixos índices de nascimento, há falta de mão de obra no Japão. Para resolver essa deficiência, o governo tem incentivado a imigração de trabalhadores de vários lugares do mundo, os chamados **decasséguis**, para ocupar funções que a mão de obra qualificada japonesa não executa: garçons, lavadores de carros, pedreiros, eletricistas, camareiros de hotéis, entre outras.

Muitos brasileiros descendentes de japoneses trabalham no país nessas condições. O Japão é um dos países com o maior número de brasileiros, atrás apenas dos Estados Unidos e do Paraguai.

↑ Mercado com produtos brasileiros em Tóquio, Japão, 2015.

GLOSSÁRIO

Decasségui: palavra que significa "aquele que trabalha fora"; trabalhador. Pessoa que emigra para o Japão em busca de trabalho.

 DIÁLOGO

Na China e no Japão, a velhice é sinônimo de sabedoria e respeito. O fenômeno envelhecer é natural e inerente a toda espécie e tem sido preocupação da chamada civilização contemporânea. Os idosos são tratados com respeito e atenção pela vasta experiência acumulada em seus anos de vida. A família é o porto seguro do idoso. [...]

A cultura dessas sociedades tem como tradição cuidar bem, glorificar e reverenciar seus idosos, resultado de uma educação milenar de dignidade e respeito. Os japoneses consultam seus anciãos antes de qualquer grande decisão, por considerarem seus conselhos sábios e experientes. [...]

Na tradição japonesa é festejado de forma solene o aniversário do idoso. No Japão, o Dia do Respeito ao Idoso (*Keiro no hi*) é comemorado desde 1947, na terceira segunda-feira de setembro, mas foi decretado como feriado nacional apenas em 1966.

Trata-se de um feriado dedicado aos idosos, quando os japoneses oram pela longevidade dos mais velhos e os agradecem pelas contribuições feitas à sociedade ao longo de suas vidas.

Sílvia Masc. O olhar ao idoso no Japão e na China. *Laboratório de Demografia e Estudos Populacionais*, 28 jun. 2013. Disponível em: <www.ufjf.br/ladem/2013/06/28/o-olhar-ao-idoso-no-japao-e-na-china-por-silvia-masc>. Acesso em: out. 2018.

↑ Grupo de idosos pratica atividade física em Tóquio, Japão, 2017.

1. Com base no texto, responda às questões a seguir.

   a) Como é o tratamento ao idoso na sociedade japonesa?

   b) Que aspecto cultural explica o fato de que, no Japão, o Dia do Respeito ao Idoso é um feriado nacional?

ATIVIDADES

SISTEMATIZAR

1. Associe a distribuição da população asiática às características físicas do território.
2. Por que a política do filho único, nos moldes chineses, não deu certo na Índia?
3. Que problemas relacionados à qualidade de vida a população da Índia apresenta?
4. Explique como é a distribuição da população japonesa levando em consideração as características físicas do território.
5. O aumento da expectativa de vida e o baixo índice de natalidade trouxeram, paradoxalmente, um problema para o Japão. Que problema é esse e que medidas têm sido aplicadas para a sua solução?

REFLETIR

1. Leia o texto abaixo e responda à questão.

Ao menos 250 milhões de pessoas no mundo todo ainda enfrentam formas de discriminação e violência baseadas em sistemas de casta ou em estruturas sociais similares, nas quais um determinado *status* é herdado durante o nascimento.

Segundo a relatora independente da ONU sobre questões de minorias, Rita Izsák-Ndiaye, trata-se de um "problema global que afeta comunidades na Ásia, na África, no Oriente Médio e na região do Pacífico". [...]

No documento, Izsák-Ndiaye considera "inaceitável" a diferenciação entre categorias "superiores" e "inferiores" de indivíduos. A especialista alerta para a "exclusão extrema" e para a "desumanização" enfrentadas pelos que estão à margem desses sistemas.

Sistemas de castas violam direitos de 250 milhões de pessoas no mundo, alerta relatora da ONU. *ONUBR*, 30 mar. 2016. Disponível em: <https://nacoesunidas.org/sistemas-de-castas-violam-direitos-de-250-milhoes-de-pessoas-no-mundo-alerta-relatora-da-onu>. Acesso em: out. 2018.

No que consiste o sistema de castas, característica marcante da sociedade indiana?

2. Analise as pirâmides etárias dos países a seguir e responda às questões.

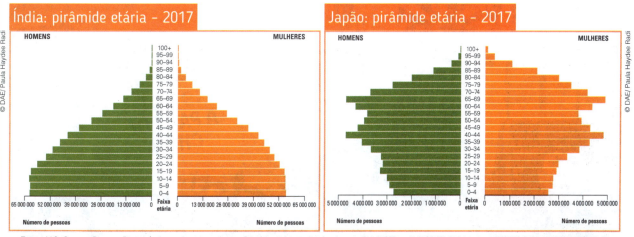

Fonte: U.S. Census Bureau. Disponível em: <www.census.gov/data-tools/demo/idb/region.php?N=%20Results%20&T=12&A=separate&RT=0&Y=2017&R=122&C=IN> e <www.census.gov/data-tools/demo/idb/region.php?N=%20Results%20&T=12&A=separate&RT=0&Y=2017&R=122&C=JA>. Acessos em: out. 2018.

a) Por que a pirâmide etária da Índia apresenta uma base mais larga do que a pirâmide etária do Japão?
b) O que explica a diferença entre os topos das pirâmides etárias do Japão e da Índia?

CAPÍTULO 2
Conflitos e movimentos separatistas

No capítulo anterior, você estudou as principais características demográficas e culturais da Ásia. Neste capítulo, você vai estudar os conflitos e os movimentos separatistas no Tibete, em Taiwan e na Caxemira.

Conflitos na Ásia

Como você estudou no Tema 5, são vários os fatores que levam uma nação ao desejo de independência. Entre os mais relevantes estão as diferenças culturais e a falta de identificação com o Estado ao qual se está atrelado.

Alguns grupos étnicos da Ásia não habitam território próprio nem contam com território autônomo. São obrigados a viver sob as leis e a organização política de outros países. Esses povos têm origem e formação étnica e cultural próprias, sendo muitas vezes proibidos de expressar sua cultura.

Vamos conhecer um pouco melhor os casos do Tibete, de Taiwan e da Caxemira.

Tibete

O **Tibete**, província localizada ao norte da Cordilheira do Himalaia, no oeste da China, era um país soberano até 1950. Ao anexar o território tibetano, o governo da China, liderado por Mao Tsé-Tung, que já o considerava uma área estratégica, incentivou a migração chinesa para a região. A China ampliou, então, suas fronteiras, aproximando-se da Índia. A região é rica em urânio, matéria-prima essencial para o funcionamento de usinas nucleares.

↑ Tibetanos realizam manifestação para protestar contra a ocupação da China e os abusos aos direitos humanos. Londres, Reino Unido, 2018.

Desde então, os tibetanos se tornaram prisioneiros na própria terra e um povo sem pátria. O tibetano não é chinês, não fala a língua chinesa e não aceita o domínio chinês.

Em 1951, foi firmado o Acordo dos 17 Pontos, pelo qual China e Tibete se comprometiam a encontrar uma solução democrática para o conflito. Contudo, a China seguiu pressionando os membros do governo tibetano. Então, o Dalai Lama e outros integrantes do governo tibetano migraram para a Índia e solicitaram asilo político.

Desde a década de 1960, o Tibete é considerado uma região autônoma,

Fonte: Vera Caldini e Leda Ísola. *Atlas geográfico Saraiva*. 4. ed. São Paulo: Saraiva, 2013. p. 144.

mas a autonomia ainda é questionada pela China, que não abre mão do controle do território. Uma das razões são as já mencionadas riquezas minerais do subsolo do Tibete.

A China é muito criticada, principalmente entre os países ocidentais, por manter o Tibete como província. O atual Dalai Lama, Tenzin Gyatso, vencedor do Prêmio Nobel da Paz em 1989, é amplamente respeitado. Contudo, não vive no Tibete por determinação do governo chinês.

Observe, no mapa acima, o território dos tibetanos e de outras etnias que vivem no território chinês.

Taiwan

Além da questão com o Tibete, a China tem uma relação conflituosa com **Taiwan**, também conhecida como Formosa. Taiwan se considera um território autônomo, embora o governo chinês não reconheça sua independência, classificando-o como uma província rebelde. Historicamente, a ilha recebeu muitos chineses que fugiram do país após a Revolução Comunista de 1949.

Apesar do recente processo de aproximação entre China e Taiwan, muito em função das relações comerciais, o governo chinês já ameaçou invadir a ilha diversas vezes. Taiwan e os demais países conhecidos como Tigres Asiáticos serão mais bem estudados no próximo capítulo.

↑ Manifestantes protestam contra acordos assinados entre China e Taiwan. Taipé, Taiwan, 2014.

Caxemira

A Índia e o Paquistão são países com um passado colonial comum, já que ambos foram dominados pela Inglaterra. As rivalidades, desentendimentos e guerras que os caracterizam foram motivadas, entre outras coisas, pelas diferenças religiosas.

A formação do território indiano provocou conflitos entre os adeptos do hinduísmo e os do islamismo. Da época da independência até hoje, o problema persiste entre a Índia (hindu) e o Paquistão (islâmico). Uma área na Índia que concentra muita tensão e onde há conflitos permanentes é a **província da Caxemira**, no norte do país. Embora esteja situada na Índia, de maioria hindu, a Caxemira tem população islâmica, motivo pelo qual parte de sua população deseja separar-se da Índia e integrar o Paquistão. Observe o mapa ao lado.

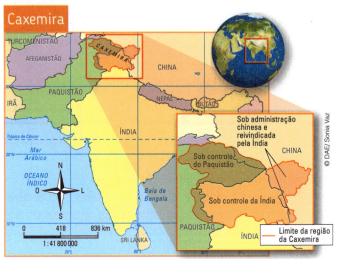

A Caxemira abriga a nascente de quatro dos cinco rios do Paquistão; por isso, é uma região em que o controle da água é bastante disputado. Na província, há conflitos armados entre grupos extremistas e o exército indiano, que reprime qualquer manifestação de independência. Esses grupos já promoveram vários atentados terroristas contra alvos hindus, no campo e nas grandes cidades.

Fontes: Vera Caldini e Leda Ísola. *Atlas geográfico Saraiva*. 4. ed. São Paulo: Saraiva, 2013. p. 145; *Atlas geográfico escolar*. 7. ed. Rio de Janeiro: IBGE, 2016. p. 47.

A Índia e o Paquistão têm bombas nucleares, consequência da inimizade histórica e das relações políticas tensas. Ambos os países são muito criticados no meio internacional por gastarem importantes recursos em armamentos e investirem pouco na área social, como saúde, educação, saneamento básico etc.

Independência da Índia

No século XIX, a Índia foi ocupada pela Inglaterra e tornou-se oficialmente sua colônia. Em 1876, transformou-se em vice-reinado britânico. No início do século XX, surgiram grupos e movimentos pró-independência, cujo maior líder foi Mohandas Karamchand Gandhi, que ficou conhecido como Mahatma Gandhi (*mahatma*, em sânscrito, significa "grande alma").

Gandhi liderou o movimento pela libertação da Índia adotando a política da não violência. Proibidos de extrair sal do próprio território, os indianos passaram a usar a tática da desobediência, parando de produzir e de fornecer produtos para a Inglaterra, ao mesmo tempo que deixavam de comprar artigos industrializados da metrópole.

Em 1947, a Inglaterra reconheceu a independência da Índia. O país ficou dividido em dois Estados: um com maioria de população hinduísta (Índia) e outro com maioria islâmica (Paquistão); este último estava separado em Paquistão Oriental (atual Bangladesh) e Paquistão Ocidental, atual Paquistão. Na década de 1960, Bangladesh tornou-se independente do Paquistão.

1. Com base no texto, responda: Que tipo de estratégia de luta foi adotada no processo de independência da Índia? Você acredita na eficácia dessa estratégia para resolver problemas diplomáticos no mundo atual? Comente.

ATIVIDADES

SISTEMATIZAR

1. Quais são os principais fatores que levam uma nação a reivindicar independência?
2. Qual é a origem do conflito entre a província do Tibete e a China?
3. Quais são as consequências do impasse entre China e Tibete na atualidade?
4. Qual é a origem das rivalidades entre Índia e Paquistão pelo território da Caxemira?
5. Que recurso natural importante a Caxemira possui que torna ainda mais complexo o conflito na região?
6. Quais são as consequências da questão da Caxemira na região?
7. Que críticas são feitas pela comunidade internacional aos dois países envolvidos na questão da Caxemira?

REFLETIR

1. Leia o texto a seguir e faça o que se pede.

A busca pela verdade e a não violência foram fundamentais para a emancipação política da Índia. Mahatma Gandhi, precursor de tais ideias, foi o grande articulador desse processo. [...] Gandhi acreditava que Deus o guiara de forma que praticasse o bem. Os caminhos percorridos foram tortuosos, mas essenciais para que ele se sensibilizasse com a situação política indiana e mobilizasse o povo a lutar pela libertação do país.

[...] A filosofia pacifista somada às experiências de vida no exterior contribuíram para que ele desenvolvesse um novo olhar sobre a Índia. O retorno à terra natal ocorreu ainda durante a Primeira Grande Guerra, quando sua saúde esteve fragilizada. Mesmo abatido fisicamente, Gandhi dispôs-se a conhecer os problemas dos indianos e a solucioná-los da forma mais justa possível. Atuou em prol de diversos segmentos sociais explorados no seu país, e muitas vezes empregou o jejum como instrumento de luta, sem abster-se do diálogo e da argumentação, a fim de alcançar os objetivos propostos. [...]

↑ Mahatma Gandhi. Londres, Reino Unido, 1931.

Desta forma, as ideias de "desobediência civil" e "não cooperação" – pilares com os quais desafiou os colonizadores – tornaram-se perceptíveis na Índia, e também difundidas mundialmente pelos meios de comunicação. Um exemplo dessa desobediência civil está na organização do boicote aos produtos ingleses [...] e a Marcha do Sal, o ato simbólico também atraiu e mobilizou a atenção da imprensa internacional. Gandhi foi preso, mas a Inglaterra, pressionada pela opinião pública, o libertou e também revogou a lei do monopólio do sal.

> Tarsila Mancebo et al. A trajetória política de Mahatma Gandhi e a Independência da Índia. *Núcleo de Estudos Contemporâneos (UFF)*, 29 set. 2009. Disponível em: <www.historia.uff.br/nec/trajetoria-politica-de-mahatma-gandhi-e-independencia-da-india>. Acesso em: out. 2018.

a) Qual país colonizou a Índia?
b) Qual foi o papel de Mahatma Gandhi no processo de descolonização?
c) Comente a ideia da "desobediência civil" implementada por Gandhi.

CAPÍTULO 3
Economia

No capítulo anterior, você estudou os conflitos e os movimentos separatistas no Tibete e na Caxemira. Neste capítulo, você vai estudar as principais caraterísticas econômicas da China, da Índia, do Japão e dos Tigres Asiáticos.

China

Dos países recentemente industrializados, chamados de emergentes, a China é um dos mais imponentes, pois sua economia registra crescimento acima da média mundial. Atualmente o país integra o G-20 e o Brics.

Entre os fatores que contribuíram para o crescimento econômico chinês estão a produção com tecnologia relativamente baixa e farta mão de obra barata (o país tem a maior população economicamente ativa do mundo).

Observe no gráfico ao lado o destaque mundial da China entre alguns países do G-20 em relação ao crescimento do Produto Interno Bruto (PIB) em 2017. Note que, embora o PIB dos Estados Unidos seja o maior do mundo, o da China cresce em ritmo mais acelerado.

Esse exponencial crescimento se deve também à abertura econômica adotada pelo país nas últimas décadas. Em 1949, a China tornou-se um país socialista, regido por uma economia planificada. Desde a década de 1980, no entanto, passou a adotar gradativamente, em muitos setores, as regras da economia de mercado.

Tradicionalmente a China caracterizou-se pelo predomínio da atividade agrícola. Durante o século XX, a necessidade de produzir alimentos para sua numerosa população obrigou o governo chinês a incentivar o cultivo no país. O resultado foi o grande desenvolvimento do setor, tanto que sua produção abastece atualmente 20% da população e emprega grande parcela da mão de obra chinesa.

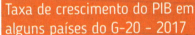
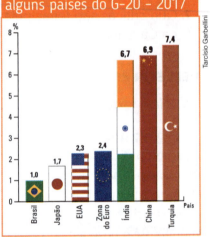

↑ Gráfico que demonstra o crescimento do Produto Interno Bruto de alguns países do G-20 em 2017.

Fonte: World Bank – Perspectivas Econômicas Globais. Disponível em: <www.worldbank.org/pt/publication/global-economic-prospects>. Acesso em: out. 2018.

Apesar do predomínio do uso de técnicas tradicionais, em áreas específicas a agricultura é altamente mecanizada, sobretudo nas terras mais valorizadas às margens dos rios e no cultivo de hortifrutigranjeiros próximo aos centros urbanos.

A China é o maior produtor de arroz do mundo, mas também se destaca na produção de chás, trigo, milho, cana-de-açúcar, cevada e seda.

→ Colheita de grãos. Província de Henan, China, 2018.

O principal responsável pelo crescimento econômico da China, no entanto, é o setor industrial, fortalecido pela grande riqueza mineral no subsolo chinês, de onde se extraem minerais como o estanho, o zinco e o ferro, além de combustíveis fósseis (petróleo e carvão mineral) para o setor energético.

Você já deve ter visto a expressão *Made in China* em vários produtos que circulam pelo Brasil. Isso se deve ao grande desenvolvimento do setor industrial da China, sobretudo a partir da década de 1980, quando o governo fez reformas econômicas e estabeleceu as **Zonas Econômicas Especiais (ZEEs)**, criadas para permitir a entrada no país do capital privado de empresas estrangeiras, prática que, durante décadas, foi proibida pelo governo chinês.

Uma importante estratégia para o crescimento da atividade industrial da China foi implementar a política de criação de empresas industriais chinesas em parceria com grandes empresas europeias e americanas em regime de economia mista, sendo 51% estatal do governo chinês e 49% da empresa estrangeira consorciada. Nesse arranjo, as empresas estrangeiras entram com a tecnologia e o capital financeiro e os chineses entram com o trabalho. As ZEEs, que são espaços territoriais delimitados pelo Estado chinês para receber essas empresas, foram fixadas na faixa litorânea do país, região densamente povoada e com diversos portos, o que facilita a entrada e a saída de produtos. Beijing (Pequim), Xangai, Wenzhou, Fuzhou, Xiamen, Hong Kong e Macau estão entre as principais cidades que se beneficiaram pela criação das ZEEs.

Em 2001, com a abertura da economia chinesa para o mundo, o país foi admitido na Organização Mundial do Comércio (OMC), reafirmando o desejo de seguir as regras capitalistas no mercado internacional.

CARTOGRAFIA

1. Qual porção do país apresenta intensa atividade econômica? Que atividades econômicas se destacam nessa região?

Fonte: Vera Caldini e Leda Ísola. *Atlas geográfico Saraiva*. 4. ed. São Paulo: Saraiva, 2013. p. 144.

↑ Hong Kong, China, 2016.

Nos últimos anos, a China tem se apresentado como um grande parceiro da economia brasileira, exportando para o Brasil produtos eletrônicos, máquinas, ferramentas e tecidos. O Brasil, por sua vez, exporta para a China produtos primários, como minério de ferro, petróleo, soja, açúcar, carne e outros gêneros alimentícios.

Nas duas últimas décadas do século XX, a China se tornou um importante fabricante de automóveis, competindo com mercados de peso, como Estados Unidos, Japão, Coreia do Sul e Europa. Em 2018, o presidente norte-americano Donald Trump iniciou uma série de reformas visando taxar produtos chineses, o que os especialistas chamaram de "uma guerra econômica" dos EUA contra a China.

Índia

Tradicionalmente a Índia é um país agrícola: a maioria da população economicamente ativa trabalha no setor primário. Além do cultivo do arroz, que ocupa milhões de pessoas no campo, o amendoim, a cana-de-açúcar, o algodão, o trigo, e a juta são produtos de destaque.

A maior parte das terras cultivadas na Índia está próxima aos rios, principalmente o Ganges e o Indo. Esses rios fertilizam o solo após as cheias, e suas águas são usadas para a irrigação. A agricultura na Índia é uma atividade milenar. A maioria da população rural usa técnicas tradicionais e máquinas simples. Já a agricultura moderna está concentrada nas grandes propriedades monocultoras de exportação.

↑ Cultivo de arroz. Tiruvallur, Índia, 2018.

Embora a agricultura desempenhe um papel importante na economia indiana, o setor industrial desenvolveu-se com muita intensidade nas últimas décadas. Um dos principais motivos desse crescimento foi a abertura da economia, com a implantação de grandes empresas multinacionais no país e maior liberdade às exportações.

Atraindo empresas multinacionais, o país passou a modernizar sua infraestrutura com a construção de estradas, portos e aeroportos, além de investir em indústrias de base, como siderúrgicas e metalúrgicas.

A atividade industrial indiana está concentrada nas grandes cidades (polos industriais), como Mumbai, Madras, Délhi e Bangalore, com destaque para os ramos farmacêutico, de diamantes, automobilístico, aeroespacial e de minas e energia.

A indústria nuclear tem grande peso na economia e na produção de energia do país. Além de gerar eletricidade, foi usada também para desenvolver a bomba atômica, medida estratégica em razão do constante litígio com o Paquistão, país com o qual disputa a região da Caxemira.

A Índia também se destaca no setor de informática (**indústria de ponta**), produzindo e exportando *softwares*. Esse setor exige mão de obra qualificada, o que tem levado o governo indiano a investir em educação e pesquisa. O principal polo de informática está em Bangalore.

Outro setor importante é a indústria cinematográfica. A Índia é o país que mais produz filmes durante o ano, superando os Estados Unidos. Essa atividade gera muitos empregos diretos e indiretos no país.

> **GLOSSÁRIO**
>
> **Indústria de ponta:** atividade industrial avançada tecnologicamente, na qual a pesquisa exerce papel fundamental e exige grandes investimentos para funcionar. São exemplos as indústrias dos setores farmacêutico, de informática, aeroespacial e de telecomunicações.

Assim como a China, a Índia é integrante do G-20 e do Brics, sendo considerada um país de **economia emergente**. O crescimento econômico vigoroso gerou uma poderosa e ascendente classe média, mas não resolveu os graves problemas sociais, que atingem milhões de pessoas. Persistem taxas elevadas de desemprego, de mortalidade infantil e de analfabetismo, baixa expectativa de vida, desnutrição e precário saneamento básico nas cidades.

Japão

A base econômica do Japão – integrante do G-7, grupo dos países mais ricos e industrializados do mundo – é a **indústria**.

Após a Segunda Guerra Mundial, o governo japonês priorizou os investimentos em recursos humanos, com melhoria do sistema de educação, qualificação da mão de obra técnica, valorização do setor de pesquisa científica e implantação de tecnologia de ponta.

Outro fator que contribuiu para o desenvolvimento econômico do Japão foi a ajuda financeira dos Estados Unidos no Pós-Guerra. Na década de 1970, o país passou a oferecer produtos consumidos no mercado ocidental: computadores, calculadoras, filmadoras portáteis, câmeras digitais, televisores e carros. Desde então, as empresas japonesas transformaram-se em transnacionais, conhecidas e atuantes em todo o planeta.

↑ Linha de produção totalmente robotizada. Japão, 2017.

A **informatização** e a **robotização** do processo produtivo na indústria, iniciadas na década de 1970, resultaram numa produção em grande escala para a exportação. Nos anos 1990, o país enfrentou grave crise econômica, e o PIB japonês apresentou baixo crescimento. A partir de 2001, contudo, retomou o período de crescimento, mediante redução do papel do governo na área econômica, menor regulamentação e maior abertura de mercado.

O Japão, apesar de produtor de energia nuclear, é carente de recursos naturais, por isso precisa importar praticamente todos os minerais que utiliza, como petróleo, minério de ferro, carvão, gás natural e outros.

A **atividade agrícola** no Japão se restringe a pequenas propriedades nas planícies litorâneas e encostas montanhosas, onde se desenvolve a técnica do plantio em terraços. Com pouco espaço para o cultivo, o país se caracteriza como importador de produtos agrícolas. Essa atividade corresponde a uma parcela muito pequena da renda gerada no país.

O produto mais cultivado no Japão é o **arroz**, base alimentar da população, que ocupa pouco menos da metade da área cultivável, com destaque também para trigo, soja, chá e legumes.

Outra atividade de peso é a **pesca**, beneficiada pelo fato de o país ser um arquipélago, cercado pelo mar. Além dessa condição geográfica, é favorecido por duas correntes marítimas ricas em plâncton (matéria orgânica): a corrente fria (oyashivo) e a corrente quente (kuroshivo).

Tigres Asiáticos

A partir da década de 1970, algumas regiões da Ásia passaram a ser chamadas de **Tigres Asiáticos**: **Taiwan**, **Cingapura**, **Coreia do Sul** e **Hong Kong**. O termo "tigre" foi o apelido cunhado pelos economistas à época, em razão do crescimento econômico acelerado desses países, em alusão à rapidez, força e astúcia que caracterizam esse animal.

Observe no mapa a seguir a localização dos Tigres Asiáticos.

A alavanca do desenvolvimento econômico dos Tigres Asiáticos foi o **setor industrial**. O impulso econômico nas décadas de 1970-1980 foi dado pela produção para exportar e, assim, gerar rendimentos.

A base do modelo estratégico utilizado pelos Tigres Asiáticos era a isenção fiscal para as multinacionais, atraindo grandes empresas para seus domínios. Assim, não temeram abrir seus mercados ao capital estrangeiro na segunda metade do século XX.

Essa política propiciou a oportunidade para que Estados Unidos e Japão aplicassem grandes somas de dinheiro nessa região, no período da Guerra Fria em que o socialismo estava se expandindo. O retorno dos investimentos era garantido, principalmente pelo fato de a mão de obra ser mais barata.

Fonte: *Atlas geográfico escolar*. 7. ed. Rio de Janeiro: IBGE, 2016. p. 47.

Comparado com a média dos países da Ásia, os Tigres têm bons indicadores socioeconômicos: índices de analfabetismo baixos ou quase nulos, PIB elevado e expectativa de vida satisfatória.

No início da década de 1990, outros países da Ásia, como **Tailândia**, **Malásia** e **Indonésia**, passaram a seguir o mesmo modelo de crescimento dos Tigres, ou seja, deram isenção de impostos para atrair investimentos externos, empregaram mão de obra de baixo custo e produziram para exportação. Esses países passaram a ser chamados de **Novos Tigres Asiáticos**.

ATIVIDADES

SISTEMATIZAR

1. Quais fatores contribuíram para o crescimento econômico chinês?

2. Quais são os resultados do incentivo do governo chinês à produção de alimentos no país?

3. Quais são as características do atual modelo industrial chinês?

4. Com que objetivo o governo chinês criou as Zonas Econômicas Especiais?

5. Qual tem sido a relação comercial entre Brasil e China nos últimos anos?

6. Por que se diz que tradicionalmente a Índia é um país de cultura agrícola?

7. Quais fatores permitiram à Índia acelerar sua produção industrial nos últimos anos?

8. Apesar da aceleração industrial, a Índia ainda tem graves problemas sociais. Quais são eles?

9. De que forma o Japão se recuperou após a Segunda Guerra Mundial e desenvolveu sua indústria?

10. Um dos países mais desenvolvidos da Ásia é o Japão. Seu progresso tecnológico e sua produção industrial são mundialmente conhecidos. Por outro lado, sua economia depende muito da importação quase total de matérias-primas minerais. Explique a importância de um subsolo rico em minerais para o desenvolvimento industrial.

11. O que caracteriza os Tigres Asiáticos?

12. Quais são os indicadores socioeconômicos dos Tigres Asiáticos?

REFLETIR

1. Qual interpretação você faz da charge a seguir? Veja o que os colegas de sala pensaram a respeito da mesma imagem.

SOCIEDADE E CIÊNCIA

Tecnologia e desenvolvimento controverso: a Índia na onda da globalização

Independentemente dos problemas sociais complexos com os quais convive, a Índia vem ganhando espaço no cenário internacional e recebe a classificação de emergente porque tem apresentado taxas de crescimento econômico impressionantes durante as últimas décadas.

Nos anos 1990, quando a globalização passou a ser mais amplamente discutida, o "meio técnico-científico-informacional" – estudado pelo geógrafo brasileiro Milton Santos – apareceu como uma faceta materializada dos novos processos sociais e produtivos que passaram a ser definidos pela ampla influência da tecnologia de informação e pela alteração tecnicizada do espaço geográfico.

O contexto social da época compreendia um momento de transformações importantes, já que a chamada revolução técnico-científica imprimia suas marcas em um mundo cada vez mais globalizado, conectado e que se transformava por meio de relações outrora inimagináveis. Já havia algum tempo que o capital de investimento de uma empresa poderia circular mais livremente por países estrangeiros e, nessa época, alguns tratados internacionais, como o Consenso de Washington, prometiam levar o desenvolvimento a países pobres, desde que esses países facilitassem a entrada e o lucro de empresas transnacionais, baixando os preços dos impostos, da mão de obra e da matéria-prima.

A Índia vivia seu período pós-colonial, e o domínio da Coroa Britânica havia deixado uma herança difícil de contornar. O país enfrentava problemas alimentares e de carência industrial. Sua saída em busca do desenvolvimento foi a mesma tomada pelo Brasil e por outros países pobres: a adoção de programas neoliberais de política e economia – um plano arriscado que envolvia a depreciação dos trabalhadores locais, a não garantia da entrada da receita de impostos no país e o envio de uma remessa de lucros ao estrangeiro, ao mesmo tempo que trazia a promessa de uma chance de desenvolvimento por meio do investimento em tecnologias, físicas e virtuais, que modernizariam as relações de trabalho e as possibilidades do espaço geográfico local.

Os investimentos internacionais adentraram a Índia levando uma ampla estrutura de informação, alterando a paisagem conforme suas necessidades, construindo edifícios, centros de energia, fomentando a formação de profissionais para seus postos de trabalho e inserindo o país na ampla rede mundial globalizada.

Foi essa inserção que possibilitou que uma empresa estadunidense, por exemplo, utilizasse matérias-primas brasileiras e senegalesas, construísse sua fábrica na Indonésia, implantasse seu sistema de atendimento aos clientes na Índia e comercializasse seus produtos em todos os países do mundo.

Um dos pontos do crescimento indiano, inclusive, está associado à grande quantidade de empresas de atendimento ao cliente, conhecidas como *telemarketing*, no país. Uma de suas línguas oficiais é o inglês, e algumas das tecnologias de informação que foram amplamente implantadas na Índia foram as de telefonia e internet. Com a mão de obra comparativamente de custo mais baixo do que a europeia ou a estadunidense, o país acabou atraindo uma série de empresas especializadas no atendimento remoto.

Apesar de os planos de desenvolvimento associados à globalização terem deixado a desejar na maioria dos países nos quais foram implantados, o governo indiano viu na chegada da tecnologia da informação uma grande chance de capacitar e desenvolver a mão de obra e as empresas nacionais, observando a tendência de crescimento desses ramos nas décadas de 1980 e 1990. Foram implementadas importantes políticas públicas de valorização da educação básica, técnica e universitária, e a consequência desses investimentos foi a formação de profissionais de excelência. Atualmente, a Índia enfrenta um problema relacionado à "exportação de cérebros", ou seja, de profissionais altamente capacitados, que a deixam para trabalhar em outros países, onde são mais valorizados.

← Cresce o número de edifícios empresariais na Índia para atender empresas nacionais e multinacionais que se instalaram no país. Pune, Índia, 2016.

Hoje o país é mundialmente reconhecido como um polo da tecnologia da informação e da educação. Entretanto, o desenvolvimento trazido pela globalização tem um aspecto controverso e quase perverso, como defende o geógrafo Milton Santos, porque é desigual e não objetiva necessariamente a melhoria social. O acesso às estruturas técnicas e educativas desenvolvidas no país não é democrático, e a maior parte da população indiana sofre com a desigualdade social e a miséria. As benesses trazidas pelo desenvolvimento não são bem distribuídas: beneficiam as empresas com bons resultados financeiros, bem como os setores da sociedade que pertencem às classes sociais mais bem formadas e preparadas, o que torna o desenvolvimento social muito mais lento e desigual se comparado ao desenvolvimento econômico.

↑ Mulheres trabalhando em empresa de *telemarketing*. Calcutá, Índia, 2017.

1. Relacione o processo conhecido como "revolução tecnológica" à formação do "meio técnico-científico-informacional" e às recentes modificações observadas na posição da Índia no panorama econômico global.

2. Como você relacionaria globalização a desenvolvimento na Índia? Leve em consideração o desenvolvimento tecnológico e o desenvolvimento social do país.

CAPÍTULO 4 Oriente Médio

No capítulo anterior, você estudou as principais caraterísticas econômicas de alguns países asiáticos. Neste capítulo, você vai estudar os aspectos econômicos de alguns países do Oriente Médio, a importância do petróleo e da água e os principais conflitos e implicações na geopolítica atual da região.

Entre a Europa e o Oriente

O **Oriente Médio** corresponde a uma área de cerca de 6,7 milhões de quilômetros quadrados, situada na porção sudoeste da Ásia, entre a Europa e a África. Nessa região surgiram as primeiras aglomerações urbanas, que se desenvolveram na depressão irrigada pelos rios Tigre, Eufrates e Jordão.

A região é tão rica culturalmente – constitui o berço do judaísmo, do cristianismo e do islamismo – quanto importante no cenário econômico mundial, sobretudo por causa de suas reservas de petróleo.

No mapa a seguir, observe a localização do Oriente Médio e dos países que o compõem.

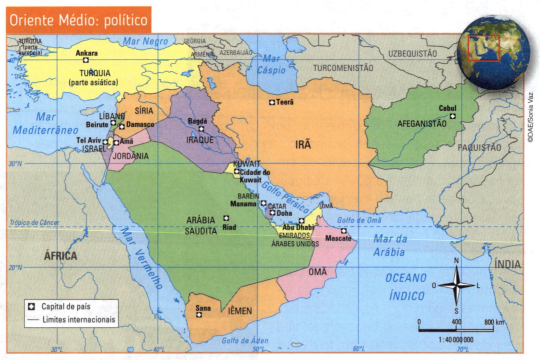

Fonte: *Atlas geográfico escolar*. 7. ed. Rio de Janeiro: IBGE, 2016. p. 49.

O termo "Oriente Médio" denota uma visão eurocêntrica, pois foi cunhado pelos colonizadores europeus na época das Grandes Navegações, no século XV, e significa uma região que está a "meio caminho" entre a Europa e o Oriente. Portanto, tratava-se de uma região estratégica, já que era passagem obrigatória para os navegadores e colonizadores europeus que desejavam alcançar o Oriente e ter acesso às especiarias.

Atualmente, a região abriga cerca de 345 milhões de pessoas (ONU, 2016), que professam diferentes crenças, como os muçulmanos, árabes, cristãos, judeus, turcos, persas e curdos. O islamismo é a religião predominante.

Economia

Israel é o único país do Oriente Médio classificado como socioeconomicamente desenvolvido. Em Israel, o setor industrial é bastante expressivo, a agricultura é moderna e há importantes centros de pesquisas tecnológicas. No entanto, nas últimas décadas, alguns países do Oriente Médio vêm se destacando no cenário internacional no que diz respeito à economia, entre eles, **Emirados Árabes Unidos**, **Catar**, **Omã** e **Barein**.

Nos últimos anos, essas nações ganharam projeção internacional por apresentarem desenvolvimento econômico acima da média, em relação ao demais países da região.

↑ Abu Dhabi, Emirados Árabes Unidos, 2016.

O maior recurso desses países são as reservas de petróleo, que lhes confere grande potencial energético. O petróleo representa cerca de 80% de toda a arrecadação deles. A pujança dessas nações tem feito com que o setor de turismo, esporte e lazer receba altos investimentos.

Petróleo e água

O petróleo é a fonte de energia mais utilizada no mundo, e a região do Oriente Médio é responsável pela produção de cerca de 65% dele. A região detém a maior reserva mundial desse recurso mineral (cerca de 48%). Arábia Saudita, Irã, Iraque, Kuwait e Emirados Árabes Unidos possuem as maiores reservas na região.

Atualmente, seis países do Oriente Médio – Arábia Saudita, Emirados Árabes Unidos, Catar, Irã, Iraque e Kuwait – pertencem à **Organização dos Países Exportadores de Petróleo (Opep)**, grupo formado por 12 países que controlam o volume de produção e o preço do barril de petróleo.

Direta ou indiretamente, o petróleo foi motivo de vários conflitos armados no Oriente Médio.

Se, por um lado, há abundância de reservas petrolíferas, por outro, existe escassez de água. A região, na qual predominam os climas árido e semiárido, é caracterizada pela baixa pluviosidade durante o ano e pela existência de poucos rios, somando apenas 1% das reservas de água doce do planeta.

↑ Refinaria de petróleo. Ras Tanura, Arábia Saudita, 2018.

Portanto, a disputa pelas áreas de bacias hidrográficas e aquíferos subterrâneos é motivo de muitos conflitos. A maioria dos países precisa importar água potável, além de investir pesadamente no processo de dessalinização da água. Israel é o que mais investe nessa tecnologia.

Guerras e conflitos regionais

Não é raro lermos ou ouvirmos notícias de tensões ocorridas no Oriente Médio. Grande parte desses conflitos envolvem:

- questões religiosas – há três religiões monoteístas predominantes na região: o cristianismo, o islamismo e o judaísmo;
- disputas por petróleo – é o recurso mineral mais importante da região;
- disputas por território – relativas a ocupações, invasões e anexações de territórios;
- disputas por água – já que a região é predominantemente desértica;
- retaliações internacionais por causa de atentados terroristas.

O conflito árabe-israelense

No Oriente Médio, um dos conflitos mais antigos e duradouros que o mundo tem presenciado acontece entre **judeus** e **palestinos**.

Os judeus habitaram a região da Palestina por mais de 4 mil anos. Contudo, tiveram de abandoná-la no século I a.C., em razão da invasão do Império Romano, espalhando-se por diversas partes do mundo, processo chamado de diáspora. A partir de então, os povos árabes passaram a ocupar a região.

No início do século XX, os britânicos entraram em guerra contra o Império Turco-Otomano, que dominava esse território. Ao mesmo tempo, ocorria uma onda de imigração judaica para a região, os primeiros **movimentos sionistas**.

> **GLOSSÁRIO**
>
> **Movimento sionista:** movimento político que defendeu o direito de o povo judeu ter um Estado. O termo **sionismo** é derivado de Sião, denominação bíblica para se referir a Jerusalém.

No final da Primeira Guerra Mundial (1914-1918), os britânicos passaram a ter soberania sobre os territórios que hoje compreendem Israel, Iraque, Jordânia e regiões autônomas palestinas. Na ocasião, o Reino Unido permitiu que os judeus se estabelecessem apenas em áreas localizadas a oeste do Rio Jordão, ou seja, na Palestina.

Após a Segunda Guerra Mundial (1939-1945), a recém-criada Organização das Nações Unidas (ONU), com o apoio dos Estados Unidos, estabeleceu a partilha do território palestino em dois Estados: **Estado de Israel** (judeu) e **Estado da Palestina** (árabe). Essa divisão teve a seguinte configuração: 56,7% do território ficou para os judeus, 42,6% para os palestinos e 0,7% compreendia o território internacional neutro – a cidade de Jerusalém. Observe o mapa ao lado.

Em 1948, Israel declarou-se independente, mas não foi reconhecido pelos países árabes do Oriente Médio, sendo, em seguida, invadido por cinco deles: Egito, Síria, Líbano, Iraque e Jordânia (na época, Transjordânia). Ao final da **Guerra Árabe-Israelense** (1949), Israel saiu vencedor e ocupou os territórios palestinos, exceto as regiões de Gaza (sob controle egípcio), Cisjordânia e a parte oriental de Jerusalém (sob controle jordaniano). Derrotado, o povo palestino perdeu seu recém-formado Estado e cerca de 900 mil palestinos fugiram para os países vizinhos.

Fonte: Graça Maria Lemos Ferreira. *Atlas geográfico: espaço mundial*. 3. ed. São Paulo: Moderna, 2010. p. 103.

Em 1964, foi criada a **Organização para Libertação da Palestina (OLP)**, que representa uma resistência mais organizada contra o domínio israelense na região. Em 1967, na chamada **Guerra dos Seis Dias**, Israel ocupou o Sinai (Egito), as Colinas de Golã (Síria), a Faixa de Gaza e a Cisjordânia. Após esse conflito, mais palestinos se dispersaram pela região, aumentando o contingente de refugiados em outros países do Oriente Médio.

↑ Menachem Begin, Anuar Sadat e Jimmy Carter assinam o Acordo de Paz de Camp David. Washington, Estados Unidos, 1978.

Em 1973, na **Guerra do Yon Kippur** (Dia do Perdão, feriado judaico), Egito e Síria atacaram Israel na tentativa de recuperar seus territórios, respectivamente, o Sinai e as Colinas de Golã. Com apoio dos Estados Unidos, Israel venceu a guerra. Anos mais tarde, em 1979, Israel devolveu o Sinai ao Egito, depois do **Acordo de Paz de Camp David**, assinado nos EUA em 1978.

Em 1987, ocorreu a **Primeira Intifada** na Faixa de Gaza, na qual os palestinos passaram a utilizar pedras como armas para enfrentar os soldados israelenses. Em seguida, foi criado o Hamas, uma organização política e militar islâmica que tem como objetivo a criação de um Estado da Palestina. Na comunidade internacional, o Hamas é considerado uma organização terrorista.

A principal tentativa de paz entre esses povos, que deu início às negociações para criação de um futuro Estado da Palestina, aconteceu em 1993. Por meio dos **Acordos de Oslo**, quando ocorreram as negociações na Noruega, Israel devolveu a Faixa de Gaza e a cidade de Jericó, na Cisjordânia, aos palestinos. No entanto, judeus e palestinos não abriram mão da Cisjordânia e da parte oriental de Jerusalém.

Em 2004, uma proposta israelense determinou a retirada de todos os **assentamentos judaicos** da Faixa de Gaza, e os palestinos retomaram o controle dessa área. No entanto, Israel anexou territórios na Cisjordânia.

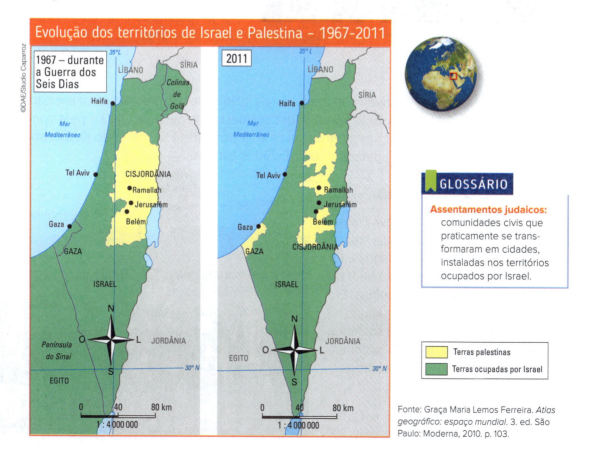

GLOSSÁRIO

Assentamentos judaicos: comunidades civis que praticamente se transformaram em cidades, instaladas nos territórios ocupados por Israel.

Fonte: Graça Maria Lemos Ferreira. *Atlas geográfico: espaço mundial*. 3. ed. São Paulo: Moderna, 2010. p. 103.

Em 2006, o Hamas venceu as eleições parlamentares na Palestina e passou a ter o controle político da Faixa de Gaza.

Em 2011, o presidente dos Estados Unidos, Barack Obama, encontrou-se com o premiê israelense, Benjamin Netanyahu, em Washington, e exigiu que Israel devolvesse aos palestinos as terras ocupadas, conforme delimitava a fronteira anterior a 1967. Nesse mesmo ano, a Palestina passou a fazer parte da Organização das Nações Unidas para a Educação, a Ciência e a Cultura (Unesco).

Em 2012, a Palestina passou a ser reconhecida pela ONU como um **Estado observador não membro**, elevando o *status* do Estado da Palestina perante a organização.

Embora o povo palestino tenha conquistado alguns avanços por reconhecimento, a Palestina ainda se configura como uma nação sem Estado soberano, apesar de ter territórios autônomos.

Guerra Irã-Iraque

Essa guerra ocorreu entre 1980 e 1988, provocada pelo controle da zona de fronteira entre esses países. O **Iraque** invadiu o canal de Chat-el-Arab, região de estuário dos rios Tigre e Eufrates. Outras causas também podem ter contribuído para essa invasão, como o anseio do Iraque em readquirir terras perdidas para o **Irã** em 1975, a evolução do islamismo xiita em território iraquiano e a questão do separatismo curdo. O Iraque saiu com maiores vantagens político-militares dessa guerra, mas com grande dívida externa por ter contraído empréstimos para financiar o confronto.

↑ Saddam Hussein no Iraque em 1990.

Guerra do Golfo

Em 1990, o **Iraque** invadiu o **Kuwait** para controlar as jazidas de petróleo desse país e o transporte desse recurso pelo Golfo Pérsico. Essa invasão foi considerada ilegal pela ONU e pela comunidade internacional. O Iraque sofreu sanções internacionais e foi obrigado a se retirar do Kuwait após sofrer bombardeios dos países aliados, liderados pelos Estados Unidos.

Guerra do Afeganistão

Em 2001, os **Estados Unidos** invadiram o **Afeganistão** sob o argumento de derrubar o regime talibã. Esse regime foi acusado de ter ligações diretas com o ato terrorista de 11 de setembro de 2001, nos Estados Unidos. Em 2015, o governo estadunidense anunciou que manteria uma tropa de 10 mil soldados no Afeganistão até 2017, quando o contingente seria reduzido para 5 500 soldados.

→ Fuzileiros navais dos EUA em Candaar, Afeganistão, 2002.

A ocupação militar estadunidense no Afeganistão e no Iraque em 2003 foi consequência da "Doutrina Bush". Essa doutrina justificou a política externa estadunidense, no período em que o presidente George W. Bush esteve no poder (2001-2009), tendo como princípio o direito de o país tratar como terroristas as nações que abrigam grupos terroristas ou lhes dão apoio.

Guerra do Iraque

A Guerra do **Iraque** eclodiu em 2003, quando os **Estados Unidos**, apoiados pelo governo britânico, invadiram esse país. Os EUA acusavam o governo do Iraque de apoiar o terrorismo e de ter armas químicas de destruição em massa. A invasão ocorreu sem a permissão da ONU.

Os Estados Unidos derrubaram o governo do então ditador Saddam Hussein e assumiram o controle do país. Saddam Hussein foi condenado à morte por ter autorizado, em 1982, o assassinato de 186 xiitas durante seu governo no povoado de Dujail. No período da guerra, muitos poços de petróleo foram destruídos e o Iraque foi impedido de vender petróleo por imposição da ONU. Apenas em 2011 as tropas americanas começaram a se retirar do país.

↑ Soldados americanos em patrulha no deserto. Ramala, Iraque, 2003.

Conflito na Síria

Em 2011 teve início um conflito na **Síria**, originado nas revoluções da **Primavera Árabe**, nome dado ao período em que a população de algumas nações árabes se revoltou contra os governos de seus países, há anos no poder.

Os protestos na Síria foram contidos violentamente pelo governo de Bashar al-Assad e resultaram numa guerra civil. Bashar al-Assad representa uma etnia minoritária e de elite na Síria, a alauíta (setor do xiismo), enquanto a maioria da população (**sunita**) não se vê representada pelo governo.

Após um acordo entre Estados Unidos e Rússia, o governo de Bashar al-Assad, para evitar a intervenção internacional, comprometeu-se a assinar um tratado e permitir que o arsenal químico sírio fosse destruído. O governo sírio foi acusado de ter usado armas químicas contra seus opositores em 2013.

Enquanto os rebeldes afirmavam tentar acabar com a ditadura e implantar a democracia, o governo alegava defender o país de terroristas.

Com mais de 140 mil mortos (entre eles, 5 mil crianças e 7 mil mulheres), a guerra aguçou o separatismo na região, levando os combatentes mais extremistas a se reunir em torno do autodenominado Estado Islâmico (EI). Atualmente, os sírios constituem o maior grupo de refugiados do mundo, posto antes ocupado pelos afegãos.

> **GLOSSÁRIO**
>
> **Sunita:** partidário das convicções religiosas e políticas do sunismo – ramificação do islamismo cujo nome tem origem na Suna, livro sagrado em que estão compilados os grandes feitos e exemplos do profeta Maomé. Para os sunitas, a hierarquia de poder cabe aos líderes religiosos que são diretamente escolhidos pela população islâmica.

→ Refugiados sírios e ativistas jordanianos protestam contra o presidente da Síria, Bashar al-Assad. Amã, Jordânia, 2012.

Em 2015 os opositores da Síria passaram a receber apoio do Estado Islâmico, que ocupou áreas do país na intenção de derrubar o governo e instalar seu projeto de califado. No mesmo ano, o EI assumiu a autoria de atentados terroristas em Paris, que mataram aproximadamente 130 pessoas. Em decorrência disso, o governo sírio recebeu apoio logístico da Rússia, da França e dos Estados Unidos, principalmente na forma de ataques aéreos, bombardeando alvos no país controlados pelo EI.

AQUI TEM MAIS

O povo curdo: em busca de autonomia

Uma das maiores atrocidades ocorridas no Iraque foi o massacre aos curdos no norte do país, na guerra com o Irã. No Iraque, os curdos foram perseguidos durante o governo do ditador Saddam Hussein (1979-2003), o que provocou a saída de cerca de 2 milhões deles para o Irã e para a Turquia.

O **povo curdo** corresponde a uma nação sem Estado, a maior de todo o mundo. Atualmente, grande parte da população curda, estimada entre 25 milhões e 35 milhões de pessoas, habita acampamentos provisórios em vários países da região, especialmente Turquia, Iraque, Síria e Irã.

O povo curdo reivindica a criação do Estado do **Curdistão**, e todos os países onde há refugiados os consideram uma ameaça para a integridade territorial.

Atualmente, os curdos administram, no Iraque, um território autônomo no qual há grandes reservas de petróleo. Na Síria, a partir de 2012, os curdos passaram a administrar partes do norte do país e estabeleceram uma administração autônoma de transição.

Em 2014, o Estado Islâmico declarou ter o controle de um território onde vivem os curdos, entre a Síria e o Iraque. A intenção do EI é estabelecer um califado islâmico na região, disputando com os governos regionais o controle de territórios. Em 2015, forças curdas retomaram do Estado Islâmico um campo de petróleo iraquiano.

Fonte: Graça Maria Lemos Ferreira. *Atlas geográfico: espaço mundial.* 3. ed. São Paulo: Moderna, 2010. p. 100.

1. Com base na leitura do texto acima, discuta com os colegas o anseio do povo curdo e de outras minorias nacionais e étnicas.

ATIVIDADES

SISTEMATIZAR

1. Que fatos podem ser mencionados para dimensionar a importância cultural, histórica e econômica do Oriente Médio?

2. O que justifica o fato de Israel ser o único país considerado desenvolvido no Oriente Médio?

3. Que outras nações da região, além de Israel, têm mostrado destaque econômico e por quê?

4. Qual é o paradoxo entre o petróleo e a água no Oriente Médio?

5. Quais são as principais causas de conflitos no Oriente Médio?

6. Comente esta afirmação: "O Acordo de Oslo representou avanços para o povo palestino".

7. O que estava em jogo no conflito entre Iraque e Irã na década de 1980?

8. Qual foi a alegação dos Estados Unidos para ocupar o Afeganistão em 2001?

9. Que argumentos motivaram a Guerra do Iraque em 2003?

10. Explique a frase: "Os curdos são uma nação sem Estado".

REFLETIR

1. Observe os dados da tabela ao lado e explique a importância geopolítica e econômica dos países do Oriente Médio no mundo.

DESAFIO

1. Pesquise em jornais, revistas e na internet informações e notícias recentes sobre a Questão Palestina. Traga o material para a sala de aula e compare-o com o dos colegas. Em seguida, elaborem juntos um jornal em forma de mural. Caso o conteúdo do material seja muito complexo e longo, resuma as ideias essenciais. Depois, junte-se a alguns colegas e formem um grupo para discutir as informações encontradas e estabelecer relações com o conteúdo estudado neste capítulo. Ao final, redija as conclusões do grupo no caderno.

Reservas comprovadas de petróleo bruto (%)	
Venezuela	24,9
Arábia Saudita	21,9
Irã	12,8
Iraque	12,1
Kuwait	8,4
Emirados Árabes Unidos	8,1
Líbia	4,0
Nigéria	3,1
Catar	2,1
Argélia	1,0
Angola	0,7
Equador	0,7
Gabão	0,2
Guiné-Equatorial	0,1

Fonte: Opep. Disponível em: <www.opec.org/opec_web/en/data_graphs/330.htm>. Acesso em: out. 2018

FIQUE POR DENTRO

O fenômeno da migração é definido pelo deslocamento espacial de pessoas em busca de melhores condições de vida. Os fatores que motivam a migração podem ser diversos: guerras, conflitos religiosos ou étnicos, desastres naturais, situação de desemprego, pobreza, entre outros.

Imigrantes

A atividade econômica mais comum desenvolvida pelos imigrantes árabes era o comércio. Conhecidos como mascates ou caixeiros viajantes, compravam produtos em centros mais dinâmicos para revendê-los em cidades interioranas. No início, vendiam miudezas, como bijuterias, mas com o tempo passaram para os tecidos, lençóis e confecções.

Alguns mascates alcançaram bons resultados. Em um primeiro momento, conseguiam contratar ajudantes e comprar carroças, e posteriormente se estabeleciam em casas comerciais fixas.

O geógrafo brasileiro **Aziz Ab'Saber** (1924-2012), autor de importantes teorias sobre o Brasil e sempre engajado na construção de uma relação não devastadora do homem com a natureza, tem ascendência que remonta à imigração árabe no país. Em função de conflitos religiosos no Líbano, seu pai – católico – migrou para o Brasil em 1913. Após chegar ao Porto de Santos, seguiu para São Luiz do Paraitinga, no interior de São Paulo, onde trabalhou como mascate, vendendo produtos que comprava em Taubaté. Após alguns anos nesse ofício, abriu seu próprio comércio.

Ao chegarem aos portos de Santos e do Rio de Janeiro, os imigrantes se locomoviam para as cidades onde pretendiam se fixar por meio das linhas férreas, desenvolvidas também nesse período.

O estado brasileiro que mais recebeu imigrantes árabes foi São Paulo, seguido por Rio de Janeiro, Minas Gerais e Rio Grande do Sul.

A concentração de lojas de tecidos e armarinhos dos imigrantes sírios e libaneses no início do século XX foi o embrião do intenso comércio popular presente em partes do espaço urbano de metrópoles como São Paulo e Rio de Janeiro.

Em São Paulo, esse comércio se concentrava na Avenida do Estado e nas ruas 25 de março e da Cantareira.

No Rio de Janeiro, as lojas estavam nas ruas da Alfândega, José Maurício e Buenos Aires.

Ao mesmo tempo que pode significar uma alternativa, a migração impõe uma série de desafios aos migrantes, como a adaptação a culturas diferentes daquela com a qual se identificam e a reinserção no mercado de trabalho.

Uma das etnias que migraram em maior quantidade para o Brasil é a árabe. Saindo de países do Oriente Médio, com destaque para a Síria e o Líbano, aqui puderam contribuir para o desenvolvimento de novas práticas sociais, em diversos sentidos, desde as atividades econômicas – como o comércio – até os hábitos alimentares.

Emigrantes

O maior fluxo de árabes que embarcaram para o Brasil ocorreu nas primeiras décadas do século XX (de 1900 a 1930). As causas da emigração de quase 100 mil pessoas vindas do Oriente Médio para o território brasileiro estão relacionadas aos conflitos religiosos e à estrutura socioeconômica dos países de origem.

No âmbito religioso, o conflito acontecia entre a tradição islâmica do Império Otomano, na época vigente nessa região, e as comunidades católicas. Eram estes últimos os que emigravam em razão das diferenças de crença e suas consequências. A fotografia ao lado mostra vítimas de um massacre otomano contra católicos na Síria, em 1919.

Como a atividade econômica principal do período era a agricultura, aqueles que não tinham terra para o cultivo de itens necessários ao sustento da família também se viam obrigados a pensar em alternativas. Uma delas era partir para o Brasil, com expectativa de uma vida mais próspera.

Roger-Viollet/Glow Images

Fontes: TRUZZI, Oswaldo. *Sírios e libaneses. Narrativas de história e cultura*. São Paulo: Companhia Editora Nacional, 2005. Sobre os poucos registros para sírios e libaneses na Hospedaria dos Imigrantes. *Museu da Imigração do Estado de São Paulo*. Disponível em: <http://museudaimigracao.org.br/sobre-os-poucos-registros-para-sirios-e-libaneses-na-hospedaria-dos-imigrantes/>. Acesso em: 28 fev. 2019. Entrevista com o professor Aziz Nacib Ab'Saber. *Geosul*, nº 14 - Ano VII - 2º semestre de 1992. Disponível em: <https://periodicos.ufsc.br/index.php/geosul/article/download/12809/11992>. Acesso em: 28 fev. 2019.

O trajeto dos emigrantes era feito de navio e tinha início nos portos de Beirute ou Trípoli, ambas cidades do Líbano. Após fazerem conexão em algum porto do Mar Mediterrâneo, como o de Gênova, na Itália, para aguardar embarcações com o destino pretendido, seguiam para a América do Sul, desembarcando nos portos de Santos ou Rio de Janeiro.

Albert Harlingue/Roger-Viollet/Glow Images

1. Quais as motivações da emigração árabe para o Brasil no início do século XX?

2. Ao se fixarem no Brasil, quais atividades econômicas foram predominantemente desenvolvidas por esses imigrantes?

227

PANORAMA

FAÇA AS ATIVIDADES A SEGUIR E REVEJA O QUE VOCÊ APRENDEU.

1. Volte ao mapa de densidade demográfica da China na página 199 e responda:
   a) Em qual região se encontra a maior concentração humana? Identifique algumas razões que contribuíram para a ocorrência desse fato.
   b) Em qual região há uma menor concentração humana? Por quê?

2. Leia o texto a seguir e responda às questões.

   Mais de 82 milhões de chineses vivem na pobreza, com menos de um dólar por dia, apesar dos vários anos de crescimento constante que transformou a China na segunda economia mundial.

   De acordo com a definição do governo chinês, a pobreza se caracteriza por um rendimento anual inferior aos 2 300 iuanes (US$ 375, 295 euros), o que corresponde a menos de um dólar por dia.

   No final do ano passado, 82 milhões de chineses – em uma população total de 1,36 bilhão – viviam sob este limite, afirmou à imprensa o encarregado de desenvolvimento, Zheng Wenkai.

   O Banco Mundial considera, por sua vez, que o limite da pobreza está em 1,25 dólar por dia: isso quer dizer que 200 milhões de chineses estão na pobreza, se levarem em conta os "critérios internacionais", comentou Zheng.

   "A maioria desses chineses vive em zonas de risco de terremotos ou com infraestruturas muito precárias, o que complica os esforços para tirá-los da pobreza", assegurou.

   Na China, o país mais povoado do mundo, o PIB por habitante era de apenas 6 767 dólares no ano passado, ou seja, 13% do produto interno bruto dos Estados Unidos, segundo um jornal oficial chinês, o *Global Times*.

   O crescimento econômico chinês – que chegou a 10% anuais, e agora está em torno dos 7,5% – não impediu as desigualdades.

   Segundo um estudo da Universidade de Pequim, 1% das famílias controla um terço da riqueza do país. Por outro lado, 25% das famílias chinesas mais pobres têm apenas 1% da riqueza chinesa.

   82 milhões de chineses vivem na pobreza. *Exame*, 15 out. 2014. Disponível em: <https://exame.abril.com.br/economia/82-milhoes-de-chineses-vivem-na-pobreza>. Acesso em: out. 2018.

   a) O crescimento econômico de um país é garantia de igualdade social? Justifique.
   b) Essa desigualdade apontada no texto também pode ser verificada no Brasil? Comente.

3. Apresente os setores industriais de destaque na Índia.

4. Leia o trecho de notícia a seguir e faça o que se pede.

   Cinco civis indianos foram mortos e pelo menos 25 ficaram feridos nesta segunda-feira em confrontos ao longo de um trecho da disputada fronteira da Índia com o Paquistão na região da Caxemira, o maior número de vítimas desde que a Índia cancelou uma rodada de negociações de paz no mês passado.

   A região himalaia da Caxemira tem sido um ponto de discórdia entre Índia e Paquistão desde que os dois países se tornaram independentes da Grã-Bretanha em 1947. Eles já travaram três guerras e chegaram perto de uma quarta em 2001.

   Além disso, há enfrentamentos esporádicos ao longo da fronteira de fato, conhecida como Linha de Controle.

   Civis indianos morrem em confrontos na fronteira com Paquistão. *G1*, 6 out. 2014. Disponível em: <https://exame.abril.com.br/mundo/cinco-civis-indianos-morrem-na-fronteira-com-paquistao/>. Acesso em: nov. 2018.

   a) Aponte fatores que explicam a discórdia entre Índia e Paquistão na região da Caxemira.
   b) Por que essa disputa é uma ameaça à segurança local e mundial?

5. Cite dois fatores responsáveis pelo desenvolvimento econômico do Japão.

6. Quais são as regiões ou os países considerados Tigres Asiáticos? Qual foi o modelo adotado por eles para alcançar um crescimento econômico significativo?

7. Cite as bacias hidrográficas do Oriente Médio que se destacam por serem motivos de disputa por água. Que países estão envolvidos em cada disputa?

8. Qual é a maior riqueza mineral do Oriente Médio? Qual é a importância econômica dela para a região e para o restante do mundo?

9. A escassez de água no Oriente Médio é um importante aspecto para o qual os governos da região têm voltado sua atenção. Sobre isso, responda às questões a seguir.
   a) Quais são os fatores naturais relacionados a essa escassez?
   b) Quais implicações políticas essa escassez tem gerado?
   c) Como os governos da região têm tentado reverter a escassez?

10. Faça o que se pede.
   a) O conflito Israel-Palestina iniciou-se na década de 1940 e até a atualidade continuam ocorrendo ataques militares e represálias. Que função o muro erguido pelo Estado de Israel em alguns trechos da área de fronteira com os territórios palestinos assume em relação a esse cenário de conflito?
   b) Relacione as características do terreno da região com a opção pela construção do muro.

11. Qual é a aspiração do povo curdo? Onde seus componentes vivem na atualidade?

12. Observe a sequência de mapas a seguir e discorra sobre as modificações pelas quais passaram esses territórios no período representado.

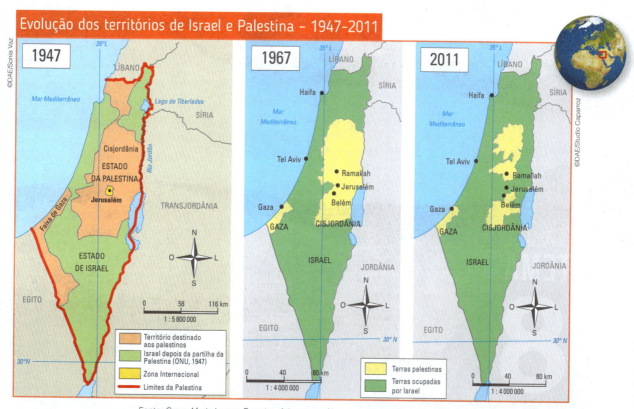

Fonte: Graça Maria Lemos Ferreira. *Atlas geográfico: espaço mundial*. 3. ed. São Paulo: Moderna, 2010. p. 103.

DICAS

📖 LEIA

Expresso para a Índia, de Airton Ortiz (Record). O autor relata uma viagem fascinante à Índia, lugar de cultura particular, tradições religiosas milenares e um povo diverso.

Passaporte para a China, de Lygia Fagundes Telles (Companhia das Letras). Esse livro de crônicas é também um diário de bordo que mostra um olhar panorâmico da paisagem, dos costumes e da população chinesa na década de 1960.

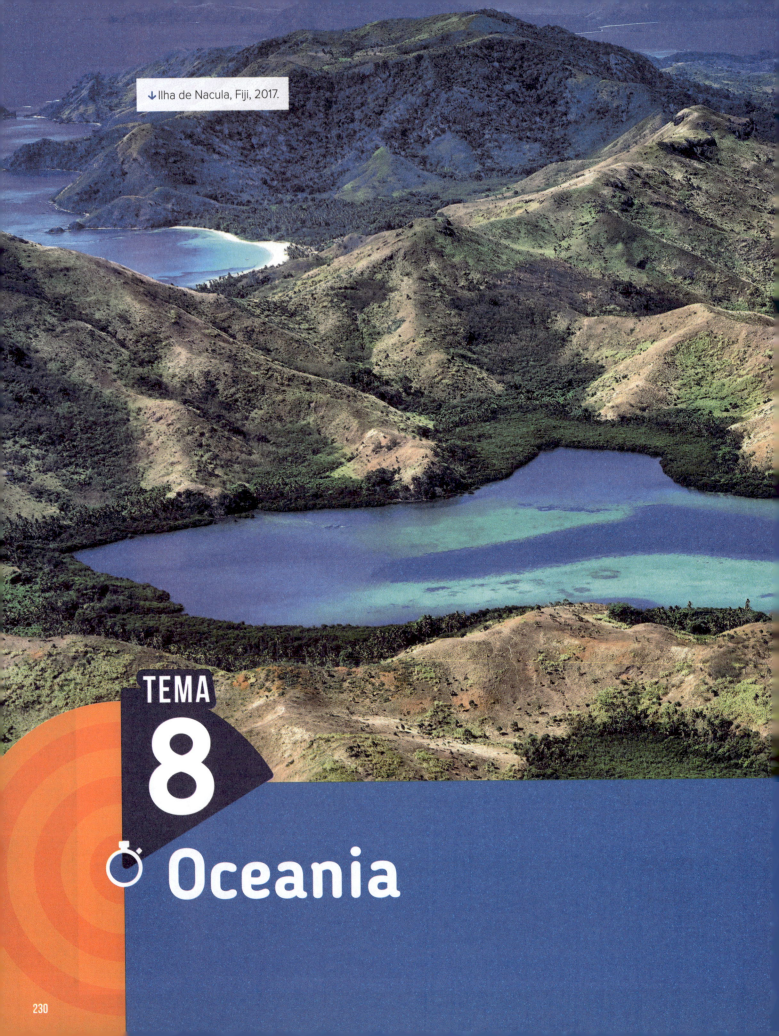
Ilha de Nacula, Fiji, 2017.

TEMA 8
Oceania

NESTE TEMA
VOCÊ VAI ESTUDAR:

- a localização e divisão política do continente;
- a dominação europeia;
- aspectos físicos: relevo, hidrografia, clima e vegetação;
- ocupação do território e origem étnica da população;
- perfil demográfico;
- principais atividades econômicas;
- meio ambiente.

Os Mares do Sul pertencem ao maior oceano da Terra, o Pacífico. "Mares do Sul" é utilizado como sinônimo de Oceania: um continente cercado por milhares de ilhas rodeadas de águas azul-celestes. Observe a paisagem e responda:

1. O que você conhece desse continente?
2. Que característica natural é evidenciada na fotografia?

CAPÍTULO 1

Localização e ocupação

No capítulo anterior, você estudou os aspectos econômicos de alguns países do Oriente Médio e os principais conflitos. Neste capítulo, você vai estudar a localização da Oceania e as principais características do domínio europeu no continente.

Características gerais

A **Oceania** é o menor dos continentes do globo, com uma área aproximadamente de 8,5 milhões de quilômetros quadrados, o equivalente à extensão do território brasileiro. Ela ocupa apenas 5,8% das terras emersas da superfície terrestre. Também é o continente menos populoso, com cerca de 38,5 milhões de habitantes (ONU, 2016) e uma densidade demográfica de 4,5 hab/km².

A Oceania é formada por 14 países. Os que mais se destacam pela extensão territorial e pela dinâmica econômica são Austrália e Nova Zelândia, mas o território também compreende as ilhas do Pacífico adjacentes.

O inglês é o idioma mais falado no continente, mas também há países em que se fala francês, além dos dialetos nativos. Observe no mapa a seguir a localização da Oceania.

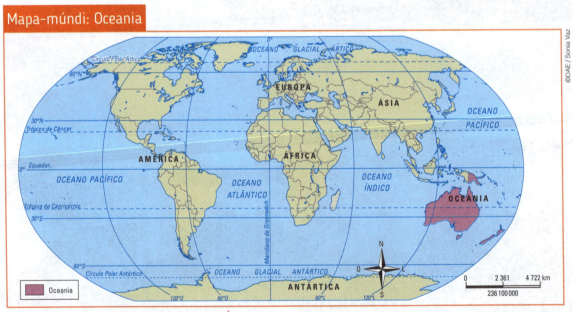

Fonte: *Atlas geográfico escolar*. 7. ed. Rio de Janeiro: IBGE, 2016. p. 36.

As ilhas da Oceania estão divididas em:
- **Polinésia** ("muitas ilhas") – é o maior grupo, composto de um maior número de ilhas, entre elas os arquipélagos de Taiti, Samoa e Tonga;
- **Melanésia** ("ilhas negras", como eram chamadas pelos descobridores em referência à cor da pele dos habitantes nativos) – esse conjunto agrupa ilhas próximas à Austrália. São elas: Papua Nova Guiné, Bismark, Salomão, Novas Hébridas (atual Vanuatu), Nova Caledônia, Fiji e Santa Cruz;
- **Micronésia** ("pequenas ilhas") – formada pelos arquipélagos de Carolinas, Palau, Marianas, Marshall, Gilbert e Ellice.

Observe, a seguir, o mapa político da Oceania.

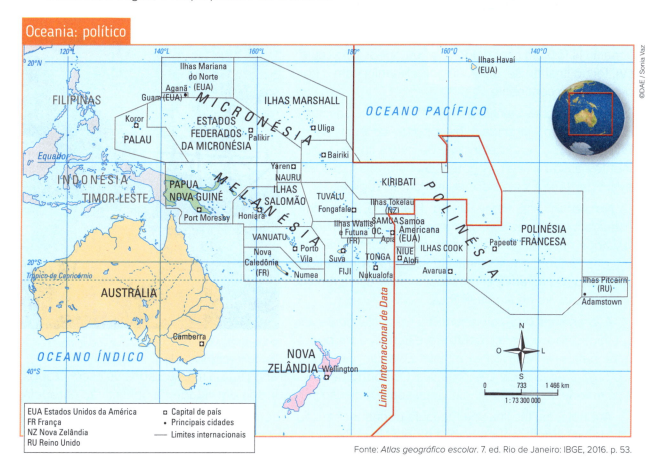

Fonte: Atlas geográfico escolar. 7. ed. Rio de Janeiro: IBGE, 2016. p. 53.

! CURIOSO É...

A Polinésia Francesa é formada por 118 ilhas e **atóis**, no Pacífico Sul, e ocupa uma área que equivale à metade do tamanho do Brasil. Incluindo água e terra, são mais de 4 milhões de quilômetros quadrados no meio do oceano.

A região, originária de erupções vulcânicas, está localizada no chamado Cinturão de Fogo do Pacífico. É constituída de ilhas montanhosas, vasta vegetação tropical, plantações de abacaxi e coco, praias de areia muito branca e um mar que proporciona grande variedade de tons de azul, dependendo da profundidade da água e da variedade de corais no fundo.

GLOSSÁRIO

Atol: grupo de ilhas disposto em forma circular, fechada ou aberta, com uma lagoa no centro. Tem origem na fixação de corais que se acumulam sobre a superfície das bordas das crateras de antigos vulcões marinhos.

← Bora Bora, Polinésia Francesa, 2018.

A dominação europeia

Embora a costa da Austrália e algumas ilhas da Oceania já fossem conhecidas dos europeus no século XVI, foi no final do século XVIII que eles iniciaram a colonização do continente.

As expedições científicas à Oceania, financiadas pelo Reino Unido, garantiram-lhe a posse da Austrália e, em seguida, da Nova Zelândia e de outras ilhas. O continente passou a atrair as potências europeias, que estavam perdendo suas colônias em outras regiões.

No século XIX, Reino Unido, França e Alemanha instalaram bases navais e comerciais na Oceania. Interessados na posição estratégica desse continente, os Estados Unidos, entre o final do século XIX e o início do século XX, estabeleceram bases militares na região e se apossaram de algumas ilhas.

A presença dos colonizadores, especialmente os britânicos, levou praticamente ao extermínio da população nativa da Austrália e da Nova Zelândia, alterando sua organização social e econômica. Os **aborígines** australianos foram massacrados ou escravizados, e os **maoris** da Nova Zelândia viram sua população ser reduzida em virtude da dominação europeia.

↑ Meno Haas. *James Cook, navegador inglês*, 1803. Gravura colorida.

Até hoje, muitas ilhas da Oceania permanecem sob o domínio de antigas potências coloniais ou são administradas pela Austrália e pela Nova Zelândia; poucas são independentes. Há também territórios que não pertencem aos países da Oceania: o Havaí, por exemplo, que faz parte dos Estados Unidos, e a Ilha de Páscoa, que pertence ao Chile.

↑ Melbourne, Austrália, 2017.

Atualmente, há diferenças marcantes entre os países que compõem a Oceania. Austrália e Nova Zelândia são classificadas como nações desenvolvidas, enquanto os demais têm economias frágeis e dependem de ajuda externa. A economia das ilhas do Pacífico é baseada na pesca e na agricultura de subsistência; em algumas delas ocorre a monocultura de exportação, principalmente de coco, além de serviços de turismo.

ATIVIDADES

SISTEMATIZAR

1. Cite algumas características gerais da Oceania.

2. Sobre as ilhas da Oceania, responda às questões:
   a) Que nome recebem os três grupos de arquipélagos da Oceania?
   b) Qual deles é composto de um maior número de ilhas?

3. De forma geral, como se deu o processo de colonização dos países da Oceania?

4. Por que é possível afirmar que o processo de colonização na Oceania alterou profundamente a organização social encontrada?

REFLETIR

1. Compare as imagens e discorra, de maneira breve e geral, sobre as condições econômicas e sociais da Oceania.

↑ Sydney, Austrália, 2016.

↑ Port Moresby, Papua Nova Guiné, 2012.

CAPÍTULO 2 — Aspectos físicos

No capítulo anterior, você estudou a localização da Oceania e as principais características do domínio europeu no continente. Neste capítulo, você vai estudar as principais características naturais da Oceania: relevo, clima e vegetação.

Relevo

O relevo do continente caracteriza-se por altitudes pouco elevadas. A **Austrália** ocupa a maior área do continente e seu **relevo** é composto predominantemente de três grandes unidades, descritas a seguir.

- **Planalto ocidental** – localizado na faixa costeira oeste, tem origem muito antiga; a altitude dos morros e serras raramente ultrapassa 600 metros. O pico mais alto, o Monte Bruce, atinge 1 235 metros.
- **Depressões e planícies centrais** – estende-se de norte a sul pelo centro do continente, sendo formada, ao norte, pela Grande Bacia Artesiana, onde se encontra o Lago Eyre, e, ao sul, pela planície dos rios Darling e Murray, de solos férteis.
- **Cordilheira australiana** – constituída de estruturas geológicas antigas, está localizada no leste e acompanha a faixa costeira, estendendo-se por quase três mil quilômetros de norte a sul. O ponto culminante é o Monte Kosciusko, com 2 230 metros de altitude. A cordilheira funciona como uma barreira natural às massas de ar úmidas provenientes do Pacífico.

Observe o mapa a seguir.

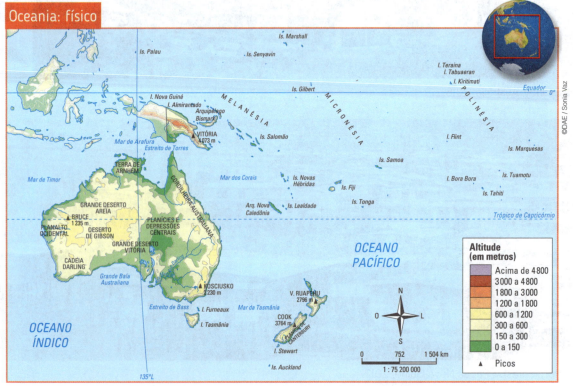

Fonte: *Atlas geográfico escolar*. 7. ed. Rio de Janeiro: IBGE, 2016. p. 52.

A costa leste da Austrália, banhada pelo Oceano Pacífico, é acompanhada por um extenso alinhamento constituído de ilhas de **corais** (recifes) por cerca de 2 300 quilômetros de extensão, com 600 ilhas e 300 atóis. Essa barreira foi declarada **Patrimônio Natural da Humanidade** pela Unesco em 1981. Tem aproximadamente 360 espécies de corais, 1 500 espécies de peixes e 2 900 recifes.

> **GLOSSÁRIO**
>
> **Coral:** animal marinho, invertebrado e com esqueleto calcário, que forma recifes e atóis.

↑ Recife de corais. Nova Caledônia, 2015.

A Nova Zelândia se destaca pelas feições geomorfológicas, que vão desde fiordes a sudoeste a praias tropicais ao norte e extensas cadeias de montanhas, como os **Alpes Neozelandeses**. O país possui, na Ilha Sul, 18 picos com mais de três mil metros de altura, sendo o mais alto deles o **Aoraki**, ou **Monte Cook**, com 3 764 metros de altitude. Ocorrem terremotos e vulcanismo na região pelo fato de o país estar localizado em zona de convergência de placas tectônicas, no chamado Círculo do Fogo do Pacífico. A leste da Ilha Sul encontra-se a planície de **Canterbury**, principal região agrícola.

Quanto à **hidrografia**, a Oceania tem poucos e pequenos rios. Na Austrália, os dois principais são o **Murray** e seu afluente **Darling**, favoráveis à navegação por atravessarem relevo de planície. No norte da Nova Zelândia, destaca-se o **Rio Waikato**.

! CURIOSO É...

Na Austrália, uma das maiores atrações turísticas é o chamado Uluru, também conhecido por Ayers Rock ou "A Rocha", enorme formação rochosa sagrada para os povos aborígines. Com 318 metros de altitude e oito quilômetros de circunferência, sua coloração muda ao longo do dia e do ano. O fenômeno está relacionado à sua composição: arenito impregnado de minerais (cristais de quartzo), o que provoca um brilho vermelho ao amanhecer e ao pôr do sol.

Uluru. Austrália, 2016.

Terremoto de 6,9 graus atinge o norte da Nova Zelândia

Um terremoto de magnitude 6,9 graus sacudiu [...] o arquipélago de Kermadec, situado ao norte da Nova Zelândia, sem que as autoridades informassem o total de vítimas ou danos, ou se seria emitido um alerta de *tsunami*.

O Serviço Geológico de Estados Unidos (USGS), que vigia a atividade sísmica em todo o mundo, situou o hipocentro do terremoto a 111 quilômetros de profundidade sob o leito do mar e a 708 quilômetros a nordeste de Ngunguru, cidade situada no extremo norte da Ilha do Norte neozelandesa.

[...]

As Kermadec, situadas entre a Ilha do Norte de Nova Zelândia e Tonga, são desabitadas, exceto pelo pessoal da base permanentemente instaladva em Raoul e que tem uma estação meteorológica e de rádio.

Agência Brasil, 10 set. 2018. Disponível em: <http://agenciabrasil.ebc.com.br/internacional/noticia/2018-09/terremoto-de-69-graus-atinge-o-norte-da-nova-zelandia>. Acesso em: nov. 2018.

Mapa-múndi: placas tectônicas

Fonte: *Atlas geográfico escolar: Ensino Fundamental do 6º ao 9º ano*. Rio de Janeiro: IBGE, 2015. p. 103.

1. Observe o mapa acima. O que explica a ocorrência de diversos terremotos em áreas próximas à Nova Zelândia?

2. Quais são os riscos para a população da Oceania de viver tão próximo ao chamado Círculo ou Anel do Fogo?

Clima e vegetação

O fato de a Oceania possuir terras nas zonas tropical e temperada do planeta, além da influência exercida pelas formas do relevo, justifica a ocorrência de climas e de tipos de vegetação bem variados.

Observe os mapas a seguir.

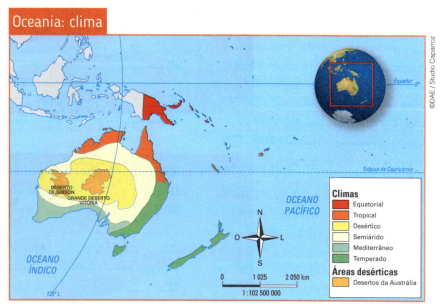

Fonte: *Atlas geográfico escolar*. 7. ed. Rio de Janeiro: IBGE, 2016. p. 58.

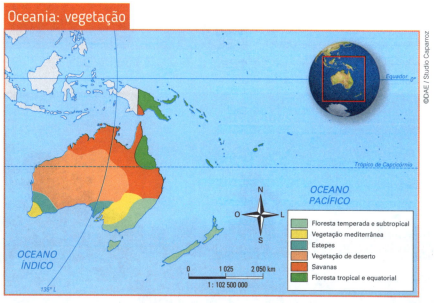

Fonte: *Atlas geográfico escolar*. 7. ed. Rio de Janeiro: IBGE, 2016. p. 61.

Nas ilhas da **Micronésia** e da **Melanésia**, o clima é **equatorial**, quente e úmido. Na **Polinésia**, é **tropical**, variando conforme a latitude. Com chuvas abundantes, em Papua Nova Guiné e no Havaí ocorre a formação de **vegetação florestal densa tropical e equatorial**.

Na **Nova Zelândia**, o relevo, que apresenta sobretudo elevadas altitudes, influencia muito o clima, tornando as temperaturas médias mais baixas. Além disso, o país se encontra na zona temperada sul do planeta, de clima predominantemente **temperado**, com chuvas bem distribuídas durante o ano, também influenciadas pela maritimidade. A **floresta temperada**, principalmente de coníferas, características da região, já foram bastante devastadas.

No norte e no nordeste da **Austrália**, o **clima** é **tropical**, quente e úmido, com predomínio de **florestas tropicais** e **savanas**. No centro do país, em 70% do território, prevalecem os climas **semiárido** e **desértico**, que se explicam pela existência de massas de ar secas e de alta pressão sobre grande parte do continente, com fluxos de ar descendentes, característicos das zonas de alta pressão que acompanham os trópicos de Capricórnio e Câncer ao redor do planeta.

O relevo elevado, próximo aos litorais, também dificulta a chegada de massas de ar úmidas vindas do leste, ou seja, do Pacífico. Essa condição faz com que o país seja um dos mais secos do planeta, registrando índices pluviométricos inferiores a 500 mm anuais, uma das médias mais baixas do mundo, e provocando a formação de **desertos** no interior da Austrália – entre os vários desertos do país, os maiores são o de Gibson e de Vitória.

Ao redor das **savanas**, entre as áreas de **clima tropical** e **desértico**, o clima semiárido favorece o aparecimento de **estepes**: vegetação rasteira e herbácea.

↑ Floresta temperada. Rotorua, Nova Zelândia, 2014.

↑ Deserto de Vitória, Austrália, 2011.

↑ Vegetação de savana. Nova Gales do Sul, Austrália, 2017.

No sudeste da Austrália e na ilha da Tasmânia, o **clima** é **temperado**, com a formação de **florestas subtropical** e **temperada**. No sudoeste, há uma extensa floresta de eucaliptos, árvore originária da Austrália, onde existem mais de 600 espécies. Essas variedades foram transplantadas para outras partes do mundo, sobretudo visando à produção de madeira.

Na região sul australiana, o clima é **mediterrâneo**, e a vegetação é composta basicamente de arbustos denominados **garrigues** e **maquis**, espécies típicas desse clima.

CARTOGRAFIA

Observe o mapa a seguir.

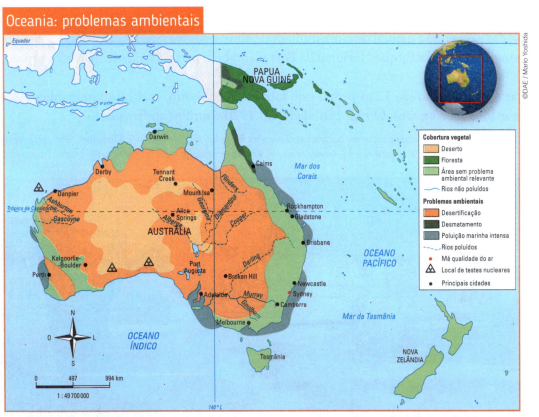

Fonte: Olly Phillipson. *Atlas geográfico mundial*. 2. ed. Curitiba: Fundamento Educacional, 2014. p. 113.

1. Que problemas ambientais se destacam na Oceania?

2. Em que regiões do continente se localizam as áreas de desertificação e de desmatamento?

3. Quais rios do continente são os mais poluídos?

4. Como está avaliada a qualidade do ar em Sydney, na Austrália?

ATIVIDADES

SISTEMATIZAR

1. Caracterize, de forma geral, o relevo da Oceania.

2. O que explica o elevado número de atividades sísmicas em alguns países da Oceania, como a Nova Zelândia?

3. Explique por que a barreira de corais da Austrália foi considerada Patrimônio Natural da Humanidade.

4. Explique a existência de desertos na porção central da Austrália. Cite exemplos.

REFLETIR

1. Leia o texto e veja a imagem a seguir. Depois, responda aos itens da questão.

Situadas lado a lado dentro do mar, na beira da areia e à vista dos observadores que passeiam por uma bela estrada costeira, as pedras dos Doze Apóstolos (*Twelve Apostles*) são uma das grandes atrações do estado de Victoria, na Austrália.

Escavadas pela erosão natural durante milhões de anos, essas formações calcárias de 45 metros de altura pertencem à área do Parque Nacional de Port Campbell, perto da cidade de Melbourne.

[...]

Apesar do nome, não são 12 as pedras que formam o conjunto, mas oito (antigamente eram nove, mas uma se foi com a erosão). O nome foi dado em 1920 com fins turísticos.

Pedras dos 12 Apóstolos são atração em estrada paradisíaca na Austrália. *G1*, 1º abr. 2015. Disponível em: <http://g1.globo.com/turismo-e-viagem/noticia/2015/04/pedras-dos-12-apostolos-sao-atracao-em-estrada-paradisiaca-na-australia.html>. Acesso em: out. 2018.

↑ Rochas conhecidas como 12 apóstolos. Parque Nacional de Port Campbell, Austrália, 2015.

a) Quais são os possíveis agentes erosivos responsáveis pela queda da formação rochosa?

b) Essas forças erosivas são consideradas agentes endógenos ou exógenos?

CAPÍTULO 3
Sociedade

No capítulo anterior, você estudou as principais características naturais da Oceania: relevo, clima e vegetação. Neste capítulo, você vai estudar as principais características populacionais e sociais da Oceania, principalmente da Austrália e da Nova Zelândia.

Aspectos gerais

O relativo isolamento da Oceania em relação aos outros continentes e o colonialismo tardio quando comparado às Américas e à África preservou meios de vida e costumes ancestrais e culturais de várias ilhas do Pacífico. Apenas Papua Nova Guiné tem aproximadamente 1/3 dos idiomas do mundo, com mais de mil línguas e dialetos. O mesmo não aconteceu com Austrália e Nova Zelândia, que teve grande parte de sua população nativa exterminada.

A população da Oceania ocupa uma grande variedade de ambientes. Desde as altas montanhas na Nova Guiné, passando pelos lugares saídos de livros de contos de fada da Nova Zelândia, até os sofisticados centros urbanos de Sydney e Auckland. Há também as ilhas que atraem turistas, como Vanuatu e Fiji. Muitas delas, apesar de grande beleza, carecem de recursos naturais e são dependentes de turismo e de importações para abastecerem seus mercados internos.

↑ Auckland, Nova Zelândia, 2017.

A chegada de grupos humanos à Oceania começou por volta de 50 mil anos atrás, com os primeiros habitantes desembarcando na Austrália. Saídos da África, eles provavelmente atravessaram o mar pelo sudeste asiático, utilizando muitas vezes passagens de terra que não tinham sido submersas na última glaciação. A Oceania, por sua posição e pela grande quantidade de ilhas, foi o último continente a receber contingentes ancestrais de indivíduos.

Austrália e Nova Zelândia, as nações de maior destaque no continente, serão destaque neste capítulo.

Austrália

Sociedade

A **Austrália** tem o maior território da Oceania, ocupando aproximadamente 86% das terras do continente, por isso é chamada de país-continente. Está localizada entre os oceanos Índico e Pacífico.

Em 2016, a população total da Austrália era de aproximadamente 24 milhões de habitantes (ONU). O país tem baixa densidade demográfica, apenas 3 hab./km², e a maior parte da população é urbana (89%) e está concentrada principalmente no sudeste do país e ao longo da costa (ONU, 2016), onde destacam-se as cidades de Melbourne, Sydney e sua capital, Camberra. No interior, encontram-se grandes áreas desabitadas devido à existência de imensos desertos. Observe o mapa a seguir.

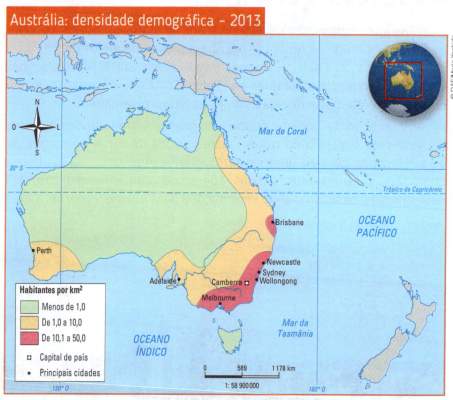

Fonte: Vera Lúcia de Moraes Caldini e Leda Ísola. *Atlas geográfico*. 4. ed. São Paulo: Saraiva, 2013. p. 178.

A população da Austrália é predominantemente de origem europeia (95%, a maioria britânica); já os aborígines representam apenas 1% do total. Os nativos se tornaram uma classe discriminada e marginalizada, e sua expectativa de vida é de 17 anos a menos que a média dos brancos.

O país tem grande contingente de imigrantes em virtude das políticas de imigração que foram muito estimuladas pelo governo no passado. Hoje, esse acesso é mais restrito. Em 2017, a Austrália tinha o terceiro maior IDH do mundo e um alto índice de expectativa de vida: 82 anos (ONU).

Ocupação do território

Em 1770, o explorador inglês James Cook desembarcou na costa leste australiana. Em 1788, determinados pontos do território transformaram-se em **colônias penais** da Inglaterra, a exemplo de Sydney, onde foram instalados presídios para os condenados das Ilhas Britânicas.

Muitos imigrantes ingleses passaram a colonizar o país, cuja independência ocorreu em 1900. Os laços políticos com a Inglaterra foram preservados e, em 1901, a Austrália integrou-se à Comunidade Britânica, ficando subordinada ao chefe de Estado do Reino Unido. Em 1999, o país realizou um plebiscito que confirmou a manutenção da condição de monarquia constitucional sob domínio da Coroa britânica.

GLOSSÁRIO

Colônia penal: assentamento usado para exilar prisioneiros e separá-los da população em geral, colocando-os em um local remoto – muitas vezes, uma ilha distante ou um território colonial.

A chegada dos europeus à Austrália mudou muito a história dos povos nativos da região. No início da colonização, estima-se que havia naquele território entre 300 mil e um milhão de aborígines, divididos em tribos diversas, que falavam mais de 200 línguas. Seus ancestrais já viviam no local havia mais de 40 mil anos, e hoje estão reduzidos a uma população de apenas 200 mil, ainda convivendo com preconceito e exclusão da sociedade australiana.

A importância cultural e histórica da rica cultura aborígine foi reconhecida apenas recentemente. Em 1967, eles foram considerados cidadãos australianos e, em 1976, foi-lhes concedida a propriedade das reservas onde viviam. Esses povos ainda são a minoria mais pobre da Austrália.

DIÁLOGO

Austrália pede desculpa a aborígenes

A Austrália pediu perdão aos aborígenes pelo sofrimento causado no passado. O primeiro-ministro australiano, Kevin Rudd, apresentou [...] numa sessão parlamentar, e pela primeira vez na história do país, um pedido de desculpa aos aborígenes [...].

Em nome do Governo e do parlamento australiano, Rudd ofereceu as suas desculpas, "sem reservas", pela dor e pelos danos causados no passado aos aborígenes. O seu discurso foi recebido, quer na sessão parlamentar, quer no exterior, com gritos de alegria e lágrimas manifestadas por milhões de australianos, aborígenes e não aborígenes, que assistiram ao pedido de desculpa, transmitido pela televisão, em telões colocados em parques, jardins, museus, câmaras, escolas e lojas do país.

"Hoje honramos os povos indígenas destas terras, a cultura existente, mais velha da história da humanidade", disse o primeiro-ministro australiano.

"Reflitamos, em particular, sobre os maus-tratos das gerações roubadas, este capítulo manchado da história da nossa nação", acrescentou.

[...]

A mencionada "geração roubada" refere-se às crianças e jovens aborígenes que entre 1910 e 1970 foram separados à força das suas famílias e dados para adoção ou colocados em instituições religiosas.

Ao terminar o seu discurso, o chefe do governo australiano aplaudiu e saudou os representantes da "geração roubada" convidados a estar presentes no Parlamento para receber o perdão, sendo as suas palavras recebidas com uma nova ovação por parte do público.

Correio da Manhã, 13 fev. 2008. Disponível em: <www.cmjornal.pt/mundo/detalhe/australia-pede-desculpa-a-aborigenes>. Acesso em: out. 2018.

↑ Aborígene em Sydney, Austrália, 2015.

1. Com base na leitura do texto, discuta com os colegas sobre a importância do reconhecimento feito pelo governo australiano para a população aborígine da Austrália.

Nova Zelândia

A Nova Zelândia localiza-se no sudoeste do Oceano Pacífico e é composta basicamente de duas grandes ilhas, a do Norte e a do Sul, separadas pelo Estreito de Cook, rodeadas por mais de 600 ilhas menores. Observe o mapa a seguir.

O longo período de isolamento das ilhas levou a uma grande diversidade de fauna, flora e paisagens, além da rica cultura maori.

Tornando-se independente do Reino Unido em 1947, mas ainda tendo a rainha como chefe de Estado, a maior parte de sua população é de descendentes de europeus, com uma minoria maori e de outros povos da Oceania.

A Nova Zelândia é um país desenvolvido (16º maior IDH em 2017), com altos índices de qualidade de vida, saúde, educação e economia. Os setores de serviços, industrial e de turismo predominam hoje nas atividades econômicas das ilhas.

Em 2016, a população total da Nova Zelândia era de aproximadamente 4,5 milhões de habitantes (ONU). A densidade demográfica é de 17,2 hab./km² e a maior parte da população é urbana (86%) e está concentrada nas cidades de Auckland, Christchurch, Wellington e Hamilton.

Entre os países desenvolvidos e industrializados, a Nova Zelândia é um dos mais jovens, com uma taxa média de natalidade de dois filhos por casal.

No país, aproximadamente 25% da população é imigrante e mais da metade deles vive na região de Auckland. A maioria dos imigrantes é britânica; os outros vieram da Austrália, China, Índia, África do Sul, Fiji e Samoa.

Fonte: *Atlas geográfico escolar: Ensino Fundamental do 6º ao 9º ano*. Rio de Janeiro: IBGE, 2015. p. 99.

↑ Estudantes maori participam de dança tradicional para mostrar apoio às vítimas do terremoto de Christchurch. Auckland, Nova Zelândia, 2011.

ATIVIDADES

SISTEMATIZAR

1. Atualmente, a população aborígine reflete os menores indicadores sociais da Austrália. Por quê?

2. Caracterize a Austrália no que se refere à qualidade de vida de seus habitantes.

3. Levando em consideração as características físicas da Austrália, comente sobre a distribuição da população pelo continente.

4. Quais aspectos da sociedade neozelandesa podem ser enfatizados?

REFLETIR

1. Leia o trecho e em seguida responda aos itens da questão.

Conheça o significado do 'haka', a dança tribal maori que virou símbolo dos All Blacks

A equipe de rúgbi neozelandesa há mais de 100 anos realiza a dança no começo de suas partidas
[...]

Haka é o nome genérico pelo qual é conhecida toda a dança dos maoris [...]. Os All Blacks (e muitas outras equipes neozelandesas) a utilizam em suas partidas para mostrar sua força e unidade. A seleção é considerada um exemplo de integração racial e cultural, que contribui à unidade de neozelandeses de diferentes origens, simbolizado na haka.

Das tribos maoris aos Originals All Blacks

O Ka Mate, o *haka* que os All Blacks praticam há mais de um século, foi criada em 1820 pelo chefe maori Te Rauparaha. Como explica o *site* dos All Blacks dedicado à história dessa dança, a canção comemora a vida sobre a morte, escrita após Te Rauparaha conseguir escapar de uma tribo rival.

↑ Seleção nacional de rúgbi da Nova Zelândia. Roma, Itália, 2016.

Paulo Cantó. *El país*. 20 out. 2017. Disponível em: <https://brasil.elpais.com/brasil/2017/10/19/cultura/1508405168_363160.html>. Acesso em: nov. 2018.

a) Debata com os colegas a importância histórico-humanitária da manutenção das culturas tradicionais na Oceania e nos demais continentes.

b) Justifique a importância das lendas no imaginário cultural desses povos para explicar o mundo que os cerca.

247

CAPÍTULO 4
Economia

> No capítulo anterior, você estudou as principais características populacionais e sociais da Oceania, principalmente da Austrália e da Nova Zelândia. Neste capítulo, você vai estudar as características econômicas mais marcantes da Oceania, sobretudo da Austrália e da Nova Zelândia.

Austrália

A economia da Oceania está bastante atrelada ao sucesso econômico de Austrália e Nova Zelândia, bem como ao turismo nas ilhas dos arquipélagos ao redor. Por serem as nações mais desenvolvidas do continente, elas atraem os maiores volumes de investimentos, exportações e importações.

A Austrália é o país dominante e um dos mais desenvolvidas do mundo, com baixos níveis de pobreza e alto valor de renda *per capita*.

A mineração do país se destaca na atividade econômica. O subsolo australiano tem grandes reservas de bauxita (minério de alumínio), urânio, zinco, ferro, diamante, ouro, níquel e carvão mineral. O grande volume de exportações minerais possibilita o alto desenvolvimento industrial do país.

Os setores industriais mais importantes são o siderúrgico e o metalúrgico, e os principais centros industriais estão localizados no sudeste australiano, especificamente em Sydney e em Melbourne. A maior parte da energia do país provém do petróleo e do carvão mineral.

A agricultura da Austrália é bastante desenvolvida, moderna e mecanizada, com maior produtividade no sul do país. As culturas que se destacam são as do trigo, da aveia, da cevada, da cana-de-açúcar e do algodão, cultivados em grandes propriedades. Observe o mapa a seguir.

Fontes: Graça M. L. Ferreira. *Atlas geográfico: espaço mundial*. 3. ed. São Paulo: Moderna, 2011. p. 111; Vera Caldini e Leda Ísola. *Atlas geográfico Saraiva*. 4. ed. São Paulo: Saraiva, 2013. p. 157.

Considerada um dos maiores criadores de ovinos do mundo, a Austrália é o maior exportador de lã do planeta. Na pecuária, ainda merece evidência a criação de caprinos e bovinos, sendo o país um dos principais exportadores mundiais de carne bovina. A videira, trazida pelos colonizadores, possibilita a produção de um vinho que compete com os europeus. O turismo, cada vez mais procurado, é o setor que mais emprega na Austrália. Os locais mais visitados são a capital – Camberra –, Sydney, a Grande Barreira de Corais, no litoral, e o Uluru, no interior do país.

↑ Criação de ovelhas na Austrália, 2017.

A Ásia é o maior parceiro comercial da Austrália. O país tem aumentado a importação de produtos chineses, e o Japão é o principal comprador dos produtos australianos.

A Austrália, com outros países do continente (Nova Zelândia e Papua Nova Guiné), integra a **Cooperação Econômica Ásia-Pacífico** (Apec, sigla em inglês). Criado em 1989, esse bloco econômico estabelece uma zona de cooperação econômica que estimula o comércio entre os países-membros e diminui as barreiras alfandegárias.

O objetivo é transformar a Apec numa gigantesca zona de livre comércio até 2020.

Observe no mapa os países-membros desse bloco.

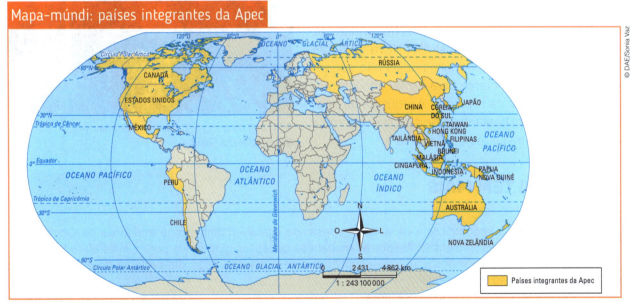

Mapa-múndi: países integrantes da Apec

Fonte: *Atlas geográfico escolar*. 7. ed. Rio de Janeiro: IBGE, 2016. p. 78.

Nova Zelândia e Ilhas do Pacífico

A agropecuária é um setor muito desenvolvido e moderno na economia da Nova Zelândia. Está vinculada às indústrias, especialmente à alimentícia e à têxtil, responsáveis por grande parte das exportações de carne, lã, leite e pele. A tecnologia empregada na pecuária leiteira intensiva neozelandesa e sua produtividade fazem dela uma das mais avançadas do mundo.

Como a Austrália, o país conta com uma relevante criação extensiva de ovinos. Na agricultura, as principais áreas de cultivo estão localizadas na Ilha do Sul, onde sobressaem as plantações de trigo, cevada, aveia, milho e batata.

O setor siderúrgico e o de metalurgia, nas ilhas do norte e do sul, respectivamente, são os destaques da atividade industrial da Nova Zelândia. Embora o país não tenha um subsolo rico em minerais, apresenta expressivas reservas de recursos energéticos: carvão mineral, petróleo e gás natural. Na Nova Zelândia há grande disponibilidade de energia geotérmica. Isso se deve à intensa atividade tectônica, que gera o calor subterrâneo.

↑ Cultivo de milho. Nova Zelândia, 2016.

O turismo é um dos setores fundamentais da economia. Milhares de visitantes de todo o mundo são atraídos pelo ecoturismo que o país proporciona, desde caminhadas contemplativas em meio a paisagens naturais até a prática de esportes radicais.

A grande maioria da população das ilhas do Pacífico trabalha na área de serviços (turismo, educação e setor financeiro). Os grandes mercados exportadores da Oceania são Japão, China, Coreia do Sul e Estados Unidos.

Os negócios da maioria das ilhas dependem de relações comerciais com Austrália, Nova Zelândia e Estados Unidos, já que muitas delas não conseguem produzir o suficiente para o mercado interno, devido à escassez de recursos. A indústria da pesca e o turismo têm bastante importância econômica entre os países insulares da Oceania.

↑ Prática de *bungee jump* em Queenstown, Nova Zelândia, 2013.

AQUI TEM MAIS

As atividades econômicas e de turismo, apesar de injetarem dinheiro na economia da Oceania, causam problemas ambientais. Aliados às mudanças climáticas globais, os países mais afetados são justamente os arquipélagos pouco desenvolvidos e de economia frágil, dependente do extrativismo e de cooperação internacional.

O ciclo do El Niño provocou, em 2015/2016, altas temperaturas e clima extremo para boa parte da Oceania, que sofreu grande impacto na produção de comida e na redução da oferta de água potável. Em seu pico, o fenômeno afetou aproximadamente 2,7 milhões de pessoas em Papua Nova Guiné, que ficaram sem comida e água de qualidade, prejudicando diretamente as crianças.

O aumento da temperatura causado pelo El Niño matou, em 2016, 22% dos recifes de coral da Grande Barreira de Corais no litoral da Austrália. Por toda a Oceania, a pressão causada pelas mudanças climáticas globais e pelo aumento da pesca predatória está ameaçando bancos de recifes de corais.

1. De acordo com o texto, como o fenômeno El Niño impacta as pessoas e o meio ambiente da Oceania?

ATIVIDADES

SISTEMATIZAR

1. Explique por que a agropecuária é um importante setor de atividade econômica da Nova Zelândia.

2. Observe o mapa e depois faça o que se pede.

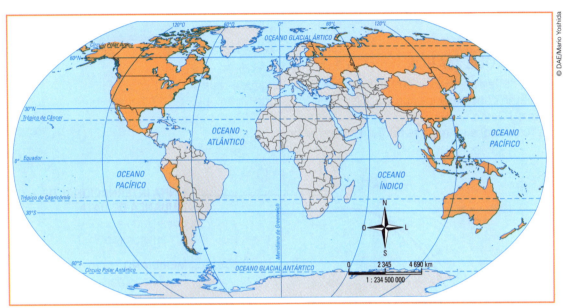

Fonte: *Atlas geográfico escolar*. 7. ed. Rio de Janeiro: IBGE, 2016. p. 34.

a) Cite o nome da área de cooperação econômica apresentada pelo mapa.

b) Apresente dois aspectos que evidenciem a importância econômica dessa área.

3. O que significa a sigla Apec e qual é o objetivo desse grupo?

4. Relacione características da economia da Austrália referentes:

a) à atividade industrial;

b) à atividade agropecuária;

c) aos parceiros econômicos.

REFLETIR

1. Leia o texto a seguir e discuta com os colegas os itens da questão.

Palau, pequeno arquipélago da Micronésia, na Oceania, a leste das Filipinas, se tornou o primeiro país a exigir, de todos os seus visitantes, a assinatura de um juramento de proteção ao meio ambiente. [...]
Além de assinar o juramento, os visitantes deverão assistir, ainda dentro do avião, a um vídeo educativo sobre a importância do turismo ecologicamente responsável [...]

Victória Martins. Oceania: Palau agora exige juramento de proteção ao meio ambiente. *Viagem e Turismo*, 10 jan. 2018. Disponível em: <https://viagemeturismo.abril.com.br/materias/oceania-palau-agora-exige-juramento-de-protecao-ao-meio-ambiente/>. Acesso em: out. 2018.

a) Você acredita que medidas de proteção ambiental como essa sejam efetivas? Por quê?

b) Que outras medidas você considera que possam alertar os turistas de regiões afetadas por impactos ambientais para a conscientização de um turismo ecologicamente sustentável?

FIQUE POR DENTRO

Fuso horário

A adoção do sistema de fusos horários, estabelecido por um acordo internacional em 1912, permitiu unificar os critérios para determinar a hora em cada região.

O QUE É E O QUE MARCA

A superfície da Terra é dividida em 24 fusos de 15° de longitude cada um. Os fusos estão concentrados nos meridianos de longitude 0°, 15°, 30° etc., Leste ou Oeste.
Em cada fuso, todos os lugares adotam a mesma hora.

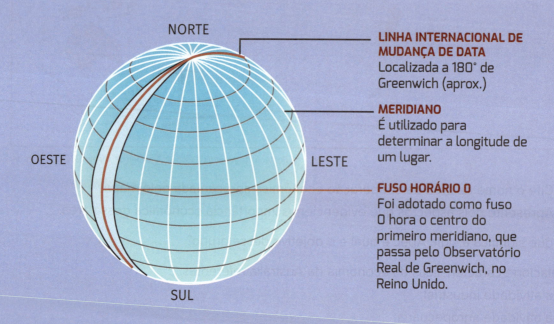

LINHA INTERNACIONAL DE MUDANÇA DE DATA
Localizada a 180° de Greenwich (aprox.)

MERIDIANO
É utilizado para determinar a longitude de um lugar.

FUSO HORÁRIO 0
Foi adotado como fuso 0 hora o centro do primeiro meridiano, que passa pelo Observatório Real de Greenwich, no Reino Unido.

EQUIVALÊNCIAS HORÁRIAS

Quando são 12 horas no fuso geográfico 0, o horário nas seguintes cidades do mundo, de acordo com o fuso oficial, é:

CIDADE	FUSO	HORA
Washington – EUA	5h Oeste	7:00
Buenos Aires – Argentina	3h Oeste	9:00
Berlim – Alemanha	1h Leste	13:00
Beijing (Pequim) – China	8h Leste	20:00
Sydney – Austrália	10h Leste	22:00

RELÓGIOS ATÔMICOS

Em 1967 adotou-se o segundo atômico como unidade do tempo físico, baseado no átomo de césio 133. Em 1972 adotou-se o Tempo Universal Coordenado (UTC), escala de tempo utilizada na vida civil, cuja unidade é o segundo atômico. Este foi definido com base em dados de 230 relógios atômicos, de 65 laboratórios distribuídos pelo mundo, pelo Escritório Internacional de Pesos e Medidas. O Nist F-1, um relógio atômico de césio, localizado no Colorado (EUA), é considerado o relógio mais preciso do mundo. Poderia funcionar 20 milhões de anos sem se adiantar ou atrasar nem 1 segundo.

FUSOS HORÁRIOS NO MUNDO

Os países extensos em longitude, como Canadá, Estados Unidos, Brasil e Rússia, utilizam vários fusos horários nos respectivos territórios.
Os menos extensos adotam um único fuso.
No verão, alguns países costumam adiantar a hora, é o chamado horário de verão.

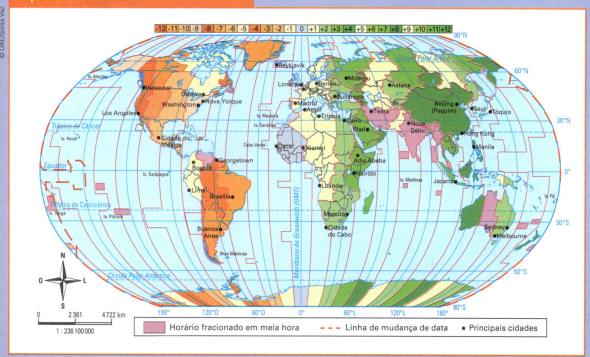

Fonte: *Atlas geográfico escolar*. 7. ed. Rio de Janeiro: IBGE, 2016. p. 35.

A BOLA DA HORA

Londres, Reino Unido, 2011.

Erguida em 1833, a bola da hora de Greenwich foi um dos primeiros sinais visuais do tempo. Era usada para que a tripulação dos navios sincronizasse seus cronômetros.

1 A bola de vime, de 60 cm de diâmetro, era erguida cinco minutos antes do sinal da hora.

2 Na hora exata, a bola caía.

1. Baseando-se no que você aprendeu, qual é a importância do fuso 0 para os fusos horários no mundo?

2. Por que países muito extensos adotam mais de um fuso horário?

253

PANORAMA

FAÇA AS ATIVIDADES A SEGUIR E REVEJA O QUE VOCÊ APRENDEU.

1. Com base no mapa da Austrália a seguir, responda aos itens da questão.

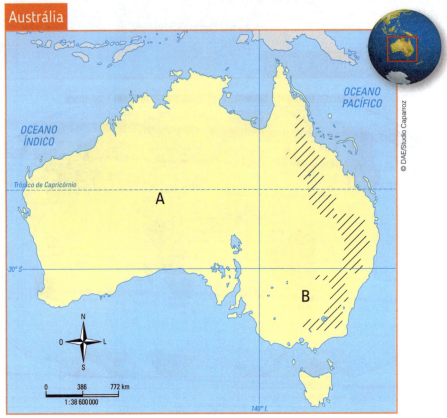

Fonte: *Atlas geográfico escolar*. 7. ed. Rio de Janeiro: IBGE, 2016. p. 53.

a) Que tipo de relevo predomina na região destacada?

b) Qual é a interferência dessa região no clima do interior da Austrália?

c) Que tipos climáticos e de vegetação são encontrados nas localidades identificadas pelas letras A e B respectivamente?

2. Elabore um argumento crítico referente ao comportamento dos colonizadores europeus em relação aos aborígines australianos.

3. Compare os mapas "Oceania: clima" (página 239) e "Austrália: densidade demográfica – 2013" (página 244). Responda: Que relação pode ser estabelecida entre os dois mapas?

4. Cite alguns aspectos da população australiana.

5. Escreva duas características do processo de colonização australiana.

6. Qual é o país que ocupa a maior parte do território da Oceania?

7. Que conjuntos abrigam as menores ilhas da Oceania? E em que oceano se localizam?

8. Compare o interesse dos europeus pela Oceania nos seguintes períodos históricos: séculos XVIII e XX. Registre suas conclusões.

9. Justifique a afirmação: "Algumas ilhas ou arquipélagos da Oceania pertencem a países como Nova Zelândia, França, Austrália e Estados Unidos".

10. Observe a fotografia ao lado e relacione a prática desse esporte ao relevo da Nova Zelândia.

11. Caracterize a economia da Nova Zelândia.

12. Quem são os maoris?

13. Observe a foto a seguir.

↑ Wanaka, Nova Zelândia, 2017.

↑ Monte Taranaki, Nova Zelândia, 2017.

a) Explique o fator geológico determinante para a ocorrência dessa estrutura natural na Nova Zelândia.

b) Cite outro fenômeno natural que ocorre na Nova Zelândia devido à sua posição geográfica.

DICAS

▶ ASSISTA

Os homens do quinto mundo. Espanha, 2000. Direção: José Manuel Novoa, 52 min. Guiado por um ancião que luta para preservar a cultura aborígine, o documentário apresenta as diferentes tribos que habitavam o quinto continente antes da chegada dos colonizadores e que hoje vivem sob a denominação de "aborígines australianos". Além dos rituais espirituais, do significado da pintura e da música dessa cultura, o filme mostra como as reservas, as tradições e os costumes dela se encontram à beira da extinção.

Encantadora de baleias. Nova Zelândia, 2003. Direção: Nick Caro, 101 min. Nesse filme, um grupo de maoris, o povo ancestral da Nova Zelândia, a fim de assegurar sua sobrevivência precisa deixar de lado sua tradição patriarcal para dar continuidade aos ritos milenares, à rica cultura e ao povo minguante em meio a uma sociedade globalizada.

Referências

AB'SABER, A. N. Domínios morfoclimáticos e províncias fitogeográficas do Brasil. Revista Orientação, São Paulo, IG-USP, 1970.

_____. A organização natural das paisagens inter e subtropicais brasileiras. São Paulo: USP, 1985. (mimeo).

ALMEIDA, R. D; PASSINI, E. Y. O espaço geográfico: ensino e representação. São Paulo, Contexto, 1998.

AYOADE, J. O. Introdução à climatologia para os trópicos. 9. ed. Rio de Janeiro: Bertrand Brasil, 2003.

BANCO Mundial. Disponível em: <https://www.worldbank.org/>. Acesso em: nov. 2018.

BRASIL. Ministério da Educação. Base Nacional Comum Curricular. Brasília, 2018. Disponível em: <http://basenacionalcomum.mec.gov.br/wp-content/uploads/2018/12/BNCC_19dez2018_site.pdf>. Acesso em: fev. 2019.

CANTO, E. L. Minerais, minérios, metais. 2. ed. São Paulo: Moderna, 1996.

CARVALHO, M. S. Para quem ensina Geografia. Londrina: UEL, 1998.

CONTI, J. B. Clima e meio ambiente. São Paulo: Atual, 1998.

CORRÊA, R. L. O espaço urbano. 4. ed. São Paulo: Ática, 1999.

_____. Trajetórias geográficas. 3. ed. Rio de Janeiro: Bertrand Brasil, 1997.

DEAN, W. A ferro e fogo: a história e a devastação da Mata Atlântica. São Paulo: Companhia das Letras, 1996.

DREW, D. Processos interativos homem-meio ambiente. Rio de Janeiro: Bertrand Brasil, 1998.

EICHER, D. L. Tempo geológico. São Paulo: Edgard Blucher, 1996.

GUERRA, A. J. T.; CUNHA, S. B. (Org.). Geomorfologia do Brasil. Rio de Janeiro: Bertrand Brasil, 1998.

INSTITUTO Brasileiro de Geografia e Estatística (IBGE). Censo 2010. Disponível em: <https://censo2010.ibge.gov.br>. Acesso em: ago. 2018.

JOLY, F. A cartografia. Campinas: Papirus, 1990.

LEINZ, V.; AMARAL, S. E. Geologia geral. São Paulo: Nacional, 1995.

MARTINELLI, M. Gráficos e mapas: construa-os você mesmo. São Paulo: Moderna, 1998.

MORAES, A. C. R. A gênese da Geografia moderna. São Paulo: Hucitec; Edusp, 1999.

NARVAES, P. Dicionário ilustrado do meio ambiente. São Paulo: Yendis, 2011.

ORGANIZAÇÃO das Nações Unidas (ONU). Disponível em: < https://nacoesunidas.org/>. Acesso em: nov. 2018.

ORGANIZAÇÃO das Nações Unidas para a Alimentação e Agricultura (FAO). Status of the World's Soil Resources, 2015. Disponível em: <www.fao.org/3/a-i5199e.pdf>. Acesso em: ago. 2018.

ORGANIZAÇÃO Mundial da Saúde (OMS). Disponível em: <http://www.who.int/eportuguese/countries/bra/pt/>. Acesso em: nov. 2018.

PROGRAMA das Nações Unidas para o Desenvolvimento (PNUD). Disponível em: <http://www.br.undp.org/>. Acesso em: nov. 2018.

RIBEIRO, W. C. (Org.). Patrimônio ambiental brasileiro. São Paulo: Edusp; Imprensa Oficial, 2003.

ROSS, J. Ecogeografia do Brasil: subsídios para planejamento ambiental. São Paulo: Oficina de Textos, 2006.

_____ (Org.). Geografia do Brasil. 5. ed. São Paulo: Edusp, 2005.

SANTOS, M. A natureza do espaço. São Paulo: Edusp, 2002.

SIMIELLI, M. E. Cartografia no Ensino Fundamental e Médio. In: CARLOS, A. F. A. (Org.). A Geografia na sala de aula. 5. ed. São Paulo: Contexto, 2003.

SPOSITO, E. S. Geografia e Filosofia: contribuição para o ensino do pensamento geográfico. São Paulo: Editora Unesp, 2004.

UNITED States Census Bureau. Disponível em: <www.census.gov>. Acesso em: set. 2018.